JN059055

Yoshihiko Takenaka 竹中佳彦
Hidehiro Yamamoto 山本英弘
Shinsuke Hamamoto 濱本真輔
［編］

現代日本の
エリートの平等観
社会的格差と政治権力

Japanese Elites and the Idea
of Equality

Social Inequality and Political Power

明石書店

序

　「持続可能な開発のための 2030 アジェンダ」が国際連合サミットで加盟国の全会一致で定められたのは 2015 年 9 月のことである。SDGs（Sustainable Development Goals: 持続可能な開発目標）は，2030 年までに世界中の国が目指す 17 のゴール，169 のターゲット，232 の指標からなり，地球上の「誰一人取り残さない（leave no one behind）」と謳っている。[1]

　日本でも，国や地方自治体，企業，大学，その他の多くの機関で SDGs に基づいた取り組みを競うように展開しているが，当初，気候変動・地球温暖化問題，あるいは環境問題が強調されるきらいがあった。もちろん温室効果ガス排出を実質ゼロとするカーボンニュートラルの実現は，地球温暖化対策として重要な課題である。

　しかし 17 のゴールは，①貧困，②飢餓（食料安全保障，栄養改善，持続可能な農業など），③保健（健康的な生活確保，福祉促進），④教育（公正な質の高い教育，生涯学習の機会など），⑤ジェンダー（ジェンダー平等，女性のエンパワーメント），⑥水・衛生，⑦エネルギー（安価かつ信頼できるエネルギーへのアクセス確保），⑧経済成長と雇用（持続可能な成長，働きがいのある人間らしい雇用），⑨インフラ，産業化，イノベーション（強靭なインフラ構築，持続可能な産業化など），⑩不平等（国内および国家間の不平等の是正），⑪持続可能な都市（安全かつ強靭な都市・人間居住），⑫持続可能な消費と生産，⑬気候変動，⑭海洋資源，⑮陸上資源（生態系の保護，砂漠化阻止，生物多様性の維持など），⑯平和（平和で包括的な社会，司法へのアクセス，効果的で説明責任のある包摂的な制度構築など），⑰実施手段（グローバル・パートナーシップの活性化）と多岐にわたっている。[2]　国内および国家間の不平等の是正は，SDGs のひとつであると

1　外務省「SDGs とは ?」，https://www.mofa.go.jp/mofaj/gaiko/oda/sdgs/about/index.html，外務省国際協力局地球規模課題総括課「持続可能な開発目標（SDGs）達成に向けて日本が果たす役割」，https://www.mofa.go.jp/mofaj/gaiko/oda/sdgs/pdf/sdgs_gaiyou_202103.pdf などを参照。

2　「持続可能な開発目標（SDGs）と日本の取組」，https://www.mofa.go.jp/mofaj/gaiko/oda/sdgs/pdf/SDGs_pamphlet.pdf.

ともに，ジェンダー平等の実現や貧困・飢餓の解消，保健や教育，平和などの
ゴールとも密接に関連する。

　2019 年の「SDGs 報告書」によれば，世界で極度の貧困に苦しむ人々の 46%
は 14 歳未満の子どもである。また世界では，極度の貧困率が，農村部で都市
部の 3 倍以上となっている。こうした状況を是正するためには，政府の社会保
障の役割が不可欠である。しかし世界中の政府が，十分に社会保障を与えてい
るわけではない。世界で，社会保障給付を受けている子どもは 35%，出産手当
を受ける新生児の母親の割合は 41%，障害者年金を受ける重度障害者の割合は
28%，失業手当を受ける失業者の割合は 22% である[3]。ここに挙げている数字は
一面にすぎない。先進国と途上国との経済格差を示す「南北問題」という言葉
は 1950 年代から使われているが，不平等 ―― 格差も同義である ―― は，様々
な側面で，いまだに世界的に大きな問題である。さらに 2020 年からの新型コロ
ナウイルス感染症（COVID-19）のパンデミックが，貧困や女性に対する暴力を増
大させ，最も弱い立場の人々に大きな打撃を与えている[4]。

　「子どもの貧困率」が 13.5% ――。世界のどこか遠い国の話ではない。この数
字は，2018 年の日本のものである。「子どもの貧困率」は，17 歳以下の者のう
ち，貧困線（等価可処分所得の中央値の半分）に満たない世帯の者の割合である。こ
の数値は，1985 年以降，最も高かった 2012 年の 16.3% からみると減少してき
ている[5]。この数字をみて，「日本にそんなに貧しい子どもがいるのはよくない」
と感じた人もいれば，「貧困率が改善してきているのだから，いいじゃないか」
と思った人もいるだろう。このような意見の違いは，各人の「平等観」の違い
に発するものである。

　日本は，1980 年代まで，政府が金融業界や農業などを保護する一方，産業政
策によって経済活動を主導し，世界有数の経済大国となったが，諸外国，とく

3　United Nations, *The Sustainable Development Goals Report 2019*, p. 21, https://unstats.un.org/sdgs/
　report/2019/The-Sustainable-Development-Goals-Report-2019.pdf.
4　United Nations, *The Sustainable Development Goals Report 2020*, pp. 6, 10, 15, https://unstats.
　un.org/sdgs/report/2020/The-Sustainable-Development-Goals-Report-2020.pdf.
5　厚生労働省「2019 年国民生活基礎調査の概況」，2020 年，14 頁，https://www.mhlw.go.jp/
　toukei/saikin/hw/k-tyosa/k-tyosa19/dl/14.pdf．なお，1985 年は 10.9% であった。

に米国との間で経済摩擦を引き起こすことになった。冷戦の終結と（一部の国を除く）社会主義体制の崩壊により，ヒト・モノ・カネ・情報・テクノロジーが国境の壁を越えてグローバルに展開するようになると，米国は，日本を，欧米の自由民主主義とは「異質」な政治・経済体制を持つ国だと批判し，バブル経済崩壊で経済停滞に陥った日本は，政治・経済体制をグローバル・スタンダードに適合するよう，新自由主義（経済的自由主義）的な改革を推進していくこととなった。1996 〜 98 年の橋本龍太郎内閣が進めようとし，2001 〜 06 年の小泉純一郎内閣が推進した「小さな政府」―― 規制緩和・撤廃，民営化，地方分権など ―― の構造改革はその一環である。

　小泉構造改革の結果として「格差社会」が到来したのか，小泉構造改革以前から格差は広がっていたのか，議論は分かれる。いずれにしても，経済的自由主義が貫徹されれば格差が生じるのは当然であり，セーフティネットとなる社会保障が機能しなければ格差は是正されない。すなわち現状をどのように捉え，それに対して何らかの政策を講じるべきだと考えるかどうかは，政策を立案し，実施する人々の「平等観」によって大きく左右される。

　「不平等なんて存在しないのに，そのような憶測で研究を行うのはけしからん」という意見があるかもしれない。しかし一人ひとりの個性や能力は異なるため，完全に平等な社会を実現することはきわめて困難である。不平等があるとみるか，ないとみるかは，それぞれの「平等観」の違いである。研究代表者（竹中）は，現代の日本は，ジェンダーや LGBTQ+，在日外国人，外国人労働者などの面で不平等が厳然と存在し，また先進国の中では格差が大きくなっている国であり，収入や資産，雇用，教育などの面で恵まれない人々が増えており，コロナ禍によってそれがさらに顕在化していると認識している。ただ，研究メンバー全員が，研究代表者と認識を共有しているわけではない。私たち自身が，現在の日本社会が平等であるとか，不平等であるとかいうことを所与の前提として出発するのではなく，「平等観」の違いを，データを通じて，冷静に分析したいと考えている。

　「データで不平等を理解することはできない」という意見もあるかもしれない。一つひとつの不平等や格差の事例を詳細に検討することの重要性を否定するつ

もりはない。しかし私たちは，不平等や格差そのものをデータで実証しようとしているのではない。エリートの「平等観」を分析しようとしているのである。

「『エリート』という存在自体が不平等の象徴であって，『エリート』を対象とする研究など，けしからん」という意見もあるかもしれない。「エリート」など存在しないという意見さえ，あるかもしれない。だが私たちは，「エリート」を，政策形成に直接・間接に影響を及ぼす可能性がある人だと機能的に捉えている。もちろん一般国民も，選挙での投票などを通じて，間接的に政策に影響を及ぼしている。しかし一般国民が，政策形成の場に関わっているとはいえないだろう。私たちは，政策形成に直接関与する国・地方の政治家や官僚，公務員はもちろんのこと，一般国民よりも政策の内容に影響を及ぼす可能性がある経済団体や農業団体，労働団体，女性団体，市民団体，あるいはマスメディア，文化人などを総称して便宜的に「エリート」と呼んでいるにすぎず，「エリート支配」が望ましいとか，そうでないとかいう規範的な議論をするものではない。政策形成に影響を及ぼしうる立場の人たちが，どのような「平等観」を有しているかが，日本の格差是正に関する政策を左右することはおわかりいただけるであろう。その人たちの「平等観」が，一般国民のそれとどの程度，同じか，あるいは異なるのかを明らかにすることは，民主主義体制である以上，重要でないはずはない。私たちは，「エリート」内にも多様性があることを十分に意識している。それは，一般国民とて同様である。「エリート」と一般国民との区別は存在しないというのは，物事を分析的にみようとする態度を欠くと断ぜざるをえない。

グローバル化と「格差社会」の進展，統治機構改革は，エリートの「平等観」や政策選好をどのように変化させ，政策決定の影響力構造をどのようなものに変容させたのか。本書は，①エリート・対抗エリートの「平等観」や政策選好がどのように変化したか，②エリート・対抗エリートが，何を考え，市民から表出される利益をどのくらい政策に反映させているのか，③現代日本のエリートと対抗エリートがどのようなものであり，政策決定に対する影響力構造や政策ネットワークがどのように変容したのかを明らかにしようとするものである。

*

　本研究は，1980 年に三宅一郎神戸大学名誉教授，故・綿貫讓治上智大学名誉教授，故・嶋澄元武蔵大学教授が実施し，分析から蒲島郁夫熊本県知事が加わった「エリートの平等観」調査を模したものである。この記念碑的な調査・研究がなければ，エリート調査をやるという着想には至らなかった。三宅先生から，「結果を楽しみにしております」というお言葉を頂戴したのは私にとって大きな励ましであった。1980 年の調査は，手探りで行われ，きっと大きなご苦労があったに違いない。私たちの調査は，回収率が期待したほどではなかったが，1980 年の調査があったからこそ，できたことが多いと感じている。4 名の先生方に厚く感謝申し上げたい。

　2003 年の個人情報保護法成立以降，個人情報の開示には抵抗感が強くなってきており，名簿の作成・刊行もなされなくなってきている。1980 年の調査と異なり，個人の自宅に調査票を送ることはできず，電話での督促も難しかった。そのため中央・地方の政治家，官僚，公務員をはじめとする各界のリーダーにもよくお名前が知られている，五百旗頭眞兵庫県立大学理事長，伊藤修一郎学習院大学教授，岩井奉信日本大学教授，後房雄名古屋大学教授，金井利之東京大学教授，蒲島熊本県知事，北岡伸一国際協力機構理事長，佐々木毅元東京大学総長，田中愛治早稲田大学総長，辻中豊東海大学教授，三宅神戸大学名誉教授，村松岐夫京都大学名誉教授に調査の推薦人になっていただいた[6]。唐突にお願いしたにもかかわらず，依頼した先生方のほとんどからご快諾を得られた。大変ありがたいことで，心より御礼申し上げたい。

　筑波大学人文社会系研究倫理審査の承認を受け[7]，調査依頼文には，「すべてのお答えは，集計して統計的に分析し，たとえば全体として何パーセントというように数値やグラフにまとめます。個人のお名前やお答えの内容が公表されることは一切ございません」，「皆さまのご回答は厳重に管理いたします」等，明記したものの，郵送調査であることも手伝って，回収率は高くはなかった。エ

6　五十音順。肩書きは 2018 年当時のもの。推薦文には複数の肩書きを記させていただいた。
7　2018 年 4 月 12 日，研究倫理審査結果通知書 29-11。

リートの回収率は，一般有権者のそれよりも低く，政治意識を問うことを拒絶する人もいた[8]。エリート調査にご回答を賜った皆様は，指導的な立場にある人として社会的な義務感（noblesse oblige）をお持ちになられている方々であると敬意を表し，感謝申し上げたい。また一般の有権者の調査対象者の皆様にも，調査の趣旨をご理解いただき，ご協力いただいたことに御礼申し上げたい。

　2018年度エリート調査を実施していただいた一般社団法人輿論科学協会（井田潤治現理事長，島田剛様），2018年有権者ウェブ調査，2018年度道府県議等補充調査，2019年有権者調査を実施していただいた一般社団法人中央調査社（穴澤大敬様），2019年度政治家補充調査を実施していただいた株式会社日本リサーチセンター（今井真奈美様）には，大変お世話になった。エリートに対するサーヴェイ調査はかなり難しいということを身をもって学んだが，適切なご助言・ご提案をいただき，何とか調査を敢行することができた。深く感謝申し上げたい。また経済団体のサンプルが少ないことから，2019年8月，公益財団法人日本生産性本部の前田和敬理事長に，会員の経済団体に調査票を配付し，回答していただくよう，依頼した。前田理事長は，蒲島郁夫・竹中佳彦『現代日本人のイデオロギー』（東京大学出版会，1996年）の第4章で先行研究として紹介したご論文を執筆されており，本研究に対してご理解を示していただいた。日本生産性本部の皆様のご協力にも厚く御礼申し上げたい。

　本書に掲載された論文は，日本政治学会の2019年度総会・研究大会「D4 公募企画・エリートの平等観の再検討」（2019年10月6日，成蹊大学），2020年度総会・研究大会「E1 公募企画・政治的エリートのネットワーク・統治観」（2020年9月27日，Zoom ウェビナー），日本比較政治学会の2020年度第23回研究大会「分

8　中央・地方の政治家の方々には，「個人のお名前とお答えの内容とを結びつけて公表されることは一切ございません」としつつ，「ご協力いただいた方は，ご芳名を報告書やウェブサイトに記載します」とお知らせし，また2018年12月には9つの政党本部に所属国会議員に対する協力呼びかけを依頼する手紙もお送りしたが，回答はさほど増えることがなかった。2018年の調査にご協力いただいた中央・地方の政治家の皆様は，本研究のウェブサイトにご芳名を記している。https://www.dpipe.tsukuba.ac.jp/~takenaka/acknowlegement.html. 2019年の調査にご協力いただいた方もそちらにご芳名を追記する予定である。本書への掲載は，紙幅の関係上，割愛させていただいた。ご寛恕を乞う。

科会 D 代表制と社会経済的格差」（2020 年 6 月，ウェブサイト上での議論）に，研究グループとして参加した企画の報告論文を改訂したものが含まれている。それぞれのセッションの司会や討論者を務めていただいた品田裕先生（神戸大学），三村憲弘先生（武蔵野大学），青木栄一先生（東北大学），境家史郎先生（東京大学），辻由希先生（東海大学），西澤由隆先生（同志社大学）に感謝申し上げたい。また研究メンバーが個別に学会報告をしたものもあり，そのセッションの司会・討論者の方々にも御礼申し上げる。

　調査および研究を行うためには研究資金が必要である。幸いにして，科学研究費補助金・基盤研究（A）（一般）（H29 ～ R3）「グローバル時代のエリートと対抗エリートの平等観と政策ネットワークの変容」（研究代表者：竹中佳彦，課題番号17H00966）として日本学術振興会から助成を得ることができた。日本学術振興会と，この研究を価値のあるものと認めてくださった審査委員の先生方に御礼申し上げたい。

　本研究の研究グループには，筑波大学および東京大学で蒲島先生の，また筑波大学で辻中先生のご指導を受けた者が含まれている。蒲島先生は，2016 年熊本地震，新型コロナウイルス感染症，2020 年熊本豪雨などの困難に直面しても，不屈の精神で県政をリードされている。辻中先生は，今は東海大学副学長，政治学研究科長としてご活躍中である。お二人の先生には調査の推薦人になっていただき，また辻中先生には日本生産性本部に仲介の労を執っていただき，訪問にも同行していただいた。お二人には，これからも元気にご活躍いただきたい。

　筑波大学人文社会エリア支援室の事務職員の皆様をはじめ，それぞれの研究メンバーの所属する大学の事務職員の方々にはお世話になった。御礼申し上げたい。

　末筆ながら，出版事情が厳しいなか，本書の刊行を引き受けてくださった株式会社明石書店，温かく見守っていただいた編集部の上田哲平様にも感謝申し上げたい。

　　2021 年 8 月

　　　　　　　　　　　　　　　　　　　　　　　　　　竹中　佳彦

目　　次

第Ⅰ部

平等をめぐる理論と文脈

第1章

平等をめぐる理論と文脈

竹中 佳彦・近藤 康史・濱本 真輔

1 はじめに

　本章および**第2章**は，**第3章**以降の実証分析の前提となる理論，および「エリート調査」の方法を中心に論じる。

　まず本章は，「平等をめぐる理論と文脈」と題し，平等をめぐる理論を紹介する。第2節では，三宅一郎・綿貫譲治・嶋澄・蒲島郁夫の「エリートの平等観」調査がなされた1980年から後の日本における平等をめぐる状況を概観し，なぜ「エリートの平等観」を研究する必要があるのかについて論じる。第3節では，1980年代以降の「平等」をめぐる規範理論の展開を，本書の調査や実証分析を位置づけながら紹介する。第4節では，「平等」をめぐる実証研究の展開を，要求と応答の2つの次元に位置づけて整理し，実証研究上の課題を提示し，本書の構成について紹介する。

2 なぜ「エリートの平等観」なのか

「一億総中流」社会

　1945年に敗戦した日本は，1960年代に高度経済成長を遂げ，二度にわたる石油危機を乗り越えて，1970年代の終わりに世界第2位の「経済大国」となった。国民は，高度経済成長によって生活水準が上がり，娯楽も手に入れること

3

になり，脱政治化していった。資本家階級と労働者階級との対立の解消を主張する社会主義は，経済的な平等化の進行によって，国民にとって魅力のないものになった。1970年代には，内閣府の「国民生活に関する世論調査」[1]で，自分の「生活程度」を，「中の上」「中の中」「中の下」，すなわち中流と回答する者の割合が9割となり，「一億総中流」社会と呼ばれた。

　高度成長期に自民党は，財界と結びついて経済成長を志向する政策を展開する一方，農村部に主たる支持基盤を置いていたため，農村部に対して農業保護，公共事業などを実施した。そのことが，都市と地方の所得の不平等を解消させることにつながり，自民党一党優位体制を安定させた。蒲島郁夫は，これを「自民党システム」と呼び，「経済成長を進めながらその成長の果実を経済発展から取り残される社会集団に政治的に配分しようとする，いわば平等なる経済成長を達成しようとする社会民主主義的な色彩を帯びたシステム」だとしている（蒲島2004: 20）。

　社会経済的平等の実現は，経済発展，政治参加の拡大，政治的安定とともに，国家，とりわけ発展途上にある国家にとって重要な目標のひとつであるが，これらを同時に達成することは困難である。経済発展が起これば社会経済的不平等が生じる。社会経済的地位の高い者は，政治活動のための資源や動機づけを有しており，社会経済的地位の低い者よりも政治に参加し，政治に強い影響力を有することが多い。この場合，政府の政策は，社会経済的地位の高い階層を優遇するものとなりがちである。そうなると，政治不満が昂じて政治的不安定に陥る可能性がある。他方，社会経済的地位の低い階層でも，政治に参加できるのであれば，数の力で政治に要求を加えることができる。だが政治参加の拡大は，国民各層の要望に応えることを第一とするポピュリズムを招き，社会経済的平等を実現させたとしても，経済発展が減速し，政治的不安定に陥るおそれがある。だが蒲島のいう「自民党システム」では，社会経済的地位の低い農民の政治参加度が高く，社会経済的平等が実現されていた（Huntington and Nelson 1976; Verba, Nie, and Kim 1978=1981; 蒲島1988）。これは，公共事業や補助金配分などに

1　内閣府「国民生活に関する世論調査」，https://survey.gov-online.go.jp/index-ko.html，2019年9月7日最終閲覧。

よる都市と農村との地域間格差の縮小も意味する。

　経済的平等化が進んだ一方，1980 年代に社会的・政治的な平等化が必ずしも十分に進んでいたわけではない。国際連合は，1975 年を「国際婦人年」(International Women's Year) とし，メキシコシティーで開催した第 1 回世界女性会議で以後 10 年間に女性の地位を改善させる指針を立てた。1980 年にコペンハーゲンで開催された第 2 回世界女性会議では女子差別撤廃条約の署名が行われた。この動きを受け，日本でも，1985 年に男女雇用機会均等法が制定されることになる。しかしその後，現在に至るまで，雇用や収入，社会生活の面で性別による格差が解消されたとはいえないし，夫婦別姓には根強い反対論があり，国会や地方議会における女性議員の割合もきわめて少ない。世界経済フォーラムによれば，2021 年の日本のジェンダー・ギャップ指数は，対象国 156 か国中 120 位とジェンダー平等度が低かった。[2]詳述しないが，1970 〜 80 年代に在日韓国・朝鮮人を含む外国人や同和地区に対する差別もなかったわけではない。

1980 年の「エリートの平等観」調査

　「エリートの平等観」調査（以下，「1980 年エリート調査」）が実施された 1980 年はそのような時期であった。1980 年エリート調査は，三宅一郎・綿貫譲治・嶋澄によって中央・地方のエリート約 2,000 人に対して実施され，分析から蒲島郁夫が参加した。

　社会や集団において指導的・支配的な役割を受けもつ層をエリート（élite）という。エリート研究の系譜は**第 2 章**で論じることにするが，古くから，少数の政治・経済・軍事のエリートの利益は一致し，協力して大衆（mass）を統治しているという「パワーエリート」論があった（Mills 1956=1958）。これに対して 1950 年代の米国で，政策決定を行う権力は政策領域ごとに異なるという「多元主義」(pluralism) 論が登場した（Dahl 1961=1988）。三宅らは「エリート」という言葉を用いているが，彼らは「パワーエリート」論に与しているわけではなく，むしろエリート間の対立や意見の相違を前提としている。

2　World Economic Forum, *The Global Gender Gap Report 2021*, pp. 10, 233-234, http://www3.weforum.org/docs/WEF_GGGR_2021.pdf.

　彼らは,「エリート」を,「平等問題のように複雑な問題」に対して「明瞭な意見を持ち, また, 政策決定や輿論形成に影響力を持つ人々」とし, 知識・関心と影響力という2つの基準で定義している。したがって彼らのいう「エリート」には,「有識者」や「有力者」, 組織のリーダーだけでなく, 組織のリーダーではない者も含まれる。具体的には,「現在力をもっている体制側グループ(エスタブリッシュメントグループ)」として財界リーダー, 農業団体リーダー, 官僚リーダー, 保守政党リーダーを,「既存の配分システムに挑戦している」「反体制側グループ」として労働組合リーダー, 野党リーダー, 市民運動リーダー, 女性運動リーダー[3], 部落解放同盟リーダーを, 現状に利害関係はないが, 政治課題の優先順位の決定に影響のある「中間媒介グループ」として学者・文化人, マスコミ(新聞・放送)リーダーを取り上げている[4](三宅・綿貫・嶋・蒲島 1985: 31-35)。

　同調査は, 米国・スウェーデンとの国際比較でもある。たとえば雇用政策, 所得の再分配, 累進課税の面で, 日本のエリートは, スウェーデンのエリートと同じくらい平等主義的であるとされている。しかし日本のエリートは, 米国のエリート以上に自助努力を重視していると指摘されている(三宅・綿貫・嶋・蒲島 1985: 64-68; Verba et al. 1987: 74-80)。

「格差社会」

　1980年代, 自動車・半導体・農産物(コメ, 牛肉, オレンジなど)や金融, 知的財産権などをめぐって日米経済摩擦が激しさを増し, 米国は, 日本経済を資本主義とは「異質」なものだと批判し, 市場開放を迫った。日本は, 輸出の代わりに内需の拡大を約束し, 地価と株価が, 実体経済を反映せぬまま, 過剰に高騰するバブル景気となっていった。冷戦終結, 東欧「革命」, ソ連解体という一連の出来事は, 共産主義に対する資本主義の勝利を意味し, 資本主義経済がグローバルに拡大することになった。他方, 1991年, 日本は, 金融引き締め政策が失敗してバブルが崩壊し, 不景気となった。政府は, 不良債権問題に十分に

3　三宅・綿貫・嶋・蒲島(1985)では「婦人運動」という言葉が使われているが, 本書では「女性運動」と言い換えている。
4　この他に「将来のリーダー」として学生が挙げられている。

対処できず，また北海道拓殖銀行，日本長期信用銀行，日本債券信用銀行，山一證券，三洋証券を含む多数の企業が倒産したり，「リストラ」という名で従業員を解雇し，非正規雇用を増やしたりするなど，1990 年代は「失われた 10 年」と呼ばれた。就職難の「就職氷河期」であったため，若年層の中には，職があるにもかかわらず貧しい「ワーキングプア」や，安定した職のない「フリーター」，就職も就学も職業訓練もしていない「ニート」になる者も少なくなかった。

　日本政府は，景気刺激策として財政支出を増やし，財政赤字が膨らんでいったため，行財政改革が不可欠となった。また「日本的経営」をグローバル・スタンダードに見合ったものにするために，規制緩和や民営化などの経済構造改革が必要となった。1990 年代には首相のリーダーシップを強めるために統治機構改革が行われたが，その成果を利用して，「官邸主導」で財政再建と構造改革を推進したのが小泉純一郎内閣である。小泉構造改革は，「小さな政府」「官から民へ」「中央から地方へ」を理念とし，郵政 3 事業や道路関係 4 公団の民営化，補助金削減・地方交付税削減・地方への税源移譲の三位一体の改革，公共事業削減，規制緩和を進める構造改革特区の導入，医療制度改革などを展開した。小泉改革は，市場原理・競争原理を重視する新自由主義の路線であったため，「格差社会」を生み出したとの批判も招いた。

　「格差」があるかどうかを論じる際，所得が均等に分配されているかを示すジニ係数が用いられることが多い。当初所得のジニ係数は，1987 年には 0.40 であったが，2017 年には 0.56 となっており，格差が広がっている。ただし当初所得から税金・社会保険料を控除し，社会保障給付を加えた再分配所得のジニ係数は，1987 年が 0.36 であるのに対して，2017 年は 0.38 であり，それほど格差が広がっているわけではない。税金や社会保障が，格差を是正する方向で機能していることになる。

本書の目的

　本書は，「一億総中流」社会から「格差社会」へというこの 40 年間の変化の

5　厚生省大臣官房政策課調査室『昭和 62 年所得再分配調査結果』，11 頁。厚生労働省政策統括官（統計・情報政策，政策評価担当）『平成 29 年所得再分配調査報告書』，6 頁。

中で，①エリート・対抗エリートの「平等観」や政策選好がどのように変化したか，②エリート・対抗エリートが，何を考え，市民から表出される利益をどのくらい政策に反映させているのか，③現代日本のエリートと対抗エリートがどのようなものであり，政策決定に対する影響力構造や政策ネットワークがどのように変容したのかを明らかにしようとするものである。

　平等問題に「明瞭な意見を持ち，また，政策決定や輿論形成に影響力を持つ人々」であるエリートの平等観がどのように変化しているのかを理解することは，単に現在と過去の日本のエリートの捉え方の異同を知るためだけではなく，現在の格差・不平等の状況をエリートがどのように認識しているのか，そのような認識と現在とられている政策との間にどのような関係があるのか，過去とられていた政策がそのときのエリートの平等観によるものだとすると，現在なぜそのような政策がとられているのか，また今後どのような政策がとられていくと予想されるかなどを知ることを可能にするだろう。

　「平等観」は，①現状を平等であると認識しているかどうかという現状認識と，②平等であるべきだと考えるかどうかという当為・価値に大別できる。本書では，前者を「平等認知」，後者を「平等価値」と呼ぶこととする。

（竹中 佳彦）

3　平等をめぐる規範理論

平等論をめぐる争点

　前節で述べたように，「平等観」には，「平等認知」の側面と「平等価値」の側面があり，本書で主に扱われるのはこれらの問題である。しかし，この両側面の背景には，どのような状態を平等として考えるかという「平等の規範」の問題が存在している。前回 1980 年調査後の 40 年の間に，この「平等の規範」に関する政治理論も，目覚ましい変化と進展をみせてきた。

　日本も含む先進民主主義諸国において，戦後から 1970 年代初めまでの時期は，高度経済成長に支えられた福祉国家の発展の時期と捉えられる。福祉国家の発展は，主に経済的平等の進展を支えたものであり，政治理論的には，ジョン・

ロールズ（John Bordley Rawls）の格差原理に代表される分配的正義の議論と関わり
を持つものであった。

　しかし 1980 年代以降においては，現実政治上の変化に並行する形で，平等の
規範をめぐる議論も変化をみせていく。一方では，経済成長の鈍化に伴う福祉
国家の停滞と，新自由主義的な「小さな政府」の台頭の中で，主に経済的な面
から平等観が問い直されるようになった。この動きに並行するように，政治理
論的にも，ロバート・ノージック（Robert Nozick）に代表されるリバタリアニズム
の議論は，ロールズの格差原理に基づく国家による再分配が「最小国家」の観
点からすれば国家の肥大化であるとして批判した（Nozick 1974=1995）。これらの
批判の正当性をめぐっては様々な議論があるが，「平等の規範」をめぐっても一
定の見直しが迫られるようになったのである。

　他方で，単に経済的格差や再分配にとどまらない視点から平等を捉え直す必
要性が，一段と高まっていった。たとえば，ジェンダー平等，移民を含めた人
種的・民族的多様性と平等との両立，LGBTQ+ などのマイノリティの権利など
である。これらは，もちろん経済的平等の問題と結びついている側面はあるが，
単に経済的再分配によって平等が進展するような問題ともいえず，とりわけ多
様性との関係から平等論の見直しが迫られるようになっていったのである。

平等をめぐる規範理論の展開

　こういった状況をふまえ，ロールズの分配的正義の議論に対しても，平等論
内部から，分配的正義を否定するというよりも，それへの建設的批判という形
で，発展させるような議論が登場してきた。

　その中でも，平等論の文脈で取り上げられることの多い議論が，ロナルド・
ドゥオーキン（Ronald Myles Dworkin）による「運の平等主義」である（Dworkin
2000=2002; 木部 2015; 広瀬 2016; 齋藤（純）2017）。「運の平等主義」の要点は，自らが選
択した結果として生じた不平等に関しては許容して補償の対象としないが，個
人の選択が及ばない条件によって生み出された不平等は許容されず，補償の対
象となるとするものである。

　齋藤純一も論じているように，「運の平等主義」は私たちの直感に訴える部分

9

があるため，平等観の基礎となる論理としては，意識的にも無意識的にも，一定の支持を受けているように思われる。たとえば福祉国家において，失業への補償よりも，高齢者への年金や子どもの貧困への対応などのほうが，有権者に受け入れられやすい傾向があることなどは，この点から説明できるだろう。高齢者の退職や子どもの貧困は，本人が選んだものではないという性格が明確だからである。

　本調査におけるいくつかの質問項目も，この「運の平等主義」と接点がある。たとえば，「機会の平等と結果の平等」をめぐる質問項目において，エリート・有権者とも「機会の平等」により多くの支持を与えている点からは，「運の平等主義」の観点から人々が平等を判定している可能性を読み取ることもできる。また，「高齢者や障がい者を除き，すべての人は社会福祉給付をあてにしないで生活しなければならない」という質問項目なども，「運の平等主義」に基づいた見方との関連があり，それへの支持の程度が理解できるだろう。

　しかし，この「運の平等主義」に対しては，多くの論者から共通の疑問も投げかけられている。ひとつは，その不平等が自己の「選択」の結果なのかどうかは，それ自体が争点である。たとえば新型コロナウイルスの感染拡大の中で，飲食店や旅行業は大きな打撃を受けた。感染拡大自体はそれらの人々の「選択」ではないため補償の対象となりうるが，そのような職業を選んだことがそれらの人々の「選択」とされてしまえば，補償の対象ではないということになりかねない。

　この問題にも表れているように，「運の平等主義」は「個人の選択」という点で個人主義的な前提に立つが，その点が批判の対象になっている。この批判をふまえ，人種や民族，ジェンダーといったより集団的・構造的視点から，不平等を捉えようとする関係論的アプローチと呼ばれる視点も登場している（木部 2015; 齋藤（純）2017）。この場合，より重視されるのは不平等を生み出す制度的構造である。本調査においても「貧困の主な原因は社会制度にある」といった項目は，これらの関係論的アプローチと接点を持つものといえよう。

再分配と承認

　こういった文脈の中で，平等論を単に経済的格差や再分配の問題にとどめない議論も展開されるようになっている。その代表的なものが，「承認」という捉え方である。承認とは，人々が社会の中で人間らしい生を尊重され，差別されることなく生きていくことのできる権利を認められることである（武川 2007: 51）。

　承認という観点から平等を捉え直そうとする見方は，人種や性的志向などにおけるマイノリティ，女性といった集団に対する差別や不平等の問題に重点を置いているといえるだろう。本調査においても，「男女差別」「外国人の取り扱い」「選択的夫婦別姓」に関する項目が含まれており，これらはより「承認」の問題に近い。また「沖縄」に関する項目をそこに含めてもよいかもしれない。また承認論の射程は，経済的不平等にも広がりうるものである。たとえば貧困層の場合には，経済的観点から「承認」を欠いている状態にあると考えることができる。

　ただしこのように経済的不平等や再分配の問題を，「承認」の中に包摂してしまう議論に対しては批判もある。たとえばナンシー・フレイザー（Nancy Fraser）は，上記のように「承認」論を展開するアクセル・ホネット（Axel Honneth）に対して，次のように批判している。つまり「承認」論は，たとえばマイノリティのアイデンティティなど文化的要素に偏っているため，分配的正義のような社会経済的問題はそれとは切り離されて別個に論じられるべきとするのである（フレイザー／ホネット 2012）。

　しかしフレイザーもまた，承認と再分配とを結びつけて解決する必要性を否定しているわけではない。ここに共通するのは，「承認も再分配も」という形で，両方を射程に入れる必要性であり，経済と文化とにまたがったより広いフレームワークから平等・不平等の問題を論じることへとつながっているのである。

政治的平等と経済的・社会的平等

　このように平等をめぐる規範論は，主に経済的・社会的平等の側面からフレームワークを拡大してきた。その中で政治的平等の位置づけもまた，再び問い直されることになるだろう。

　一方で，経済的・社会的平等が政治的平等の条件となるという見方がある。齋藤純一は，ロールズの議論を引きつつ，「所得や富の分配において著しい格差があれば，その格差は，平等に享受されてしかるべき政治的自由を不平等なものとする」として，政治的平等が経済的・社会的平等の影響を強く受けていることを論じる（齋藤（純）2017: 24）。

　他方で，政治的平等が経済的・社会的平等の条件となるという見方もされてきた。つまり，各アクターの持ちうる政治的影響力の大きさの違いが，結果として経済的・社会的平等を左右するという点も，政治学においてはなされてきたのである。たとえば，福祉国家論における権力資源論は，労働者やその支持を受ける社会民主主義政党の持つ権力の大きさと，福祉国家の充実度とその結果としての平等との間に一定の関係があることを論じてきた（Esping-Andersen 1990=2001）。また逆に，コリン・クラウチ（Colin Crouch）によるポスト・デモクラシー論は，企業権力の拡大とその国家との密接な関係が，経済的再分配の弱まりとその結果としての格差の拡大につながっていると論じている（Crouch 2004=2007）。

　これらの点に関し，本調査においても，「政治的参加」など政治的な側面における平等と，「収入」や「財産」など経済的平等に関わる項目が含まれており，その関係をみることは可能である。とりわけ，本調査では労働組合や経済団体といった諸グループの政治的影響力についての認識を問う項目もあり，アクターの政治的影響力と経済的平等との観点からしても，示唆が得られるであろう。

　また，上述のポスト・デモクラシー論などは，近年において富の偏在化を中心とした不平等化が進む原因として，企業や政府といったエリートの支配が強まり，一般の有権者の影響力が弱まっているという問題を指摘している。平等論との関わりからみた場合，有権者とエリートの間でその認識や価値の乖離は広がっているのだろうか。また，有権者やエリートの平等観は，どのように国家の政策へと反映されていくのだろうか。

　この問題について木部尚志は，ユルゲン・ハーバーマス（Jürgen Habermas）の〈法的平等と事実的平等の弁証法〉に示唆を受ける形で，市民社会における不平等や不正が，平等の価値規範の違反として認識された後，この認識が市民社会

内部のネットワークを通じて共有される形で政治過程へと組み込まれ，不平等の是正や平等化が公共政策という形で実現されるという力学を示している（木部 2015: 156）。本調査の関心と重ねるならば，有権者の不平等の認識が，いかに（政治的影響力のある）エリートの認識へと発展し，政治過程の中に持ち込まれるか，という力学に読み替えることもできるだろう。

　もし有権者とエリートの間で平等観が一致している場合には，この力学もうまく機能していると考えることができるかもしれない。しかし逆に，エリートと有権者との間で平等観に乖離があるならば，このような力学が働いているとは言い難い。また，エリートの中でも政治的影響力の弱いグループほど，有権者との間で一致度が高いならば，それもまた力学がうまく作用していないということになる。平等観や政治的影響力の認識に関し，本プロジェクトではエリート調査だけではなく，有権者に対しても同様の調査を行っている。その結果を検討することによって，こういった論点に関しても，有効な視座を与えるように思われる。

　本プロジェクトは基本的には調査に基づく実証的な側面から平等観にアプローチするものであるが，以上の点など平等の規範論との関わりを意識したものであり，またそれゆえに，規範論に対しても一定の示唆を与えるものとなりうるだろう。

（近藤 康史）

4　平等をめぐる実証研究

　経済的・社会的平等と政治過程の関係は，実証研究において，どのように検討されてきたのだろうか。議論は政治参加，政治意識，利益集団，代表制など広範に及ぶものの，いずれも政治的平等との接点を保ちつつ論じられている。

政治的平等の 2 つの次元

　政治的平等は要求（voice）と応答（response）の 2 つの次元がある（Dubrow 2015: 17）。政治過程を構成する民主主義の重要な特性として，「市民の要求に対し，政

府が政治的に公平に，つねに責任をもって応えること」（Dahl 1971=1981: 6）があ
る。民主主義における平等は，参加だけでなく応答も含まれる。代表制民主主
義においても，応答性が求められる（Pitkin 1967=2017）。ただし，代表制民主主義
の下，どのような人々が参加，代表し，政策決定者がどのような人々に応答す
るかによって，社会経済的不平等が政治過程を通じて是正されることもあるが，
逆に是認もしくは拡大する可能性もある。そのため，政治的平等がどのような
状態にあり，それが社会経済的平等といかなる関係にあるかが検討されてきた。

　要求とは，有権者が自らの利益や関心をどのように政策決定者に表明するの
かである。要求次元は参加と代表から構成される。政治参加研究を政治的平等
の面からみると，参加の活発な層が存在するのかどうか，団体への参加と団体
を介したメディア・政党・官僚制への入力にどのような偏りがあるのかが焦点
となる（Verba, Nie, and Kim 1978=1981）。

　代表には意識と存在の面がある。政治的平等との関連では，どのような争点
態度，社会経済的平等観が表出し，それはイデオロギーによって統合されたも
のであるかどうかである。そのうえで，団体・メディア・政党などの代表が存
在しているかどうか，代表されている場合もその程度に格差が存在するのかが
焦点となる。

　応答は有権者を起点として，政策決定者との関係を捉えるものである。たと
えば，ビンガム・パウエル（Bingham Powell）は応答性について，「民主的プロセ
スが市民の望む政策の形成，実施を政府に促す時に起きること」と定義してい
る（Powell 2004: 91）。また，ベルナール・マニン（Bernard Manin）らは「政府は市民
が好む，明示された政策を採用するならば，応答性がある……市民のメッセー
ジが最初にあり，そして公職者は彼・彼女らの行動が市民によって明示された
好みに従う範囲で応答的である」（Manin, Przeworski, and Stokes 1999: 9-10）としている。

　応答次元は 3 つのレベルに分けられる。第 1 に，権力構造（政策決定のパター
ン）レベルである。影響力は政策分野を横断する形で特定のエリートに集中し
ているのか分散しているのか。また，政策決定者へのアクセスの資源や機会が
開かれているかどうかである。アクセスは影響力を担保するものではないもの

の，影響力を行使する前段階として，特に利益集団論で重視されている[6]（Hunter 1953=1998; Mills 1956=1958; Dahl 1961=1988，本書**第2章**，**第8章**を参照されたい）。

　第2に，政府や政治エリートレベルである。政府や政治エリートが有権者に応答しているのかどうか，応答している場合は誰にどのように応答しているのか，応答を左右する要因は何かが代表制研究を中心に論じられている（Gilens 2012; Butler 2014; Bartels 2016）[7]。

　第3に，有権者レベルである。有権者が政府やエリートの応答性をどのように捉えているのか。政治意識研究の中でも政治的有効性感覚（疎外意識）から論じられている。

要求次元の格差

　政治的平等にどのような格差があるのかは政治システムによる違いがある。ここでは日本政治で指摘されてきた参加，代表レベルの格差を取り上げる。

① 参加レベル

　政治参加における格差として，次の5点が挙げられる。第1に，農村部に有利な形での一票の較差である。衆議院では1985年まで4倍前後，参議院では2015年まで5倍前後の較差が存在していた。その後も衆議院では2倍，参議院では3倍ほどの較差が依然として存在する。

　第2に，学歴，職業，年収などの社会経済的地位による差である。社会経済的地位が高いほど，政治参加のための資源，意欲，技能を有し，参加が活発であるとされる（Verba, Nie, and Kim 1978=1981）。ただ，日本では政治参加の社会経済的中立性が指摘されてきた。社会経済的地位の高さが参加を促す効果が低く，また農村部の活発な参加により，政治参加の社会経済的バイアスが弱かった（蒲島1988）。しかし，これは1970年代から80年代に最も当てはまる現象であり，90年代以降は社会経済的地位のバイアスが強まり，教育水準による投票参加の差

6　アクセス概念の多様性と再考については，Binderkrantz and Pedersen（2017）を参照。
7　アメリカ政治を中心としたレビューとして，Canes-Wrone（2015），Erikson（2015）を参照。

が大きくなっている（境家 2013; 蒲島・境家 2020)[8]。

　第 3 に，性差である（山田 2016)。日本では 1960 年代中頃までは男性の投票率が高かったものの，それ以降は投票参加における差がみられない。ただ，投票外参加には性差があり，男性の参加が活発である。長期的には男性の投票外参加が後退する形で差は縮小しているものの，依然として政治参加に性差がある。

　第 4 に，年齢，世代差である（内田 1986)。日本では若年層ほど政治参加の程度が低く，60 代から 70 代半ばまでをピークに参加の程度が高い。世代間の差は長期的に観察されるが，国際比較からみると，日本は世代差がかなり大きい。

　第 5 に，団体加入による差である。人々は組織に加入しない，脱組織化の流れにあるが（森・久保 2014)，団体加入には年齢（時間的資源），性差，金銭的資源が影響しており（善教 2019)，前述までの格差がここにもみられる。団体加入者の政治参加は非加入者よりも活発であり，団体は政治的社会化機能を果たしている。そのため，団体参加によってより格差が拡張している可能性もある。

　ただ，参加の格差がそのまま政策帰結につながるわけではない。たとえば，人々は 1990 年代以降に所得の不平等を許容する方向に動いたものの，2010 年代には再び，所得の不平等を許容しない方向に変化した（ジョウ・遠藤・竹中 2018)。投票参加の格差は広がっているものの，7 割の有権者は政府の所得格差是正策に賛成しており，投票参加の差が経済的格差の拡大に直結するとはいえない（山田 2018)。そのため，意識と存在の面で代表レベルの状態を捉える必要がある。

② 代表レベル

　要求次元を構成する代表についてみると，次の 5 点が挙げられる。

　第 1 に，不平等と関わりの深い社会経済争点の不十分な代表状態である。有権者の間では大きな政府，福祉の充実を求める声は徐々に増加しており（武川 2012)，選挙の際も社会保障や経済への関心は比較的高い。しかし，有権者の間では社会経済争点のイデオロギーとの関連性が弱い（遠藤・ジョウ 2019; ジョウ・遠藤・竹中 2018)。議員間でも 2000 年代までは新自由主義−社会民主主義の対立軸

8　蒲島は，長期的観点で捉え直し，境家の見解を受け入れている（蒲島・境家 2020)。

が析出されるものの，遅くとも 2012 年以降はそれが主要な軸を構成しているとはいえず，各議員のイデオロギー位置も大きく変動し，安定的な選択空間を有権者に提供できていない（谷口 2020）。投票行動上も，政府の規模や役割をめぐる対立軸が政党選択の軸とはなっていない（西澤 2018）。結果として，社会経済争点は表出しているものの，議員・政党によって十分に整序されず，有権者の選挙時の選択にまでつながらない，不十分な代表状態にある。

　第 2 に，女性の過少代表である（三浦編 2016）。1990 年代以降，女性議員が徐々に増加しているものの，国際的にはきわめて少ない。女性議員は福祉や環境等の争点を重視する傾向も指摘されており，政策上もバイアスが生じる。

　第 3 に，世代差である。議員の政策選好について世代差が散見されている。2004 年の議員調査によると，年金改革について自民党内で世代差があった（飯尾・黒田 2005）。2005 年の当選議員でも景気対策としての財政出動に若い議員ほど反対する傾向にあり，公共事業による雇用確保にも消極的であった（蒲島・竹中 2012: 188-190）。2016 年の調査でも自民党・民進党の若い議員ほど，党の公約と支持者利益の不一致を認識していた（濱本 2019）。

　第 4 に，農村部の過剰代表である（蒲島 1988）。一票の較差とともに，自民党内の昇進構造も作用し，農村バイアスが指摘されてきた（菅原 2004）。選挙制度改革により，一票の較差は縮小したが，参議院の存在を含め，依然として農村部が代表されやすい形での格差は存在している。

　第 5 に，生産者団体の優位である。団体の分布からみると，日本は農業団体や経済団体などの生産者団体の占める割合が市民団体などに比べて高い（辻中・森編 2010）。国際比較からも日本は生産者団体が多く，また選挙過程への関わりも強いため，代表されやすい。

　このように，要求次元では，参加と代表の両レベルで比較的共通した格差が明らかにされてきた。投票参加の制度上の格差は制度改革により減少し，都市と農村の差が縮小しつつも，世代間や性別の差は残存しており，社会経済的地位のバイアスはむしろ拡大する傾向にある。以上から，本書ではエリートのイデオロギーと平等観の検討と同時に，個別の争点として経済的平等，ジェンダー平等，世代間平等を取り上げる。

応答次元の格差

次に，応答次元での格差をみる。日本の権力構造については多様な議論が展開されつつも，1980年代までの議論を政治的平等からみると，大きく2つの特徴が挙げられる。

第1に，政治過程は少なくとも2つに分けられ，また権力核でも影響力構造は一定の仕切りを伴う形で多元的，分権的なことである。自民党，官僚，財界，農業を中心とする中核が存在する一方で，社会党や労働組合を中心とするグループに分けられた（村松 1981）。影響力は様々な政策分野を横断する形ではなく，仕切られたものであった。それは，福祉レジームの形成にも影響したとみられ，雇用保障や年金・医療も職域ごとに構築されてきた。

第2に，自民党の長期政権の下で影響力の格差は大きかったものの，メディアを介した政治的不平等の是正や権力核に含まれないアクターへの包括性の高さも指摘されてきた。蒲島は，自民党と官僚組織が政策決定の核を構成し，マスメディアはこれらの権力の核外に位置し，権力から排除される傾向にある新興，弱小社会集団の選好をすくい上げ，政治システムに注入している点を指摘し，レファレント・プルーラリズムを提示した（蒲島 1990）。また，労働組合の行政接触や自己影響力認知の高さもあり，一党優位政党制の中でも排除性の低いパターン（Muramatsu and Krauss 1990）とされ，異なる多元主義論でも包括性の高さは注目された（猪口 1983; 佐藤・松崎 1986）。

次に，政府や政治エリートレベルの政策応答性も分析されてきた。マクロ政体の観点によると，戦後日本の政府は政策ムードに応答的であった（大村 2012）。他方，利益誘導政治にみられるように，自民党の応答性は支持基盤との票と利益の交換にあり（小林 1997），また有権者の逆説明責任の質量を考慮したものであったとの指摘もある（斉藤 2010）。議員研究においても，世論よりも地域や団体の利益，政策領域によってはイデオロギーに応答する議員像が示されてきた（猪口・岩井 1987; 建林 2004）。

1990年代以降に限定したとしても，政策応答性には見解の相違がある。フランシス・ローゼンブルース（Frances Rosenbluth）らは制度改革によって，平均的な有権者の支持を目指した競争に変化したと捉える（Rosenbluth and Thies 2010=2012）。

他方，谷口将紀によると，自民党は 2005 年から 2009 年にかけて自民党投票者よりも大きく右傾化し，2012 年以降も大きく離れた状態にあり，政策応答性を低下させている。また民主党は 2012 年以降に同党投票者と議員の位置は近いものの，中道や穏健右派の有権者が離れ，左傾化した（谷口 2020）。このように，政府や議員の応答先が国民世論か政党支持者や団体加入者であるのか，平均的な有権者か支持層であるのかについて，見解の相違がある。

残された課題

　平等をめぐる実証研究は各領域で進められているものの，要求次元と応答次元のそれぞれに残された課題も存在する。

　第 1 に，エリートの平等観や是正策への政策選好の解明である。日本では国会議員，官僚，圧力団体への調査が実施されているが，1980 年のエリート調査を除いて，財界やマスメディアをはじめとするエリートを同時に幅広く捉えるものではない。平等に関する調査が少なく（武川・白波瀬編 2012: i-ii），実施されている場合にも有権者が中心である。そのため，エリートの平等観がどのように変化したのか，エリートが有権者の選好と乖離しているのかどうか，どのような人々の選好に近いのかという論点が国会議員と有権者の間に限定されている。そのため，議員や政党が有権者から乖離している場合に，その理由が十分に解明されず，議員を取り巻くエリートが偏っている可能性を残している。

　第 2 に，多様なアクターを含めた形での影響力構造，ネットワーク関係の解明である。1990 年代の制度改革を経て，官邸主導として首相やコアエグゼクティブへの注目は高まっており，集権化の傾向は示されている（竹中 2006; 待鳥 2012; 建林 2004, 2017; 清水 2005）。ただ，財界やマスメディアをはじめとする各アクターを包含し，その位置と機能がどのように変化したのかは不明瞭な部分も多い。たとえば，メディア関係者を含めたエリートの分析はなされていないため，権力構造におけるメディアの位置づけと政治的格差を是正する方向に作用していた機能は変化したのかどうか。また，官僚制に対するエリートの働きかけやそれへの応答は党派性が強まったのか，非政治性を強めたのか等はより包括的なデータから検討する必要がある。

　第3に，多様な社会経済的格差を包括する必要性である。経済的格差をはじめ，特定の格差とそのメカニズムを探究することはもちろん重要であるが，政治はそれらの格差に優先順位をつける点に特質がある。そのため，様々な格差がエリートと有権者の間でどのように位置づけられているのかを検討する必要がある。

　本書では，エリートと社会経済的格差をそれぞれ幅広く捉えつつ，平等観と影響力構造を把握する。それは社会経済的格差と政策帰結を結びつける議論に対して，本書はそれをつなぐ代表および応答の政治的経路が存在するのかどうかを示すことになる。たとえば，大企業や富裕層に傾斜する金権民主主義（plutodemocracy），高齢者に傾斜するシルバー民主主義のような格差と政策帰結を結びつける議論に対して，社会経済的格差がそもそも代表されていないのか，特定の人々や団体の声が代表，応答される形になっているのか，現状が要求・応答次元のいかなる政治的格差に起因しているのかを明らかにする。それは社会経済的格差にいかに取り組むのかを考える際の起点になるであろう。

本書の構成

　図1-1は本書の構成である。**第2章**では調査の方法と回答者のプロフィールを示す。エリートの実証研究と調査の実施プロセスを示したうえで，回答者の属性などから，現代日本のエリート像を示す。

　第Ⅱ部では，エリートの平等観をイデオロギー，争点（経済，ジェンダー，世代）[9]，価値観レベルから多角的に検討する。**第3章**ではイデオロギーと平等観，またそれらの関係が40年を経て変化したのかどうかを明らかにする。**第4章**では経済的平等を扱う。エリートの経済的不平等への認知が，社会保障や租税制度といった再分配政策の選好にどのような影響をもたらすのかを明らかにする。**第5章**ではジェンダー平等を扱う。ジェンダー平等観と女性政策への態度を取

9　地域間格差については久保（2020），また外国人については大倉・山本・竹中（2021）がある。また，科学研究費補助金・基盤研究（A）「機会と結果の政治的不平等に関する総合的実証研究：政治的不平等生成メカニズムの解明」（研究代表者：山本英弘，課題番号20H00061）で検討が進められている。

図1-1　本書の構成

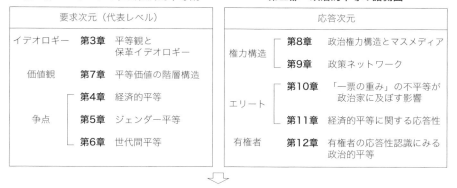

第Ⅰ部　平等をめぐる理論と文脈

第1章	平等をめぐる理論と文脈
第2章	調査の方法と回答者のプロフィール

第Ⅱ部　エリートの社会経済的平等観

要求次元（代表レベル）		
イデオロギー	第3章	平等観と保革イデオロギー
価値観	第7章	平等価値の階層構造
争点	第4章	経済的平等
	第5章	ジェンダー平等
	第6章	世代間平等

第Ⅲ部　政治的平等の諸側面

応答次元		
権力構造	第8章	政治権力構造とマスメディア
	第9章	政策ネットワーク
エリート	第10章	「一票の重み」の不平等が政治家に及ぼす影響
	第11章	経済的平等に関する応答性
有権者	第12章	有権者の応答性認識にみる政治的平等

終 章　現代日本のエリートの平等観の諸相と権力構造・ネットワーク・応答性

り上げ，エリートの態度がどのように変化したのか，それは右傾化，経済重視，フェミニズムの定着のいずれを意味するのかを明らかにする。**第6章**では世代間平等を扱う。有権者とエリートの双方の認知を検討し，有権者レベルの問題意識がどの程度，エリートと共有されているのかを明らかにする。**第7章**では各争点に対する選好の背後にある基底的な価値観を抽出し，エリートと有権者の分布を明らかにする。

　第Ⅲ部では，政治的平等をエリートの権力構造，ネットワーク関係や制度配置上の不平等とともに，有権者に対する応答から多角的に検討する。**第8章**ではエリートの影響力評価とマスメディアの役割を中心に検討し，権力構造とその変容を明らかにする。**第9章**ではエリート間のアクセス可能性と接触から政官関係，官民関係，中央地方関係を幅広く検討する。それらにより，政策ネットワークの現状と変容を明らかにする。**第10章**では一票の較差に対する地方

政治家の認識を分析するとともに，一票の重みの不平等が議員の認識や行動に及ぼす影響を示す。**第11章**ではエリートと有権者の経済的平等における応答性を分析し，どのようなエリートがどのような有権者に応答しているのかを明らかにする。**第12章**では有権者の応答性認識から政治的不平等を明らかにする。**終章**では規範理論との接点にも触れたうえで，各章の知見から現代日本政治への含意と今後の課題を述べる。

（濱本 真輔）

第 2 章

調査の方法と回答者のプロフィール

竹中 佳彦・山本 英弘

1 はじめに

　本章は，調査の方法と回答者のプロフィールについて紹介する。具体的には，第 1 に，エリートに対する実証研究の動向を紹介し，本書の研究の位置づけと意義を確認する。第 2 に，本書の分析データであるエリートと有権者に対する質問紙調査の実施プロセスについて紹介する。第 3 に，後続の章ではエリートの出身背景や属性，リクルートメント・プロセスについて取り上げないので，2018-19 年に実施したエリート調査をもとに回答者の社会的属性について概観しておく。これにより，現代日本のエリート像を探究する一助としたい。

2 エリートの実証研究

エリートの特定

　まずサーベイを中心にエリートに対する実証研究の動向を振り返りつつ，本書における調査研究の位置づけと意義を確認しておきたい。エリートを実証的

---

1 エリート研究の方法論については，先駆的な実証研究である Putnam（1976），包括的に論じた Moyser and Wagsraffe eds.（1987），エリート研究のレビュー集である Best and Higley eds.（2018）をはじめ，政治学方法論やエリート研究の書籍にも収録されている。なお，ここでの記述は主として，Hoffman-Lange（2007, 2018）によるエリート研究の整理を援用している。

に把握するうえで大きな課題となるのが操作的定義である。すなわち，エリートといっても，議員や官僚に焦点を合わせた研究でない限り，具体的に誰を対象とすべきか，どこまでが対象の範囲なのかが問題となる。従来の研究では，主として3つのアプローチがとられてきた（Hoffman-Lange 2007, 2018）。

　第1に，政治的影響力の評判が高い者をエリートとみなすアプローチである。これは声価法（評判法）としてよく知られており，様々なアクターの相互評価の中で，評判の高いアクターをエリートとみなす方法である。最も代表的なものはフロイド・ハンター（Floid Hunter）によるアトランタにおける調査であり，一部のエリートからなる集権的な地域権力構造を析出した（Hunter 1953=1998）。

　第2に，政治的決定へ実質的に関与できる者に注目するアプローチである。すなわち，政策分野ごとの決定過程を吟味し，そこから影響力のあるエリートを析出する方法である。これはロバート・A・ダール（Robert A. Dahl）によるニューヘブンでの調査が代表的であり，政策分野ごとに決定に携わるアクターが異なることをもとに，多元的な権力構造を析出した（Dahl 1961=1988）。また，特定の政策過程におけるエリート間のネットワーク分析もこのアプローチに含まれる（Knoke et al. 1996; Leifeld 2016 など）。

　これらのアプローチは政治的決定において実質的な影響力を行使しているアクターをもってエリートとみなしている。ただし，上記のハンターやダールの研究がいずれも地方都市を対象としているように，一定の範囲で，エリートの数が限られている場合には有効である（Hoffman-Lange 2007）。それでもエリートを特定することに膨大なコストがかかるため，それ自体を目的とする研究に適用が限定される。したがって，本書のように，中央政治も含めた広い範囲において，エリートの意識や行動を捉えようとする場合には有効ではない。

　これに対して，第3のアプローチは，政治，経済，マスメディア，市民社会など様々な分野のフォーマルなリーダーの地位にある者に注目する。これは政治的，社会的に影響力のある機関や組織におけるリーダーの地位には様々なリソースや政治的影響力が付随するという前提に立っている。形式に注目するため実質には影響力のないアクターも含まれる可能性があるが，エリートを特定するコストを縮減することができる。

　本書のもととなるプロジェクトでは，後述のように，1980 年調査をほぼ踏襲した 10 の分野におけるリーダーをエリートとみなしているため，第 3 の地位に基づくアプローチを採用している。この理由は継続調査であり，比較を行うことを目的としているためである。三宅・綿貫・嶋・蒲島（1985）が設定した体制側，反体制側，中間媒介というエリートのタイプは，当時の日本の政治構造を捉えるうえで的確な枠組みであった。一方，日本はこの 40 年間で大きな政治変動を経験したものの，利益団体や圧力団体に対する調査結果をふまえるならば権力構造自体は大きな変化を示していない（辻中・森編 2010; 辻中 2016; Yamamoto 2021）。したがって，1980 年調査と同様に地位をもとにエリートを選定することには妥当性があるものと考えられる。実質的な影響力については，**第 8 章**や**第 9 章**で取り上げるように，調査対象である各分野のエリートの特徴とみなして検討する。

エリート・サーベイの研究課題

　続いて，エリートの実証研究，とりわけサーベイ調査で取り組まれる研究課題である。エリートを対象とするサーベイにおいては，①エリートの出身背景，②エリートの地位へのリクルートメント・プロセス，③エリートの行動や態度，④エリート間のネットワークという 4 つのテーマが主に取り扱われてきた（Hoffman-Lange 2007; Rodriguez-Teruel and Daloz 2018）。

　エリートの出身背景や属性は，エリートによる市民の代表性を捉えるひとつの観点となりうる。また，リクルートメント・プロセスはエリートという様々なリソースや社会威信に恵まれた地位への到達機会がどの程度開放されているのかを表している。以上の研究課題は，民主主義社会におけるエリートの位置づけとその平等性に関するものである。

　これに対して，本書で注目するのはエリートの態度や行動，および相互関係である。これらは実際の政策形成に直接的に大きな影響を及ぼしうるものであり，社会に存在する様々な不平等の是正，あるいは拡大につながりうる。また，エリートの態度は文書資料や観察だけでは定かにはわからず，直接本人に尋ねるというサーベイ調査が有効なアプローチである。

エリート・サーベイの利点と問題点

　エリート研究においても，通常の政治学の諸テーマと同様に，文書からの情報収集，観察，インタビュー，サーベイなどの調査手法が存在する。それぞれの調査手法の特徴について，ここでは取り上げないが，調査票に基づくサーベイの特長のひとつとして定型的な質問文と標準化した分析手法により比較が可能な点を挙げることができる。本書のもととなったシドニー・ヴァーバ（Sidney Verba）や三宅一郎らのプロジェクト（三宅・綿貫・嶋・蒲島 1985; Verba et al. 1987）は，エリートの国際比較研究の代表例である。[2]さらに，本書のように過去の調査を踏襲することで，時点間比較を行うことも可能となる。

　一方で，エリートに対するサーベイ調査には，いくつかの問題がある。最も大きな点は，明確なサンプリング・リストが存在しないことである。有権者に対する調査であれば通常，選挙人名簿や住民基本台帳に相当するものを用いて調査対象者をサンプリングすることができる。しかし，エリートに対する調査については，前述のようにどこまでをエリートに含めるのかという定義の問題があり，サンプリング・リストを特定できない。政治家や官僚など各界におけるフォーマルなリーダーの地位にある者をリーダーとみなす場合，個別のリストを入手することは可能である。しかし，エリート全体を包括するリストは存在しないため，サンプルが各界のパッチワークとなってしまう。なおかつ，各界エリートが母集団に占める比率もわからないことから，調査対象サンプルに割り付けることもできない。したがって，エリートのサンプル調査は，母集団の縮図という観点からは問題を抱えている。

　このほか，エリートは一般の有権者よりも社会的望ましさバイアスがかかりやすいことや，自らの行動との一貫性を保つように回答を調整する可能性が指摘されている（Rodriguez-Teruel and Daloz 2018）。調査票のデザインや調査の方法で対処することも考えられるが，回答内容の解釈には注意が必要である。

2　この他にも，Best and Verzichelli eds.（2012）などがある。エリートに対する国際比較サーベイ調査のレビューについては，Rodriguez-Teruel and Daloz（2018）を参照されたい。

3　調査の方法

　本書で用いる調査データを紹介していこう。プロジェクト全体の主旨は，1980年に三宅一郎らによって実施されたエリート調査と同様の調査を実施することで，40 年間におけるエリートの平等観や関連する政治意識および行動の変化を捉えることである。これに加え，有権者に対する調査も行い[3]，平等観などの政治意識に関するエリートと有権者との比較およびその一致度から政策応答性について検討することである。そのために，各界のエリートに対する調査と，全国の有権者に対する調査を実施した。以下，それぞれについて，1980 年エリート調査も含め，調査の概要を説明する。

1980 年エリート調査[4]

　1980 年エリート調査は，三宅一郎・綿貫譲治・嶋澄によって中央・地方のエリート約 2,000 人に対して実施され，分析から蒲島郁夫が参加した。同調査は，米国・スウェーデンとの国際比較を企図したものである（三宅・綿貫・嶋・蒲島 1985; Verba et al. 1987）。

　調査においては，①財界，②労働組合，③農業団体，④官僚，⑤学者・文化人，⑥マスコミ，⑦政党，⑧市民運動，⑨女性運動，⑩部落解放同盟，⑪大学生というエリート・グループを対象とした[5]。そして，会員名簿等をサンプリング・リストとし，原則として各グループ 600 人ずつ（市民運動，女性運動，部落解放同盟は 300 人ずつ）を無作為系統抽出した。なお，各グループは全国規模の組織リーダーであるナショナル・リーダーと地方組織リーダーのローカル・リー

3　三宅・綿貫・嶋・蒲島（1985）は，一般有権者に対する調査を行いたかったが，費用の関係で断念したと記している。

4　この箇所の記述は，三宅・綿貫・嶋・蒲島（1985）の 2 章ならびに補遺 I （調査方法）に基づいている。詳細については，原典を参照されたい。

5　大学生は将来のリーダーとして調査対象に加えられている。しかし，2018-19 年エリート調査では大学生を対象から外しており，本書の分析においても 1980 年調査の大学生に関するデータは使用しない。

ダーに層化し，半数ずつを抽出した。そのうえで，対象者に対して郵送法により調査票の配布と回収を行った。回収率の低いグループについては，上記と同様の方法で追加サンプルを抽出し，調査を行った。

　グループごとにサンプリングしているため合算には留意が必要ではあるが，最終的には，学生を除く全体で，配布数は 6,882，回収数は 2,089，回収率は 30.0%（グループごとの回収率の平均値は 30.4%）であった。

2018-19 年エリート調査

　2018 年のエリート調査は「社会的平等についての各界リーダー意見アンケート票」と題し，一般社団法人輿論科学協会に委託し，1980 年エリート調査を踏襲する形で行った。まず，エリートを①政党・政治家，②官僚・自治体職員，③経済団体，④労働団体，⑤農業団体，⑥商工団体，⑦市民団体・NPO，⑧専門家，⑨学者・文化人，⑩マスコミの各グループに分けた。各エリート・グループはほぼ 1980 年調査と同じであるが，新たに専門家を加えたほか[6]，部落解放同盟を除外し，NPO を含めるなど時代状況の変化を考慮して多少の変更を行った。そして各団体等のウェブサイト，各種の職員録，名鑑，年鑑などをもとに各グループのリストを作成し，そこからサンプリングを行った。

　調査票は各エリート・グループに共通の設問を使用したが，その中には政治家への質問としては不適当な項目があるので，それらの代わりに国会議員，首長，地方議員それぞれ独自の質問を加えた。調査の意義についての理解を図るため，調査の趣旨を説明する調査依頼状および高名な政治学者からの推薦文を同封し，2018 年 10 月に郵送した。その後，未回答者には 2 回にわたって回答を促し，2019 年 1 月末を最終的な回答の締切とした。調査票は巻末に **[付録 2]** として掲載している。

　具体的な調査対象者のサンプリング手続きについて紹介しておこう（詳しいサンプリングの方法は，巻末の **[付録 1]** を参照）。調査対象者は，①政党・政治家，③経済団体（全数調査），⑧専門家を除き，原則として各グループ 600 名ずつを抽

6　専門家としては，医師，歯科医師，薬剤師，看護師，裁判官，弁護士，税理士，公認会計士，司法書士，社会保険労務士を選んだ。

出した。各グループは，ナショナルとローカルの 2 つに層化し，300 名ずつを抽出した。ナショナル・リーダーは主に全国規模の組織リーダー，ローカル・リーダーは主に地方組織のリーダーである。⑦市民団体・NPO グループ，⑧専門家グループ，⑨学者・文化人グループについては層化を行っていない。

　ローカル・リーダーの選出に関して，調査対象とした道府県は，北海道，山形県，福島県，茨城県，千葉県，新潟県，静岡県，大阪府，和歌山県，山口県，高知県，熊本県，大分県，沖縄県である。[7] さらに調査地域とする 100 市は，市部人口のウエイトにより上記の 14 道府県に配分した。そのうえで，各道府県で，商工会議所のある市の中から，配分した数の市を系統抽出した。

　③経済団体は，日本経済団体連合会の企業会員 1,370 社を全数調査とし，企業の代表者を対象とした。⑩マスコミは，新聞とテレビ放送をともに対象とし，上記の 14 道府県に限らず，地方ブロック紙，県紙の部長以上，地方放送局の部長以上から抽出した。①政党・政治家は，道府県議会議員および市議会議員は上記の調査対象の 14 道府県・96 市の合計 110 議会から各 3 名を無作為抽出し，市長は 100 市区（大阪は市長・5 区長），衆参両院の国会議員（欠員等を除き 706 名）および都道府県知事（47 名）は全数を対象とした。

　ただし①政党・政治家の回答状況が芳しくなかったため，「社会的平等についての政治家調査」と題し，2018 年 11 月から 2019 年 1 月にかけて，政治家用調査票の全体の調査項目を少なくした調査票を用い，一般社団法人中央調査社に委託して郵送調査を実施した。[8] 調査対象としたのは，上記 14 道府県の選出国会議員および道府県議会議員のうち，輿論科学協会委託の調査に回答した議員を除くすべての議員で，国会議員 182 名，道府県議会議員 809 名である。さらに，2019 年 12 月からは，株式会社日本リサーチセンターに委託し，上記の調査対象議員のうち未回答者 586 名（国会議員は 14 道府県の小選挙区・選挙区選出議員に

7　1980 年調査では，全国を 7 ブロックに分け，ブロックの人口累積を行い，乱数を用いてブロックごとに 2 県を抽出し，13 道府県が選ばれている（三宅・綿貫・嶋・蒲島 1985: 217）。今回は，できるだけ同じ道府県を選ぶこととし，ただし研究グループのメンバーが地域の実情をよく知っていることがよいと考え，秋田県，栃木県，香川県，福岡県を山形県，茨城県，高知県，熊本県に代え，沖縄県を追加して 14 道府県とした。
8　道府県議調査の方法とサンプルの特徴については，**第 10 章**も参照されたい。

限った 128 名，道府県議会議員 458 名）に再度調査票を配布し，2020 年 2 月まで調査
を実施した。

　経済団体についても回収状況が思わしくなかったため，公益財団法人日本生
産性本部に会員団体の役員への調査票の配布を依頼し，856 名に対して 2019 年
11 月〜 20 年 1 月に調査を実施した。

　以上の調査における各グループの抽出数，調査期間，発送数，有効回収数，有
効回収率をまとめたものが**表 2-1** である。全体での調査票の発送数は 10,071 で
あり，有効回収数は 1,566，有効回収率は 15.5% である。1980 年調査と比べて
回収率が低い。特に，政党・政治家（ナショナル），経済団体，農業団体リーダー
の回収率は，追加調査を繰り返すなどしたもののやはり低い。分析結果を読み
解くうえでこの点は留意が必要である。回収率の低下は有権者を対象とした一
般的な世論調査等と同様の傾向であり，プライバシーや個人情報に対する意識
の高まりなどが考えられる。

　本書では，2018 年度に一般社団法人輿論科学協会に委託した調査だけでなく，
2018 年度に一般社団法人中央調査社，2019 年度に日本リサーチセンターにそれ
ぞれ委託した政治家に対する補充調査，2019 年度の日本生産性本部会員団体に
対する調査を含めて，「エリート調査」と総称する。また 1980 年の三宅・綿貫・
嶋・蒲島の「エリートの平等観」調査を「1980 年エリート調査」と呼び，それ
と区別する場合には「2018-19 年エリート調査」と記載する。道府県議のみを
対象とした分析を行う章では「道府県議調査」という略称を用いる。**表 2-1** を
参照されたい。ただしひとつの調査データしか利用していない章には，その旨
を明記し，以上の原則に従っていない。

　本書には，巻末に 2018-19 年エリート調査と 2019 年有権者調査の調査票のみ
を収録した。以下の各章では，上記の 2 つの調査については，調査の略称とそ
の質問番号を記し，質問文の引用を最小限にとどめた。ただし 2018-19 年度に

9　抽出数と発送数が異なるのは，2018 年度に一般社団法人中央調査社に委託した国会議員・
　地方議員への追加調査で，調査対象となる議員のうち，一般社団法人輿論科学協会による
　調査票が届かずに返送されてきたり，回答拒否した議員がいたりしたため，発送できなかっ
　たからである。

表2-1　エリート調査の概要

名称	略称	調査実施機関	調査票	調査対象（抽出数）			調査期間	発送数	有効回収数	有効回収率
本調査「社会的平等についての各界リーダー意見アンケート票」（2018年度）	「エリート調査」（1980年調査と比較する場合は「2018-19年エリート調査」）	一般社団法人輿論科学協会	非政治家用8頁版	官僚・自治体職員	ナショナル	300		300	46	15.3%
					ローカル	300		300	67	22.3%
				経済団体		1,370		1,370	42	3.1%
				労働団体	ナショナル	300		300	68	22.7%
					ローカル	300		300	70	23.3%
				農業団体	ナショナル	312	2018/10/9	312	17	5.4%
					ローカル	300		300	59	19.7%
				商工団体	ナショナル	300		300	56	18.7%
					ローカル	300		300	87	29.0%
				市民団体・NPO	市民団体	200		300	83	27.7%
					NPO	100				
					女性団体	300	2018/10/19	300	67	22.3%
				専門家		870	2019/1/31	870	157	18.0%
				学者・文化人	学者	450		450	97	21.6%
					文化人	150	2018/10/9	150	48	32.0%
				マスコミ	ナショナル	310		310	48	15.5%
					ローカル	310		310	63	20.3%
			国会議員用8頁版	政党・政治家	ナショナル	706		706	24	3.4%
			首長用8頁版		首長	148	2018/10/5	148	24	16.2%
			地方議員用8頁版		地方議員	330		330	89	27.0%
				計		7,656		7,656	1,212	15.8%
道府県議等補充調査「社会的平等等についての政治家調査」（2018年度）	「道府県議調査」	一般社団法人中央調査社	政治家用4頁版	道府県議会議員		809	2018/11/16　2019/1/24	973	246	25.3%
				国会議員		182				
				計		991				
政治家補充調査「社会的平等についての政治家調査」（2019年度）		株式会社日本リサーチセンター	政治家用4頁版	道府県議会議員		458		458	52	11.4%
				衆議院議員		86	2019/12/13　2020/2/10	86	5	5.8%
				参議院議員		42		42	4	9.5%
				計		586		586	61	10.4%
「社会的平等についての各界リーダー意見アンケート票」（2019年度）		公益財団法人日本生産性本部	非政治家用8頁版	会員団体の役員		856		856	47	5.5%
合計						10,089		10,071	1,566	15.5%

（第2・第3ブロック右端：重複配付あり）

実施した政治家に対する調査や 2018 年有権者ウェブ調査は，これらと異なる調査票を使っており，質問番号が異なるので，その都度，質問文を引用している。[10]

10　1980 年エリート調査で，2018-19 年エリート調査と若干，文言が異なる場合も，その異同がわかるようにした。

2018 年有権者ウェブ調査

　後述する 2019 年有権者調査のパイロット調査として，一般社団法人中央調査社によって，モニターパネルを用い，2018 年 1 月，全国 18 歳以上の男女 800 人を対象としたウェブ調査を実施した。全国の人口分布に従うように 10 歳刻みの年齢カテゴリと性別を割り付けている。

　この調査はあくまで準備段階のものであり，より適切な質問を作成するために試行的に尋ねたものである。また，無作為抽出に基づかないウェブ調査は，本プロジェクトのように政治や社会の状況を捉えようとする場合，サンプルのバイアスが懸念される。したがって，原則として分析には，次に述べる 2019 年に無作為抽出に基づいて行った質問紙調査データを用いている。ただし有権者ウェブ調査にのみ含まれ，2019 年調査では採用されなかった質問項目もあるため，本書の分析で 2018 年有権者ウェブ調査のデータを用いたものもある。その場合には，「2018 年有権者ウェブ調査」を用いたと明示しているが，上述した点に留意が必要である。

2019 年有権者調査

　一般社団法人中央調査社に委託し，2019 年 11 〜 12 月に全国の 18 歳以上の男女を対象として実施した。調査地点は 50 か所であり，地域（北海道・東北，関東，東海・北陸，近畿，中国・四国，九州）と人口規模（21 大都市，20 万人以上の市，その他の市，町村）によって層化し，選定した。そのうえで各調査地点から 50 サンプ

表2-2　有権者調査の概要

名称	略称	調査実施機関	調査対象（抽出数）	調査期間		発送数	有効回収数	有効回収率
有権者WEB調査「現代日本の平等についての意識調査（WEB調査）」（2017年度）	「2018年有権者ウェブ調査」	一般社団法人中央調査社	全国18歳以上（モニターより抽出）性・年代割当完了	2018/1/13	2018/1/19	800		
有権者調査「社会的平等についてのアンケート」（2019年度）	「有権者調査」（「2019年有権者調査」）	一般社団法人中央調査社	層化二段無作為抽出（調査地点50，選挙人名簿より抽出）	2,500	2019/11/22	2019/12/20	2,500	803	32.1%

ルを選挙人名簿から無作為に抽出した。調査は郵送法で行った。配布サンプル数は 2,500 であり，有効回収数は 803，有効回収率は 32.1% である。本書では，この調査のデータを用いた場合，単に「有権者調査」，または「2019 年有権者調査」と称する。

　以上の 2 つの有権者調査の概要は**表 2-2** も参照されたい。

4　回答者のプロフィール

エリートの社会的属性を分析する意義

　本節では，調査に回答したエリートの社会的属性を確認しておきたい。その目的は大きく 3 点である。第 1 に，性別，年齢，学歴などの情報から，調査に回答したエリートがどのような人々なのかを把握しておくことである。後続の章における分析では，エリート・グループごとの行動や態度の差異を中心に検討していくが，社会的属性についてはあまり考慮していない。しかし，エリートがどのような社会経済的背景をもつ人々なのか，また，グループ間でどのような特徴がみられるのかを把握しておくことは，分析およびその考察の理解の助けになるものと考えられる。

　とりわけ，1980 年と 2018-19 年の 2 時点間での属性の変化の有無を確認しておくことは重要である。後続の章では，エリートの態度の時点間での変化を考察するものがみられる。その場合，エリートの性別や年齢などの分布に変化が生じていたり，サンプルの構成が変わっていたりしたら，時点間の変化として解釈するのが妥当ではないかもしれない。

　第 2 に，本章第 1 節でも述べたように，エリートの社会的属性は，それ自体が重要な研究テーマである。政治に深く関与し，大きな影響力を及ぼしうるエリートがどのような人々から構成されるのか，そして，それが一般市民の構成とどの程度一致しているのかは，記述的（描写的）代表という観点から重要な論点である（Pitkin 1967=2017; 早川 2014）。古くは 20 世紀前半のヴィルフレド・パレート（Vilfredo Pareto）やガエターノ・モスカ（Gaetano Mosca）の議論に遡るが，エリートは経済的に豊かで能力に優れた少数の人々からなることが繰り返し論じられ

てきた（Kolegar 1967; Putnam 1976; Zuckerman 1977）。しかし，近代民主主義社会においてはエリートが社会の各層の代表であり，同じ属性であるほど利益を代弁しやすいのであるならば，両者の属性に乖離があるのは望ましいことではない。この点は女性の政治的代表においてよく指摘されており（三浦編 2016; 前田 2019 など），相対的に少ない女性議員の比率を増やそうという運動の根拠となっている。

　第3に，上記と関連して，どのような人々がエリートになりやすいのかも重要な論点である。父親や祖父も議員という二世，三世議員の存在や，国家公務員試験や司法試験合格者における出身大学の偏りなど，エリートの地位が一部の人々に占められていることを示唆する例がみられる。また，受けられる教育に差があるならば，エリートにとって必要な人的資本を形成するための機会が平等に配分されているとはいえない。社会階層論の主題として取り上げられてきたように，自由で平等な社会においては，エリートという政治や社会を主導する立場に就く機会は万人に対して開かれているべきである。しかし，現実には親の社会経済的地位に依存する部分が大きい[11]。

　以上の諸点をふまえて，ここでは性別，年齢，出身地，学歴といった社会的属性，および父親の職業と学歴を取り上げて検討していきたい。もちろん，本書のデータが日本のエリートの完全な縮図になっているかといわれれば，首肯できない。しかし，日本のエリート層全体を調査したものは他になく，現代のエリート像を捉えるには十分に意味があると思われる。

性　　別

　まずは性別についてみていこう。性別は日本の政治的代表性を考えるうえで非常に重要な問題だと認識されている。なぜなら，世界経済フォーラムによるジェンダー・ギャップ指数では日本は常に下位に位置しており（2020 年では 153 か国中 121 位）[12]，とりわけ政治分野の順位が低い（2020 年では 144 位）。たとえば，2018

11　社会階層論の概要と日本の社会階層の実態については，今田（1989），原・盛山（1999），竹ノ下（2013）などを参照されたい。

12　広報誌『共同参画』，内閣府男女共同参画ウェブサイト，https://www.gender.go.jp/public/kyodosankaku/2019/202003/202003_07.html，2021 年 1 月 17 日最終閲覧。

図2-1　性別の分布

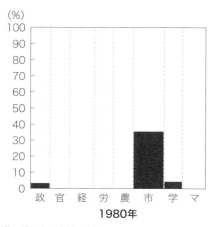

1980年

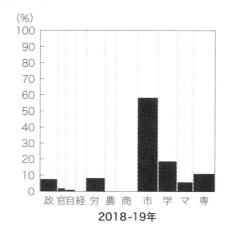

2018-19年

註：濃い色は女性を表す。
出所：1980 年エリート調査および 2018-19 年エリート調査。

年 2 月時点で国会議員に占める女性の割合は衆議院議員が 10.1%，参議院議員が 23.1% であり（『男女共同参画白書（概要版）』[13]），社会全体の男女比からは大きく乖離していることがわかる。そこで，2018 年には政治分野における男女共同参画の推進に関する法律が施行され，政治分野への女性の進出が求められている。

　本調査のサンプルからも確認しておこう。**図 2-1** は 1980 年調査と 2018-19 年調査の性別の比率をエリート・グループごとに示したものである（1980 年エリート調査問 16，2018-19 年エリート調査 F2）。モザイクプロットにより，各エリート・グループのサンプル数を加味しているので，全体の面積に占める濃い色の割合が女性を表している。一目でわかるように，2 時点とも女性の比率が非常に小さいことと，市民団体に集中していることがわかる。

　1980 年時点では全体の 7.8% が女性であるが，ほぼ市民団体[14]（36.0%），それも女性団体（100.0%）にしかいないといってよい[15]。2018-19 年調査では全体の女性

13　https://www.gender.go.jp/about_danjo/whitepaper/h30/gaiyou/html/honpen/b1_s01.html，2021 年 1 月 17 日最終閲覧。
14　部落解放同盟は市民団体に含めている。
15　市民団体・住民運動というグループでは 0.0%，部落解放同盟が 2.7% であり，女性団体を除けばほぼ女性は含まれない。

の比率は 13.2% と, 1980 年から少し増えている。市民団体は 58.0% と高い割合を示しているが, 女性団体 (95.5%) を除くと 27.0% である。そのほかのエリート・グループにおける女性の比率は高くなく, 学者・文化人が 18.6%, 専門家が 11.5%, 労組が 8.7%, 政治家が 8.1%, マスコミが 6.4% である。

　以上のことから, 日本のエリート層は女性がわずかに増えつつあるものの, 圧倒的に男性によって占められていることがわかる。記述的代表という点からは非常に大きな乖離がみられ, 女性がまったく代表されていないといっても過言ではない。また, 本書の各章の分析をみる際にも, 基本的には男性の意見であるということに留意が必要である。

年　齢

　続いて年齢を検討しよう。**図2-2** は 1980 年調査と 2018-19 年調査の年代構成比を図示したものである (1980 年エリート調査 問 15, 2018-19 年エリート調査 F1)。1980年は 50 代 (37.9%) をピーク, 2018 年は 50 代 (35.4%), 60 代 (32.7%) をピークと

図2-2　年代の分布

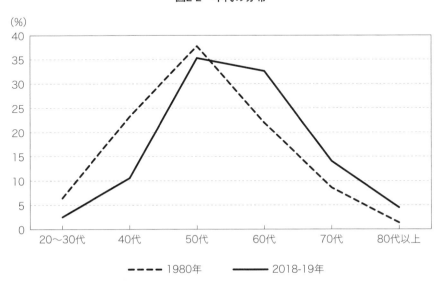

出所：1980 年エリート調査および 2018-19 年エリート調査。

する山型の形状を示している。どちらの時点においても，社会全体の人口分布を比較すると高齢者に偏っている。1980 年と比べると 2018-19 年においてさらに年齢層が高くなっている。

　出生コーホートという点からみると，1980 年時点の 50 代は 1921 〜 30 年（大正 10 〜昭和 5 年）生まれであり，青年期に終戦を迎え，高度成長期に活躍した世代である。2018 年時点の 50 代は 1959 〜 1968 年（昭和 34 〜 43 年）生まれに相当する。高度成長期に生まれ，90 年代以降のグローバリゼーションや社会の転換点の中でキャリアを積み重ねてきた。

　エリートがある程度のキャリアを積んでその地位に到達することを考えると，高齢層が多いのは当然ともいえるだろう。しかし，記述的代表という観点からはもちろん，加齢や出生コーホートが人々の思考に影響を及ぼすのだとすると，若年者の声が反映されにくいということもできる。

出身地域

　エリートの出身地を確認しておきたい。地方で活動するエリートは，その地方の出身者が多いと考えられる。しかし，全国規模，あるいは全国と地方の区別なく活動するエリート，団体・組織のリーダーはどの地域の出身者が多いのだろうか。首都であり，人口，経済，文化などあらゆるリソースの集積地である東京は当然ながらエリートを多く輩出していると考えられる。しかし，東京出身者が人口比率に比して過剰に多くを占めるのであれば，それはエリートという威信の高い地位に対して，中央が優位にあることのひとつの例示だと考えられる。そこで，ここではエリートの分類と活動範囲ごとに東京都出身者の占める割合を算出した（2018-19 年エリート調査 F3）。なお，参考までに全国の人口に占める東京都在住者は 10.9%（2018 年時点）である。

　表 2-3 から，全国規模では 16.9%，規模の区別がない場合には 17.1% と，東京出身者の比率が人口比に比べても多い。これに対して，地方で活動するエリートに東京出身者は 3.1% と少ない。全国的なエリートにおける東京優位をみてとることができる。

　エリート・グループごとにみると，官僚，経済団体で東京出身者が 30% 程度

表2-3　エリート・グループ・地域区分別，東京都出身者の比率

	全国	地方	区別なし
政党	8.3	2.7	―
官僚	28.3	―	―
自治体職員	―	3.0	―
経済団体	―	―	29.2
労働団体	13.2	5.7	―
農業団体	0.0	0.0	―
商工団体	16.1	2.3	―
市民団体	―	―	20.0
専門家	―	―	3.8
学者・文化人	―	―	18.6
マスコミ	20.5	4.9	―
	16.9	3.1	17.1

註：単位は %。
出所：2018-19 年エリート調査。

と多い。政治や社会に対して大きな影響力を持つと目される主流エリート（**第8章**参照）に中央出身者が多いのは留意すべき点である。一方で，市民団体・NPO，学者・文化人，マスコミでも 20% 程度と，権力を監視したり，献策したりする働きをするアクターにも東京出身者が多い傾向にある。

学　歴

　エリートという政治や社会を主導する立場にある人々は，相応の人的資本を形成するために高い教育を受ける必要があるため，学歴が高いと考えられる。しかしながら，Bovens and Wille（2017）はディプロマ・デモクラシー（Diploma Democracy）という概念を提起し，水平な民主主義社会において，学歴が高い人々ばかりが政治に関与することに疑問を呈している。彼らは，参加による利益表出および政策形成プロセスへの関与が高学歴者によって占められ，低学歴で生活水準が高くない層の利益が代表されないことは，民主的な代表性の点では望ましくないと主張する。

　身分による世襲とは異なり，教育に基づくメリトクラシーによってエリート

図2-3　最終学歴の分布

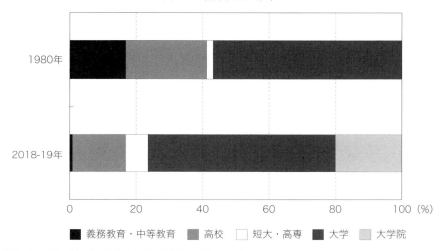

出所：1980 年エリート調査および 2018-19 年エリート調査。

　の地位に到達できるのは開放的な社会だともいえる。しかし，教育を受ける機
会自体が必ずしも平等ではなく，親の社会経済的地位によって規定される部分
が大きい（苅谷 2001; 橘木・松浦 2009）。それならば，やはりエリートの地位への到
達は一部の層に限られてしまう。そこで，社会の代表性となりやすさという観
点から，エリートの学歴について検討を加えていこう。
　図 2-3 は，1980 年と 2018-19 年のそれぞれの調査時点における最終学歴の分
布を示している[16]（1980 年エリート調査 問 18，2018-19 年エリート調査 F4）。1980 年時点
で大学卒業以上（大学院を含む）が 55.6% と半数以上を占めている。2018-19 年で
は大卒が 57.3%，大学院卒が 17.4%，合わせると 75% 以上であり，さらに多い。

16　2 時点で学歴の選択肢項目が同一ではない。ここでは，「義務教育・中等教育」のカテゴリ
　に 1980 年調査における就学せず，旧制高等小学校，新制中学校，教習所や専修学校を含め
　ている。2018-19 年調査は中学校のみである。「高校」のカテゴリには，1980 年調査におけ
　る新制高校，旧制学校，女学校，師範学校，2018-19 年調査における高校を含めている。「短
　大・高専」のカテゴリは，2 時点とも短大と新制の高専のみである。「大学」のカテゴリは，
　1980 年調査では新制大学，旧制高校，旧高専，旧制大学，大学院を含む。2018-19 年調査
　では大学のみとし，大学院を独立したカテゴリとしている。

表2-4　エリート分類別，大卒比率

	1980年			2018-19年		
	本人大卒	父大卒	N	本人大卒	父大卒	N
政治家	49.3	18.2	209	58.8	22.2	136
官僚	85.2	34.4	61	97.7	44.4	44
自治体職員	53.5	20.2	185	77.3	19.7	66
経済団体	75.7	30.6	292	93.1	50.0	87
労働団体	23.8	6.1	206	46.3	20.0	136
農業団体	21.7	5.3	230	35.5	12.2	76
商工団体				70.2	22.6	141
市民団体	33.5	18.3	367	78.5	45.2	149
専門家				94.2	45.8	156
学者・文化人	96.1	39.1	228	93.8	56.6	144
マスコミ	92.1	32.5	254	99.1	43.6	110
全体	56.6	22.3	2,032	74.8	35.6	1,490

註：単位は％。N は欠損値によって変化する。
出所：1980 年エリート調査および 2018-19 年エリート調査。

やはり明らかにエリート層は高学歴な傾向にある。

　学歴についてもう少し詳しくみていこう。**表 2-4** には，さらにエリート・グループ別の大学以上卒業者（以下，大卒者）の比率を示している。まず本人の大卒率をみると，2 時点とも官僚，経済団体，学者・文化人，マスコミ，専門家（2018-19 年調査のみ）で大卒の比率が特に高い。これらは職業に就く時点で大学卒業が要件となるものもある。

　詳細は割愛するものの，具体的な出身大学についても触れておきたい。2018-19 年調査では最も多いのが早稲田大学で大卒者の中の 5.1％ であり，エリート・グループ別にみるとマスコミにおいて 20.0％ と多くを占めている。次いで多いのは東京大学の 4.6％ である。官僚で 33.3％，学者・文化人で 11.8％ と，相対的に多くみられる。なお，1980 年調査において東京大学出身者が占める比率は 10.2％ である。[17] 2018-19 年調査と同じく官僚で 22.9％，学者・文化人

17　1980 年調査でも出身大学名を尋ねているが，現状で公開されている調査データからは東京
　　大学しか判別できなかった。

図2-4　本人大卒比率と本人大卒に占める父大卒比率

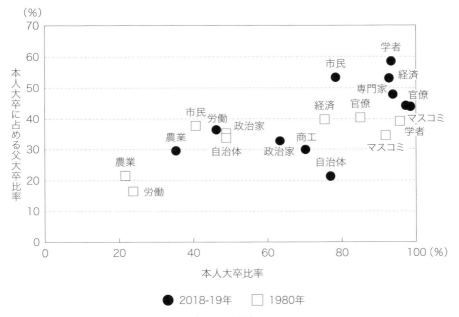

● 2018-19年　□ 1980年

出所：1980 年エリート調査および 2018-19 年エリート調査。

で 15.0% と多くみられるほか，経済団体でも 22.7% と多い。官僚の学歴が高い
こと，とりわけ東京大学出身者が多いことは，これまでの官僚を対象とした大
規模調査の結果と符合するものである（村松 1981; 大西 2006）。

　さて，社会階層論等の知見に基づくならば，エリートが高学歴の背景には，親
もまた高学歴であり，教育投資を受けられる環境にあったと考えられる。つま
り，エリートは優位な地位に就くための人的資本を形成するための機会に恵ま
れていた可能性がある。もしそうだとすると，エリートという地位へのなりや
すさという点において，社会は不平等だということができるだろう。

　このことを検証するための十分なデータがあるわけではないが，**表 2-4** から
エリートの父親の学歴（大卒以上の比率）を確認しておこう（1980 年エリート調査 問
18，2018-19 年エリート調査 F4）。1980 年では全体で 22.3%，2018-19 年では 35.6%
と，どちらの時点においても当時の社会全般の父親世代の学歴水準と比べると

高学歴であることがわかる。エリート・グループ別では，両時点ともに多くみられるのは官僚，経済団体，学者・文化人，マスコミである。官僚についてはやはり先行する調査と同様の結果が得られている（村松 1981; 大西 2006）。

　さらに，本人が大卒である場合に占める父親が大卒である比率（父親大卒／本人大卒×100）をみてみよう。この値は高学歴の継承の程度とみることができる。**図 2-4** は，この値を縦軸にとり，本人の大卒比率を横軸にとった散布図である。2 時点ともに右上がり，すなわち，本人の大卒比率が高いグループほど，大卒者の親を持つ者の占める比率が高いことがみてとれる。2018-19 年のほうが両者の関連がより強まっている。この図からも，官僚，経営者，学者・文化人などといったエリートでは，親子間で高学歴が継承されており，高学歴の親の下で教育機会に恵まれてきたことがわかる。

親の職業

　さらに，エリートの出身階層について，父親の職業という点からも検討しておこう。社会階層論が注目してきたように，親子間の職業の一致の程度から，エリートという地位が世代間で継承されているのか，それとも，開放されているのかを検討していきたい。**表 2-5** は，2018-19 年調査におけるエリート・グループ別の父親の職業である[18]（2018-19 年エリート調査 F5）。エリート・グループを本人の現在の職業とみなせば，カテゴリが同一ではないものの，階層移動表とみることもできるだろう。

　表から，親子間の職業の一致が推測される。農業団体は，父親が農林水産業従事者であった者が 55.6% と非常に高い。商工団体も，父親が自営商工業従事者である者が 46.6%，管理職である者の 19.8% も合わせると 3 分の 2 に上る。このほか，経済団体は，父親が管理職である者が 41.7% と多い。これらから，エリートの地位の世代間での再生産が生じていることが推測できる。

　社会的威信が高いとされる専門職，管理職，自由業の父親が占める割合をみると，経済団体で 53.6%，学者・文化人で 55.1%，マスコミで 63.2%，官僚で

18　1980 年調査においても父親の職業を自由回答で尋ねているが，現状で公開されているデータでは回答内容がわからないために，本章では分析できない。

表2-5　父親の職業の分布（2018-19年）

	専門技術職	管理職	自由業	事務職	販売・サービス・労務職	自営商工業	農林水産業	その他	無職	N
政治家	6.5	23.4	4.8	8.1	15.3	14.5	20.2	6.5	0.8	124
官僚	13.3	33.3	6.7	15.6	8.9	13.3	4.4	4.4	0.0	45
自治体職員	14.1	15.6	0.0	15.6	12.5	20.3	18.8	3.1	0.0	64
経済団体	9.5	41.7	2.4	9.5	8.3	19.0	9.5	0.0	0.0	84
労働団体	11.7	21.9	6.3	4.7	15.6	12.5	15.6	9.4	2.3	128
農業団体	6.9	12.5	0.0	9.7	6.9	6.9	55.6	1.4	0.0	72
商工団体	9.2	19.8	1.5	2.3	6.9	46.6	10.7	2.3	0.8	131
市民団体	23.4	21.3	5.0	9.9	5.7	22.0	7.8	4.3	0.7	141
専門家	18.8	12.1	14.8	9.4	8.7	22.1	8.1	5.4	0.7	149
学者・文化人	25.7	23.5	5.9	5.9	10.3	11.8	6.6	9.6	0.7	136
マスコミ	17.0	43.4	2.8	5.7	12.3	10.4	0.9	6.6	0.9	106
全体	15.0	23.6	5.2	7.9	10.2	19.2	13.1	5.3	0.8	1,180

註：単位は%。
出所：2018-19年エリート調査。

53.3%，市民団体で49.7%と高い比率を占めている。つまり，職業的地位達成において，出身背景が有利に作用したといえる。

5　おわりに

　本章では，エリート調査と有権者調査の実施方法を紹介した。さらに2時点のエリート調査から分析可能な限りで，エリートのプロフィールについて検討してきた。

　ここで，エリートの社会的属性について簡単にまとめておこう。全般に共通する特徴は，男性，高齢，高学歴である。40年を隔てて，高齢化と高学歴化はいっそう進行し，女性はほぼ増えていない。以後の章ではあまり触れていないが，結果を読み解く際にエリートの社会的属性の偏り，そして時点間での安定性については留意しておく必要がある。

　中央官僚，経済団体，マスコミ幹部は大学以上を卒業した者がほとんどで，東

京都出身者も相対的に多いのが特徴的である。**第8章**で触れるが，これらのアクターは政治的影響力が特に大きい。これらをふまえると，日本のエリート層は首都出身の高学歴者という限られた属性の人々で占められ続けており，記述的代表という点では偏りが大きいといわざるをえない。

　さらに，エリートは父親も高学歴の傾向にある。そして，高学歴者が多いエリート・グループほど高学歴の父親が占める割合が高い。つまり，高学歴の親の下で教育機会に恵まれてきたといえる。上記の官僚，経済団体，マスコミといった政治的影響力の大きいグループではその傾向が強い。また，父親の職業をみても，これらのグループでは，社会的威信の高い専門職や管理職が多くを占めている。やはり出身階層による優位さをみてとることができる。つまり，エリートへのなりやすさについても，その機会が不平等に配分されているのである。

第Ⅱ部

エリートの社会経済的平等観

第3章

平等観と保革イデオロギー

竹中 佳彦・遠藤 晶久

1 はじめに

　第Ⅱ部の諸章は，エリートの平等観をイデオロギー，争点（経済，ジェンダー，世代），価値観レベルから多角的に検討する。本章では，エリートの平等観と保革イデオロギーとの関係を，有権者と対比させながら分析していく。

日本の政治対立

　グローバル化，「格差社会」の進展，「55 年体制」崩壊後の統治機構改革といった政治的・経済的コンテクストの変容は，エリートの平等観をどのように変化させただろうか。

　日本の保革イデオロギーは安全保障と憲法をめぐる対立を基礎にしており，経済的な争点との関連が弱いことが指摘されてきた（大嶽 1999; Proksch et al. 2011）。「55 年体制」では，経済成長を背景にしながら，保守政党である自民党によって地方への補助金分配や福祉の拡充がなされ，「一億総中流」社会が形成されていったこともその一因にある。しかし 1990 年代に入ると，日本経済は低迷した。統治機構改革を通じて可能になった小泉構造改革以降，2000 年代になると「格差社会」の到来が取り沙汰され，社会における富の分配の状況に対する評価は分かれてきている。それにもかかわらず，有権者レベルにおいてイデオロギー対立はいまだ安全保障を基礎にしたものであり，経済的な対立を基盤とはして

いない。

　他方で，日本の社会状況について関心も高く情報も多いはずのエリート・レベルでは，経済的な対立やその背景にある平等／不平等が政治対立として顕在化していてもおかしくない。そのような平等観は政治対立に持ち込まれていないのであろうか。「エリートの平等観」調査が実施された 1980 年代は「一億総中流」社会と呼ばれた時期であり，今から振り返れば，社会が平等な状態にある時期であった。その後の経済的な後退と「格差社会」によってエリート・レベルの政治対立と平等観が変容したのであろうか。

　本章は，1980 年および 2018-19 年のエリート調査の結果をもとに，保革イデオロギーを切り口にエリートの平等観の変化を明らかにしようとするものである。またあわせて 2019 年有権者調査を用いて，エリートと有権者の平等観の違いについても検討する[1]。

先行研究

　三宅一郎らの分析によれば，平等には経済的・政治的・社会的な側面があり，エリート間に多様性があることを認める一方，エリートの平等の現状認識，当為，政策価値には相関があり，一様であるとしている。それは，平等観の基底に伝統−近代価値観や保革イデオロギーがあるからであり，エリート間には，平等推進派と現状擁護派（反平等主義）が対立する構図があると述べている。この対立構図は，エリート・グループの影響力の評価などにも当てはまるという（三宅・綿貫・嶋・蒲島 1985）。

　三宅・綿貫・嶋・蒲島（1985）は，福祉，男女平等，外国人に対する平等，収入格差の縮小，同和地域出身者に対する平等を平等主義の諸相だとしている。蒲島・竹中（1996）は，革新的な有権者は平等促進に賛成し，保守的な有権者は平等問題に対して現状維持的であることを示した。さらにエリートと有権者の平

1　本章は，2019 年 10 月 6 日に成蹊大学で行われた日本政治学会研究大会分科会 D4「エリートの平等観の再検討」での報告論文，およびそれを改訂した日本政治学会編『年報政治学 2020-I 「対立」をいかに摑むか』（筑摩書房，2020 年）掲載論文では使用できなかった 2019 年度の政治家や日本生産性本部の会員団体に対する補充調査のサンプル，および 2019 年有権者調査のデータを用いて，全面的に再分析を行った。

等に関する争点態度と保革イデオロギーとの相関を比較し，エリートのほうが，有権者よりも，相関が高いことを明らかにしている。田中・三村（2006）は，有権者の平等意識は保革イデオロギーの構成要素だったが，政治経済対立軸自体が変容していると述べている。

　エリートの保革イデオロギーについては，蒲島・竹中（1996, 2012）をはじめとする研究があり，政治家も脱イデオロギー化しつつあること，しかし政治家は，有権者よりも態度の一貫性が高いことなどがすでに指摘されている。しかしそれらの研究の対象は，データの制約から国会議員およびその候補者に限られている。社会的エリート・経済的エリートを含めた幅広いエリートのイデオロギー研究はほとんどない。

仮　説

　エリートの平等の現状認識や当為，政策価値は，保革イデオロギーと関係があるとされている。本章は，「政策決定や輿論形成に影響力を持つ」エリートに焦点を当て，その平等観やイデオロギーがどのように変化しているのか，また平等観とイデオロギーとの関係はどうなっているのかを明らかにしたい。これまでの先行研究の知見をふまえると，次のような仮説が考えられる。

　①　エリート・グループの間のイデオロギー対立は，40年間で脱イデオロギー化
　　　しているが，脱イデオロギー化は有権者ほど進んでいるわけではない。
　②　エリートは，保革イデオロギー，平等認知，平等価値の間に相関関係があり，
　　　有権者よりもその相関の度合いは強い。

　本章は，第2節でエリートの保革イデオロギーについて検討する。第3節では平等認知，およびそれとイデオロギーとの関係について，第4節では平等価値，およびそれとイデオロギーとの関係について，それぞれ考察する。

2　エリートの保革イデオロギー

エリートの保革イデオロギー分布

　まずエリートの保革イデオロギーの分布をみてみよう。**図 3-1** は，2018-19 年のエリートの保革イデオロギーの自己位置づけの分布を，1980 年のそれと比較して示したものである[2]。2018-19 年のエリート調査は，1980 年の調査と比較できるように設計し，「1 最も革新的」「2 かなり革新的」「3 やや革新的」「4 中間」「5 やや保守的」「6 かなり保守的」「7 最も保守的」の 7 点尺度を示して，イデオロギーの位置を計測している（2018-19 年エリート調査問 4 ①）。

　1980 年のエリートのイデオロギー分布は，「やや保守的」と「やや革新的」と回答する人が多く，「中間」と答える人がやや少ない双峰分布であり，イデオロギー対立がみられた。これに対して 2018-19 年の分布では，「やや保守的」と回答する人が最も多く，革新的と回答する人の割合が全体として減り，「中間」と回答する人が増えている。1980 年と比較すると，中間が増えているという意味では脱イデオロギー化しつつあるが，「やや革新的」と回答する人も相応にいる。2019 年有権者調査で，同じ尺度で有権者の保革イデオロギーを測ったところ，「中間」が最も多い単峰分布となっている（2019 年有権者調査問 9 ①）。蒲島・竹中（2012）をはじめとする諸研究が，有権者の脱イデオロギー化を指摘しているが，エリートは，有権者ほど脱イデオロギー化しているとはいえない[3]。

2　1980 年エリート調査の保革イデオロギー分布を算出するに際しては，学生および部落解放同盟のサンプルを除いた。また 2018-19 年エリート調査では，専門家団体のサンプルを除いた。

3　1980 年エリート調査では有権者に対する調査を実施していない。1983 年参院選後の JES 調査では 5 点尺度で有権者の保革イデオロギーを測定している。尺度が 5 件法であるため，グラフには含めなかったが，革新的 6.7%，やや革新的 7.3%，中間 42.3%，やや保守的 20.8%，保守的 12.9% で，中間を選択した人が多い。保守・革新でいえば，保守を選択した割合のほうが多く，右に重みのある単峰型の分布をしている。

図3-1　エリートの保革イデオロギー分布

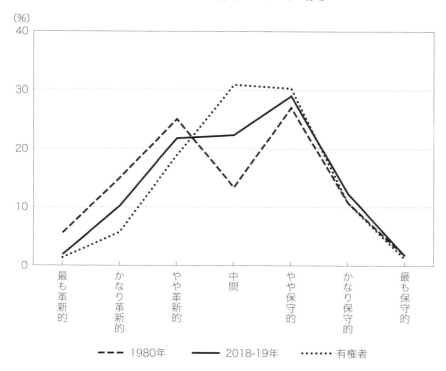

(%)

出所：1980 年エリート調査，2018-19 年エリート調査，2019 年有権者調査。

エリート・グループごとの保革イデオロギー

　エリートが脱イデオロギー化しつつあるものの，完全に脱イデオロギー化しているわけではないのは，エリート間にイデオロギーの違いが残存しているからだと予想される。

　1980 年エリート調査では，「財界リーダー」は，ナショナルリーダーとして経済団体連合会会員，ローカルリーダーとして商工会議所の会頭，筆頭副会頭，専務理事等から抽出している。また「官僚リーダー」は，ナショナルリーダーとして府省の内部部局課長以上，ローカルリーダーとして 100 市の総務部長，財務部長，民生部長等から抽出したとしている（三宅・綿貫・嶋・蒲島 1985: 219-220）。

本章は，1980年のエリートと比較分析するため，2018-19年のエリート・グルー
プを，経済団体・商工団体，労働組合，農業団体，官僚・自治体職員，学者・
文化人，マスコミ，保守政党，革新政党，中道政党，市民運動，女性運動に区
分した（ただし政治家は，必要に応じて政党を区分せずにまとめて分析した）[4]。**図3-2** は，
エリート・グループごとの保革イデオロギーの平均値をみたものである。

　これによると，官僚・自治体職員は，いくらか保守寄りであるが，1980年と
2018-19年の平均値に大きな変化はない。これに対して1980年には他よりも保
守的であった保守政党，経済団体・商工団体，農業団体が中間方向にシフトし
ている[5]。他方，1980年に革新色の強かった革新政党，労働組合，市民運動，女
性運動も，中間方向にシフトしている。とりわけ労働組合は，革新の度合いを
薄めている。学者・文化人，マスコミの平均値は，1980年はやや革新的な位置
にあったが，2018-19年になると，前者はあまり変化していないのに対して，後
者はほぼ中間となった。なお，旧民主党系の議員の平均値（2018-19年の中道政党）
は，やや革新の側にある。有権者の平均値は，1983年が4.24であったのに対し
て，2019年は4.21であった[6][7]。

4　中央エリートと地方エリートとは区別していない。本章の分析では，経済団体と商工団
　体，官僚と自治体職員，国会議員と地方政治家は，それぞれ同一のカテゴリーとしている。
　1980年エリート調査の保守政党は自民党・新自由クラブ，中道政党は公明党・民社党など，
　革新政党は社会党・共産党であるが，2018-19年エリート調査では，保守政党は自民党・公
　明党・日本維新の会，中道政党は旧民主党系の政党（自由党を含む），革新政党は共産党・
　社民党とした。無所属は除外した。したがって革新政党の回答者数が少ない。回答者数は，
　経済団体・商工団体が232人，労働組合が138人，農業団体が76人，官僚・自治体職員が
　113人，学者・文化人が145人，マスコミが111人，保守政党が187人，中道政党が67人，
　革新政党が34人，市民運動が83人，女性運動が67人である。
5　自民党議員のみの平均をとっても5.06であり，1980年エリート調査の自民党・新自由クラ
　ブの議員の平均値5.31と比べて中間に寄っている。
6　1983年の有権者の平均値は，JES調査（参院選後）を用いて算出した。JES調査は1〜5
　の5件法で，平均値は3.16となるが，7件法に換算すると（3.16 − 3）÷ 2 × 3 + 4 = 4.24
　となる。
7　『年報政治学』の論文では，2018年有権者ウェブ調査を用いたところ，4.11と1983年より
　中間に寄り，脱イデオロギー化の傾向があったが，2019年有権者調査の結果はさほど中間
　に寄っていない。時期による違いはさほどないと思われ，質問紙調査かウェブ調査かの違
　いに起因するものと思われる。ただし2019年有権者調査のイデオロギー分布の標準偏差は
　1.16と小さく，真ん中に寄った分布になっており，脱イデオロギー化は進んでいると考え

図3-2　エリート・グループの保革イデオロギーの平均値

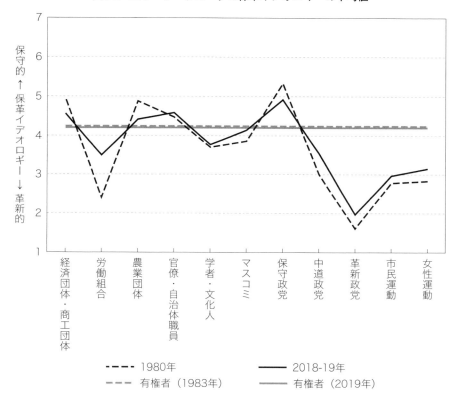

出所：1980 年エリート調査，2018-19 年エリート調査，1983 年 JES 調査（参院選後），2019 年有権者調査。

3　平等認知と保革イデオロギー

　エリートは，どのような平等観を持っているだろうか。またそれは，イデオロギーとどのような関係にあるだろうか。ここでは，現状が平等であるかどうかという平等認知と，平等であるべきだという平等価値との 2 つの側面から検

られる。ちなみに 2018 年有権者ウェブ調査のイデオロギー分布の標準偏差は 1.14，エリートのイデオロギー分布の標準偏差は，1980 年が 1.52，2018-19 年が 1.32 である。

討したい。

平等認知

　まず平等認知からみていこう。2018-19年エリート調査 問1では，①総合的，②政治参加の機会，③政治がもたらす結果，④収入，⑤財産，⑥雇用，⑦男性と女性の区別（差別），⑧外国人（在日朝鮮人・韓国人を含む）の取り扱い，⑨都市と地方という地域，⑩若年者と高齢者という世代，⑪在日米軍基地負担，⑫社会保障，⑬税制，⑭教育の機会について平等の度合いを尋ねている。現在の日本社会を，完全な平等と考える場合には10点，極端な不平等だと考える場合には0点として点数化してもらった。2019年有権者調査でも同様の質問を置いている（問2）。

　エリートと有権者の平等認知の平均値を比較したのが図3-3である。図は，エリートの平等認知の高い項目から低い項目になるように並べている。税制と財産の平等認知は，有権者に対しては調査されなかった。図で5点を超える項目は，日本の現状を平等と捉えており，5点を下回るものは，日本の現状を不平等だと捉えていることを示す。

　エリートでは，政治参加の機会（5.63），教育の機会（5.15）が5点を超えており，日本の現状を平等と捉えているが，それ以外は不平等だと捉えられている。最も不平等だと捉えられているのは在日米軍基地負担であり，都市と地方，外国人の取り扱い，財産の順に不平等だと認識されている。他方，有権者では，5点を超えているのは政治参加の機会（5.01）のみであり，そのほかはいずれも不平等だと捉えられている。

　有権者は，在日米軍基地負担，都市と地方，収入，政治がもたらす結果の順に日本の現状を不平等だと認識している。有権者は，在日米軍基地負担，外国人，性別を除けば，エリートよりも，現状を不平等だと認識している。総合的にも，エリートの平均値が5.10であるのに対して，有権者の平均値は4.31であった[8]。ただ，有権者も，エリートと同じく，在日米軍基地負担を最も不平等

8　2018年有権者ウェブ調査では，有権者のほうが，エリートよりも，現状を平等であると認識する傾向があった。2019年有権者調査がそれと異なる結果になった理由は不明である。

図3-3　エリートと有権者の平等認知

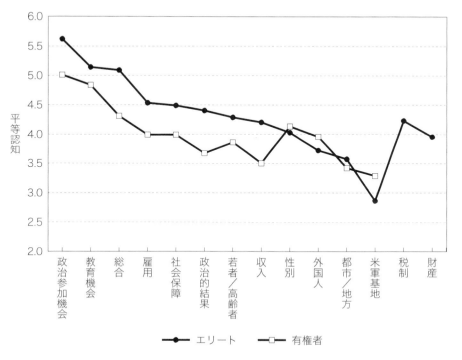

出所：2018-19 年エリート調査，2019 年有権者調査。

だとみており，エリートがより不平等だと思う項目と有権者のそれとは概ね一致する傾向がある。

エリート・グループごとの平等認知の違い

　エリート・グループ間で平等認知にどのような違いがあるであろうか。**表 3-1**は，様々な側面について，平等認知の平均値が高いグループ 2 つと低いグループ 2 つを示したものである。平均値が高いグループは，他のグループよりも，その面について平等であると認知しており，低いグループは不平等であると認知していることになる。

　表 3-1 は，グループの平均最大値と平均最小値の差が大きい項目の順に並べ

表3-1　平等認知度の高いグループと低いグループ

| | 平等認知度の高いグループ | | | | 平等認知度の低いグループ | | | | 最大値と最小値の差 | 第2位間の差 |
	第1位		第2位		第1位		第2位			
米軍基地	保守政党	5.0	経済団体・商工団体	3.8	革新政党	0.0	市民団体	1.4	5.0	2.4
税制	保守政党	6.2	官僚・自治体職員	5.1	革新政党	1.7	労働団体	2.8	4.5	2.3
教育機会	保守政党	7.1	経済団体・商工団体	6.0	革新政党	2.7	労働団体	3.7	4.5	2.3
政治的結果	保守政党	6.2	官僚・自治体職員	5.0	革新政党	1.9	労働団体	2.9	4.3	2.1
社会保障	保守政党	6.0	官僚・自治体職員	5.4	革新政党	1.8	労働団体	3.1	4.2	2.3
総合	保守政党	6.5	経済団体・商工団体	5.9	革新政党	2.4	労働団体	3.8	4.1	2.1
外国人	保守政党	5.3	経済団体・商工団体／官僚・自治体職員	4.4	革新政党	1.3	市民団体	2.4	4.0	2.0
政治参加機会	保守政党	6.9	官僚・自治体職員	6.6	革新政党	2.9	女性団体	3.5	4.0	3.2
雇用	保守政党	6.4	経済団体・商工団体	5.5	革新政党	2.5	女性団体	3.3	3.9	2.3
性別	保守政党	5.3	経済団体・商工団体	4.8	革新政党	2.0	女性団体	2.8	3.3	2.0
収入	保守政党	5.6	経済団体・商工団体	5.1	革新政党	2.6	労働団体	3.0	3.1	2.1
財産	保守政党	5.2	経済団体・商工団体	4.8	革新政党	2.4	市民団体	2.9	2.8	1.9
都市／地方	保守政党	4.5	経済団体・商工団体／官僚・自治体職員	4.0	革新政党	2.4	労働団体	2.8	2.0	1.2
若者／高齢者	保守政党	5.3	官僚・自治体職員	4.6	革新政党	3.5	労働団体／市民団体	3.6	1.8	1.0

出所：2018-19 年エリート調査。

ている。総合をみると，保守政党の政治家が 6.5，経済団体・商工団体が 5.9 と高く，革新政党の政治家が 2.4，労働団体が 3.8 と低い。保守政党と革新政党の政治家の差は 4.1 である。この例に限らず，すべての項目で平均値が最も高いのは保守政党の政治家，最も低いのは革新政党の政治家であった。平均値の差が最も大きいのは在日米軍基地負担であり，税制，教育の機会，政治がもたらす結果，社会保障の順に続く。ただし在日米軍基地負担は，保守政治家でも，不平等だとはみていないが，平等であるとも捉えていない。平均値の差が小さい

のは，若年者と高齢者，都市と地方，財産，収入，性別の順である。保守政党
の政治家が最も不平等だと認識しているのは都市と地方であり，利益誘導政治
が行われてきた理由を垣間みることができる。

　平等認知の平均値が保守政党に次いで高いグループ，革新政党に次いで低い
グループのそれぞれ第 2 位のグループ間の平等認知の度合いの違いは，どの項
目もそれほど大きくない。

　平等認知の平均値が保守政党に次いで高いグループは，米軍基地，教育の機
会，雇用，性別，収入，財産，外国人，都市と地方が経済団体・商工団体であ
り，税制，政治がもたらす結果，社会保障，政治参加の機会，若年者と高齢者，
外国人，都市と地方が官僚・自治体職員である。経済団体・商工団体が，収入
や財産など経済活動の結果に関わるものを平等と捉える傾向があるのに対して，
官僚・自治体職員は，政府の政策の成果が表れやすい項目を平等だと認識する
傾向があるようである。

　平等認知の平均値が革新政党に次いで低いグループは，税制，都市と地方，政
治がもたらす結果，社会保障など，総合を含む 8 項目が労働団体である。8 項
目のうち総合と収入以外は，官僚・自治体職員が平等だと認知している項目で
ある。米軍基地，外国人，財産，若年者と高齢者の 4 項目の平均値が低いのは
市民団体である。残る性別，雇用，政治参加の機会の 3 項目の平均値が低いの
は女性団体であり，労働や政治が女性にとって不利であることを反映している。

保革イデオロギーごとの平等認知の経年変化

　エリートのイデオロギーと平等認知について，1980 年と 2018-19 年の調査
データで比較できる収入，財産，外国人，性別に限って比較したのが**表3-2** で
ある。

　それぞれの項目について最大値は 10，最小値は 0 となる。収入についてみる
と，1980 年は，「最も革新的」と「かなり革新的」は不平等と認識しているの
に対して，保守的になればなるほど平等と認知する度合いが高まる。2018-19 年
も，保守的なエリートほど平等と捉え，革新的なエリートほど不平等と捉える
ことに変化はない。相関係数は，1980 年が 0.42，2018-19 年が 0.36 で，値が若

表3-2　エリートの保革イデオロギーごとの平等認知の経時的比較

	収入		財産		外国人		性別	
	1980年	2018-19年	1980年	2018-19年	1980年	2018-19年	1980年	2018-19年
最も革新的	3.49	2.61	3.03	2.61	3.13	3.12	4.02	2.56
かなり革新的	4.28	3.06	3.56	2.84	3.64	2.47	4.56	2.95
やや革新的	5.40	3.74	4.47	3.56	4.50	3.05	5.45	3.43
中間	5.91	4.01	5.25	3.86	5.07	3.71	5.97	3.95
やや保守的	6.30	4.74	5.53	4.37	5.56	4.22	6.52	4.53
かなり保守的	6.50	5.28	5.71	4.96	6.18	4.78	6.96	5.09
最も保守的	6.40	5.50	5.64	5.33	6.28	6.00	7.15	5.78

註：2018-19年の N は，「最も保守的」が17～18，「最も革新的」は14～18ときわめて少ない。
出所：1980年エリート調査，2018-19年エリート調査。

干下がってはいるものの，相関関係はある（いずれも p = .000）。しかし「最も革新的」から「やや保守的」までが不平等と捉えており，全体として不平等と認知する度合いが高くなっている。

　以上の変化は，財産，外国人，性別についてもほぼ当てはまる。保革イデオロギーとの相関係数は，1980年，2018-19年の順に，財産が0.40と0.33，外国人が0.39と0.37，性別が0.43と0.36であり，相関関係がある（いずれも p = .000）。しかし性別は「やや保守的」までが不平等と捉え，財産や外国人は「かなり保守的」までが不平等と捉えており，全体として不平等という認識が広まっているといえる。

4　保革イデオロギーと平等価値

保革イデオロギーごとの平等争点態度

　前述したように三宅・綿貫・嶋・蒲島（1985）は，福祉，男女平等，外国人に対する平等，収入格差の縮小，同和地域出身者に対する平等を平等主義の諸相としている。2018-19年エリート調査の対象とすることができなかった同和地域の平等以外の面について，累進課税（問10⑤），女性を増やすための雇用割当制（問10⑪），外国人地方参政権（問8③），政府の格差是正の努力（問8①），自助努

力（問 8 ②）という 5 つの争点態度を平等価値の指標として保革イデオロギーとの関係を分析することにしよう。2018-19 年エリート調査および 2019 年有権者調査のこれらの質問文は 1980 年エリート調査とほぼ同じであり，選択肢も同じである。

図 3-4 は，分析結果を示したものである。まず累進課税への反対をみてみよう。1980 年は，革新的なエリートは累進課税に賛成していたが，保守的なエリートは，反対こそしていないものの，あまり強く賛成しているわけではない。2018-19 年も，1980 年とほぼ同じような傾向である。相関係数は，1980 年が 0.39，2018-19 年は 0.31 である（いずれも $p = .000$）。有権者は，イデオロギーによる意見の違いがそれほど大きくない。相関係数は 0.10（$p = .015$）である。

次に女性を増やすための雇用割当制については，1980 年のエリートの意見は，保革イデオロギーと相関はあるが，全体として雇用割当制に消極的であった。しかし 2018-19 年になると，革新的なエリートが，雇用割当制を導入すべきだと考えるようになった。相関係数は，1980 年が 0.38 に対して，2018-19 年は 0.34 である（いずれも $p = .000$）。有権者は，全体的に雇用割当制に消極的だが，保守的な人ほど，より消極的である。相関係数は 0.16（$p = .000$）である。

外国人参政権については，1980 年から 2018-19 年にかけて，保守的なエリートは付与に反対する意見が多くなっており，革新的なエリートは付与に賛成する意見がやや増えている。そのため保革イデオロギーとの相関が強くなっている。相関係数は，1980 年の 0.25 から 2018-19 年の 0.42 となった（いずれも $p = .000$）。

---

9 『年報政治学』の論文では，労働者の発言権，女性を増やすための雇用割当制，外国人参政権，政府の格差是正の努力という 4 つを用いて分析したが，2019 年有権者調査で労働者の発言権が設問から除外されたため，分析する項目を変更した。有権者調査では，累進課税は問 4 ②，女性を増やすための雇用割当制は問 4 ④，外国人地方参政権は問 5 ③，政府の格差是正の努力は問 5 ①，自助努力は問 5 ②である。

10 1980 年エリート調査では，累進課税は「高所得者課税」と表現されているが，三宅・綿貫・嶋・蒲島（1985）はこれを累進課税として分析している。また累進課税の質問文は，「貧困層」ではなく「貧しい人」という言葉が使われている。外国人参政権の質問文には，「一定の」「べきである」という字句はない。政府の格差是正の努力の質問文は，「富裕層と貧困層」ではなく，「金持と貧乏人」という語が使われている。自助努力の質問文は，「高齢者や障がい者」ではなく，「老人と身体障害者」とされている。

図3-4　保革イデオロギーごとの平等価値に関する争点態度の平均値

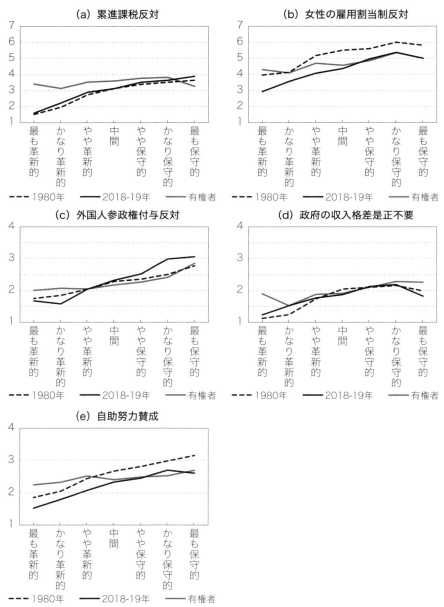

出所：1980 年エリート調査，2018-19 年エリート調査，2019 年有権者調査。

有権者は，保守的な人が外国人参政権に反対する傾向がある。相関係数は 0.14
（*p* = .000）である。

　政府の格差是正の努力については，エリートにも有権者にも，政府が格差是
正の努力をすることに賛成の意見が多い。1980 年から 2018-19 年にかけて，格
差是正が必要だという革新的なエリートがいくらか少なくなっている。保革イ
デオロギーとはやや相関があり，革新的な人ほど，政府が格差是正に努力すべ
きだと考えている。相関係数は，エリートが 1980 年は 0.38，2018-19 年が 0.29，
有権者が 0.22 である（いずれも *p* = .000）。

　最後に自助努力への賛成についてみてみよう。1980 年のエリートは，自助努
力に対して，保守的な人は賛成し，革新的な人は反対していた。2018-19 年にな
ると，グラフの傾きはあまり変化していないが，図の下方へやや平行移動した
ようになっている。相関係数は，1980 年が 0.33，2018-19 年が 0.31 である（い
ずれも *p* = .000）。イデオロギーによる意見の違いはあるが，全体として自助努力
に賛成する意見が減っている。有権者は，革新的な人がいくらか自助努力に反
対しているようにもみえるが，イデオロギーとの相関はあまりない。相関係数
は 0.04 と小さく，有意ではなかった（*p* = .270）。

　以上のようにエリートの平等争点態度は，保革イデオロギーと相関している[11]。
これに対して有権者は，政府の格差是正の努力のように保革イデオロギーとや
や相関する平等争点態度もあるが，相関係数の値はエリートよりも小さく，自
助努力のように相関関係のない平等争点態度もある。エリートの保革イデオロ
ギーと平等争点態度の相関の度合いは，有権者のそれより高いといえる。

11　平等争点態度と保革イデオロギーの関係をエリート・グループごとにも分析した。官僚・
　自治体職員，農業団体，経済団体・商工団体は，1980 年も 2018-19 年も，総じて争点態度
　とイデオロギーとの相関があまり高くない。農業団体は，1980 年には正相関だった自助努
　力とイデオロギーが，2018-19 年には逆相関になっている。争点態度とイデオロギーとの相
　関が高いのは政治家，市民団体，女性団体だが，1980 年と比べて，2018-19 年の政治家や
　市民団体は，争点態度とイデオロギーとの相関の度合いが低くなっているのに対して，女
　性団体は相関の度合いが高くなっている。2018-19 年になって，政治家や経済団体・商工団
　体，市民団体，女性団体，学者・文化人の外国人参政権とイデオロギーとの相関が高くなっ
　ている。

保革イデオロギー，平等認知，平等価値の相関関係

　保革イデオロギー，平等認知，平等価値の相互の関係を示したのが**図 3-5** である。平等認知は，1980 年と 2018-19 年のエリート，2019 年の有権者の比較が可能な収入，外国人，性別に限り，主成分分析によって尺度化した。平等価値も，1980 年と 2018-19 年のエリート，2019 年の有権者の比較が可能な累進課税，女性を増やすための雇用割当制，外国人参政権，政府の格差是正の努力，自助努力という 5 つの争点態度を主成分分析によって尺度化した。

　1980 年のエリートは，平等認知と平等価値の相関係数が 0.50 と高い。平等を志向するエリートは現状を不平等と捉え，現状維持を志向するエリートは現状を平等と捉えている。保革イデオロギーと平等価値の相関係数は 0.56 とさらに高く，イデオロギーと平等認知の相関係数も 0.49 と高い。相関係数の大きさを考えると，イデオロギーと平等価値が相互に規定し合い，イデオロギーは，平

図3-5　イデオロギーと平等観の相関関係

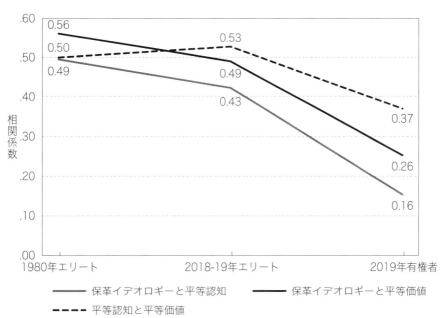

出所：1980 年エリート調査，2018-19 年エリート調査，2019 年有権者調査。

等価値を通じて平等認知と関わっていると思われる。

　2018-19 年のエリートは，イデオロギーと平等価値の相関係数は 0.49，イデオロギーと平等認知の相関係数は 0.43 と，1980 年よりも低くなっている。これに対して平等価値と平等認知の相関係数は 0.53 とやや上昇した。相関係数の変化から判断すると，イデオロギーと平等価値との関係が弱まり，平等価値が平等認知を規定する度合いが強まっていると考えられる。

　2019 年の有権者は，平等認知と平等価値の相関係数が 0.37 と最も大きい。相関係数の値は，いずれもエリートよりかなり小さく，イデオロギーは，有権者の中では平等認知や平等価値にあまり影響を与えていない[12]。

5　おわりに

　本章は，この 40 年間にエリートの平等観や保革イデオロギーがどのように変化しているのか，またその相互関係はどうなっているのかを分析してきた。

　2018-19 年のエリートのイデオロギー分布は，1980 年と比較すると，中間が増えており，脱イデオロギー化しつつあるが，その程度は有権者ほどではない。エリート・グループごとにみると，1980 年に保守的であった官僚・自治体職員，保守政党，経済団体・商工団体，農業団体のうち，官僚・自治体職員にはそれほど変化がないが，それ以外は中間方向にシフトしている。また 1980 年に革新的だった革新政党，労働組合，市民運動，女性運動も，中間方向にシフトしている。エリート・レベルでの政治対立における保革イデオロギーの役割は減退している可能性がある。

　平等認知について，エリートは，有権者よりも，現状を平等だとみる傾向がある。エリート・グループごとにみると，どの項目も，保守政党の政治家が最も平等と捉え，革新政党の政治家が最も不平等と捉えている。政治家以外では，平等と捉えるのは経済団体・商工団体や官僚・自治体職員，不平等と捉えるのは労働団体や市民団体，女性団体である。エリートの収入，財産，外国人，性

12　本項の相関係数は，いずれも $p = .000$ である。

別についての平等認知と保革イデオロギーとの関係をみてみると，エリートの平等認知は，イデオロギーと相関するが，2018-19年は，1980年よりも，不平等だという認識が広まってきている。

　累進課税，女性を増やすための雇用割当制，外国人参政権，政府の格差是正の努力，自助努力という5つの平等争点態度と保革イデオロギーとの相関をみてみると，エリートの相関が，有権者の相関よりも高かった。また2018-19年のエリートは，1980年と比較して，外国人参政権とイデオロギーとの相関が高い。

　平等認知，平等価値，保革イデオロギーの三者の相関をみてみると，1980年には，イデオロギーと平等価値が相互に規定し合い，イデオロギーは，平等価値を通じて平等認知を規定していたと思われる。しかし2018-19年のエリートでは，イデオロギーの平等価値に対する規定力は弱まり，平等価値と平等認知の関係が強まっている。2019年の有権者は，平等価値や平等認知に対するイデオロギーの影響力が低い。

　「はじめに」で示した仮説の通り，エリート・グループの間のイデオロギー対立は，40年間で脱イデオロギー化しているが，脱イデオロギー化は有権者ほど進んでいるわけではないこと，エリートは，保革イデオロギー，平等認知，平等価値の間に相関関係があり，有権者よりもその相関の度合いは強いことが明らかとなった。

　しかし1980年から2018-19年にかけて，イデオロギーの平等価値や平等認知に対する規定力は弱まっている。1970年代に保革イデオロギーの政策次元のひとつとして福祉・参加・平等の対立軸が登場してきたが（蒲島・竹中1996, 2012），その後，政治経済対立軸が変容し，平等意識は保革イデオロギーと遊離した（田中・三村2006）。エリートにおいても，保革イデオロギーと平等観は遊離しつつあると思われる。

第4章

経済的平等

——不平等認知は再分配政策につながるのか——

久保 慶明

1 はじめに

　本章では，経済に関する平等認知と平等価値の関連に焦点を当てる。具体的には，日本社会が経済的に不平等だと認知しているのはどのようなエリートか，その認知は社会保障制度（以下，社会保障）や租税制度（以下，税制）といった再分配政策をめぐる態度にどう影響しているか，という2つの問いに取り組む。それらを通じて，日本の社会保障と税制において再分配が重視されにくい背景を明らかにすることが，本章のねらいである。

　第二次世界大戦後，高度経済成長を経験した日本は，1980年代には経済的平等度の高い社会を実現した。しかし，80年代以降は経済的不平等の拡大が進んだ。その中で，政府は社会保障や税制の改革を進めてきたものの，それらによる再分配は十分に機能してこなかった。その要因として本章が注目するのは，エリートの経済的不平等の認知と社会保障・税制をめぐる態度である。エリートは経済的不平等を認知するほど再分配に積極的な態度をとりやすい。ただし，不平等認知と再分配選好の関係は多様な属性によって規定されている。結果として，日本の社会保障と税制で再分配が重視されにくい状況が続いている。

　本章の構成は次の通りである。第2節では戦後日本における経済的平等と再分配政策の関連についての議論をまとめ，分析視角を示す。第3節ではエリートの所属集団ごとの特徴を，1980年と2018-19年の比較，さらにエリートと有

権者の比較を通じて記述する。第4節ではエリート個人を分析単位として，平等認知と平等価値の関連と，経済的な不平等が正当化されるメカニズムを検討する。以上をふまえて第5節では，日本の社会保障や税制において再分配が重視されにくい背景をまとめる。なお，本章では先行研究との関連を示すために，「平等認知」と「不平等認知」，「平等価値」と「再分配選好」を文脈に応じて代替的に用いる。

2　戦後日本における経済的平等と再分配政策

ここでは，戦後日本における経済的平等と再分配政策の関連についての先行研究をまとめ，本章の分析視角を示す。具体的には，経済的不平等の認知と実際の再分配政策を媒介するものとして，エリートの認知や態度を位置づける。

「格差なき成長」から「低所得層の貧困化」へ

2018-19年エリート調査は，1980年エリート調査との比較を念頭に置きながら実施された。1980年の調査実施当時，実施者の一人であった社会学者の綿貫譲治は「第二次大戦前の日本社会に比べれば，今日にいたるまでの戦後日本社会では，経済的不平等度は減少しているというのが定説である」（綿貫 1985: 18）と記した。こうした認識は今日でも共有されている。たとえば，日本における所得格差の長期的変遷を比較経済史の視座から俯瞰した森口千晶は，高度成長期に「格差なき成長」を遂げた日本が，1980年代には国際的にみても平等度の高い社会を実現した，と整理している（森口 2017）。

しかし1980年代以降，日本における経済的不平等は拡大した。経済学者の大竹文雄は，橘木（1998）が日本の不平等拡大の根拠としたジニ係数の上昇が人口高齢化によると指摘したうえで，次の3点を明らかにした。すなわち，非正社員の増加に伴って若年層を中心に所得格差が拡大したこと，生涯所得の格差や資産格差の拡大に伴って消費格差が拡大したこと，日本の所得格差拡大は下位層の所得低下という欧米と異なる現象がもたらしたことである（大竹 2005; 大竹・小原 2010）。日本と欧米を比較した森口（2017）も，日本の特徴は富裕層の富裕化

を伴わない「低所得層の貧困化」にあるとした。

再分配を重視しない制度改革

　経済的不平等が拡大する中で，政府は社会保障や税制の改革を進めてきた。特に民主党政権以降は，政権交代をはさみつつも一体的な改革を進めてきた。内閣官房のウェブサイト「社会保障と税の一体改革」がまとめているように，民主党政権下の 2012 年 8 月に改革関連 8 法案が成立し，自民党政権下の 2013 年 12 月には社会保障制度改革国民会議の報告書（同年 8 月）に基づく法案が成立した。主な目的は「安定した財源を確保しつつ受益と負担の均衡がとれた持続可能な社会保障制度の確立」（社会保障制度改革推進法第 1 条）にあった。安定財源の確保策として引き上げられたのが，消費税率であった。

　しかし，こうした制度改革にもかかわらず，社会保障や税制による再分配は十分に機能してきたとは言い難い。もともと，日本の社会保障や税制では再分配機能が弱かった（太田 2000）。それに加えて，再分配機能の強化を目指した近年の改革の効果も限定的であった（小塩・浦川 2008; 小塩 2009; 北村・宮崎 2013; 上村・足立 2015; 大野ほか 2018）。つまり現在の日本の社会保障や税制では，財源調達機能が強化される一方で，経済的不平等を是正する再分配機能が不十分な状況が続いている。

　なぜ，日本の社会保障や税制では再分配が重視されにくいのか。その要因として本章が注目するのは，エリートの不平等認知と再分配選好である。エリートが不平等を認知し，かつ，その不平等が望ましくないと考える場合，再分配を支持する可能性が高い。逆に不平等を認知していない，あるいは，その不平等を是正する必要がないと考える場合，再分配を支持する可能性は低い。本章の目的は，エリートの不平等認知と再分配選好の関連を分析することを通じて，日本の不十分な再分配政策の背景を探ることにある。

1　内閣官房「社会保障と税の一体改革」，https://www.cas.go.jp/jp/seisaku/syakaihosyou/，2021 年 5 月 5 日最終閲覧。

不平等と再分配を媒介する再分配選好

　経済をめぐる平等認知と平等価値の連関は，2000 年代に入り，再分配選好の研究として進展してきた。[2] 特に近年は，客観的に測定される不平等そのものではなく，不平等に関する認知の影響に注目が集まっている。たとえば，サーベイ調査によれば，個人が感じる所得の不平等感は測定される不平等そのものとは一致せず，その中で再分配選好と相関するのは不平等感である（Gimpelson and Treisman 2018）。サーベイ実験によれば，自分の所得地位が実際より高いと考える人ほど，実際の情報を得た場合に再分配を支持しやすい（Cruces et al. 2013; Karadja et al. 2017）。

　こうした不平等認知と再分配選好の関係は，エリート研究では十分に分析されてこなかった。たしかに，日本の 1980 年調査を含む国際比較研究（Verba and Orren 1985; Verba et al. 1987; 三宅・綿貫・嶋・蒲島 1985）の問題意識には，経済的不平等をめぐる認知と態度の関連が含まれていた（蒲島 1985a）。しかし，その後の研究は，社会的な貧困の削減に取り組む際にエリートの認識が重要であることを示した研究に限定される（de Swaan 1988; de Swaan et al. 2000; Reis and Moore 2005; López et al. 2020）。その背景として，福祉国家の形成や維持に関する研究において，エリートの役割への関心が希薄であったことが指摘されている（López 2013: 6-7）。

　そこで本章では，日本社会が経済的に不平等だと認知しているのはどのようなエリートか，エリートの不平等認知（平等認知）が再分配選好（平等価値）にどう影響しているか，という 2 つの問いに取り組む。第 3 節で所属集団別に検討した後，第 4 節では個人レベルでの検討を行う。

3　経済をめぐる平等認知と平等価値

　Font and Cowell（2015）がレビューしたように，個人の再分配選好は，集団，職業，国籍，階層など様々な社会的アイデンティティの影響を受けている。ここ

2　レビューとして，山村（2019）参照。もちろん，不平等や再分配に関する態度は従来から社会学や政治学で数多く研究されてきたが，紙幅の都合で本章では不平等認知と再分配選好との関係を明示的に論じた文献に限定して参照する。

では，エリートの所属集団ごとに平等認知と平等価値の関連を検討する。具体的には，1980 年調査と 2018-19 年調査を比較した後，エリート調査と有権者調査を比較する。

平等認知／不平等認知の変化

まず，所属集団ごとの平等認知を，1980 年調査と 2018-19 年調査で比較する。図 4-1 には，収入面の平等認知（横軸）と財産面の平等認知（縦軸）の平均値を

図4-1　収入面と財産面における平等認知の変化

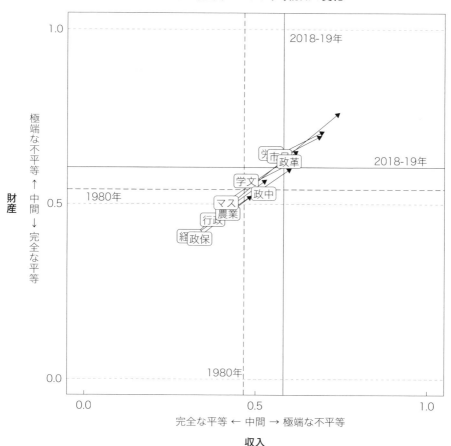

出所：1980 年および 2018-19 年エリート調査より筆者作成。

示している。調査では値が大きいほど平等になるよう設問したが，本章では不平等度を示すジニ係数と同様に，値が大きいほど不平等となる尺度にリコードして示している（最大値1，最小値0）。

　図4-1では，1980年調査全体の平均値を破線で，2018-19年調査全体の平均値を実線で示している。それらを比べると，2018-19年は1980年と比べて不平等であるという認知が拡大した。収入面では0.1ポイント近く，資産面では0.05ポイント以上，不平等の方向に移動した。

　所属集団別にみてみよう。**図4-1**では，ラベルの付された矢印の始点が1980年調査の平均値を，矢印の終点が2018-19年調査の平均値を示している。1980年の位置をみると，革新政治家（政革），市民団体（市民），労働組合（労働）の不平等認知が高い一方で，保守政治家（保政），経済団体・商工団体（経商）の不平等認知は低かった。両グループの間に他のエリートが位置していた。こうした違いは2018-19年にも共通している。どの集団においても右上方向への移動が生じた。

　以上の知見は，日本社会が経済的に不平等であると認知するエリートが，集団ごとの特徴を維持しながら全体に増加したことを示している。先行研究で示されてきた日本における経済的不平等の拡大は，様々な集団に属するエリートによっても認識されているといえる。

平等価値／再分配選好の変化

　次に，所属集団ごとの平等価値を，1980年調査と2018-19年調査で比較する。**図4-2**が示すのは，社会福祉（横軸）と雇用保障（縦軸）に関する平等価値の平均値である。いずれも，値が大きくなるほど再分配に積極的な態度を示す尺度にリコードしている（最大値1，最小値0）。

　破線が示す1980年調査全体の平均値と，実線が示す2018-19年調査全体の平均値を比べると，横軸における社会福祉の支持が上昇し，縦軸における雇用保障の支持が低下したことがわかる。戦後，日本は雇用創出と家族扶養を通じた社会保障の仕組みを構築した。しかし，1990年代以降の経済不況の中で雇用の安定的な保障は難しくなった。それに代わる社会福祉への期待がエリートの間

図4-2　社会福祉と雇用保障に関する平等価値の変化

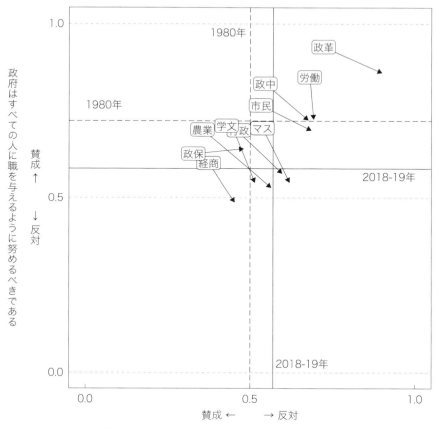

高齢者や障がい者（老人と身体障害者）を除き，すべての人は
社会福祉給付をあてにしないで生活しなければならない

註：実線は 2018-19 年調査の平均値，破線は 1980 年調査の平均値。
出所：1980 年および 2018-19 年エリート調査より筆者作成。

で高まったことを，**図 4-2** は示唆している。

　所属集団別にみてみよう。1980 年には，社会福祉と雇用保障のいずれにおい
ても，革新政治家や労働組合による支持が高く，保守政治家や経済団体・商工
団体による支持が低く，両者の間に他のエリートが位置していた。この分布は

図 4-1 で示した平等認知と類似している。しかし 2018-19 年には，多くの集団で社会福祉の支持が上昇し，雇用保障の支持が低下した。労働者の利益を代表する労働組合においても，雇用保障の支持は低下した。

　ただし，例外的に政治家だけが特徴的な動きをみせている。たとえば，1980年に経済団体・商工団体とほぼ同様の位置にいた保守政治家は，2018-19 年には経済団体・商工団体から離れて水平に右方向へ移動した。つまり，雇用保障の支持を維持しながら社会福祉の支持を上昇させた。また，1980 年時点で労働組合と近い位置にいた革新政治家は，2018-19 年には労働組合と離れて右下方向へ移動した。つまり，労働組合とは異なり，社会福祉の支持を上昇させた。こうした政治家の特徴をさらに検討するため，次にエリート調査と有権者調査の比較を行う。

政治家の平等認知と平等価値

　図 4-3 と **図 4-4** では，2018-19 年のエリート調査と有権者調査を用いて，収入面での平等認知（横軸）と社会福祉や雇用保障をめぐる平等価値（縦軸）の関係を所属集団別に示している。**図 4-1** と **図 4-2** で示した 1980 年時点の調査対象集団に加えて，無所属政治家（政無），2018-19 年で新たに追加した専門家（専門），有権者（有保，有革，有中，有無：政党支持により分類）も表示している。実線はエリート調査，破線は有権者調査の平均値である。特に，ここでは政治家と有権者の位置を中心に検討するため，政治家と有権者を実線で囲んでいる[3]。

　まず，横軸が示す平等認知をみると，革新や中道の政治家と有権者の間には大きなギャップがない一方で，保守や無所属の政治家と有権者の間には大きなギャップが存在する。有権者に比べて保守政治家や無所属政治家は，経済的不平等の認知が相対的に低いことがわかる[4]。

　ただし，平等認知の違いが社会福祉や雇用保障をめぐる平等価値と完全に一

3　雇用保障に関する項目はウェブ調査でのみ設問されたため，**図 4-4** はウェブ調査のデータを用いて作成した。
4　有権者の収入面における平等認知について，ウェブ調査と質問紙調査の平均値に大きな差はない（保守 0.57；0.60，革新 0.74；0.75，中道 0.64；0.67，無所属 0.66；0.69）。

図4-3　収入面の平等認知と社会福祉の平等価値

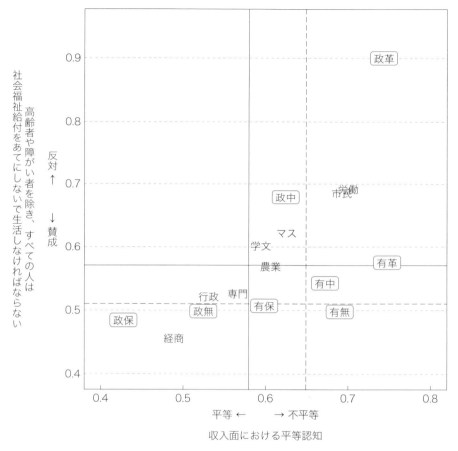

縦軸：社会福祉給付をあてにしないで生活しなければならない　高齢者や障がい者を除き、すべての人は　反対↑　↓賛成

横軸：平等 ← → 不平等　収入面における平等認知

註：実線はエリート調査の平均値，破線は有権者調査の平均値。
出所：2018-19 年エリート調査および有権者質問紙調査より筆者作成。

致するわけではない。**図 4-3** の社会福祉をみると，革新の政治家と有権者，中
道の政治家と有権者の間において，収入面の平等認知に違いがないにもかかわ
らず，政治家の支持が強く有権者の支持が弱い。革新や中道のグループにおけ
る再分配選好は，経済的不平等を認知した場合，政治家で強まりやすく有権者
で強まりにくいとみられる。

図4-4　収入面の平等認知と雇用保障の平等価値

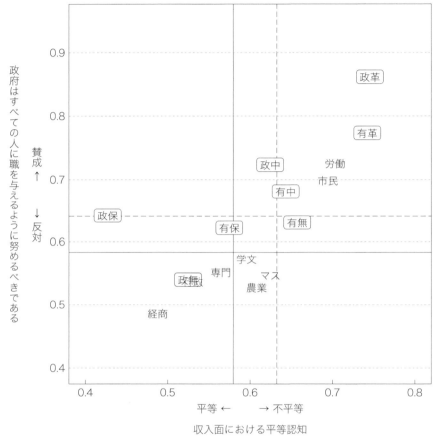

註：実線はエリート調査の平均値，破線は有権者調査の平均値。
出所：2018-19 年エリート調査および有権者ウェブ調査より筆者作成。

　図4-4 の雇用保障をみると，保守の政治家と有権者の間において，収入面での平等認知に違いがあるにもかかわらず，政治家の支持が強く有権者と同程度になっている。革新政治家も，革新有権者に比べて雇用保障の支持が強い。かつて日本の社会保障を支えた雇用保障の支持が，党派性が明確な政治家の間では持続しているようにみえる。

　以上，本節ではエリートの平等認知と平等価値を所属集団別に検討してきた。1980年調査に比べて2018-19年調査では，経済的不平等の認知が各集団で上昇した。その中で雇用保障の支持が低下し，社会福祉の支持が上昇した。ただし保守政治家は，経済的不平等の認知が低いにもかかわらず雇用保障の支持が高い。その背景にあるメカニズムを探るため，次節では個人レベルの分析を行う。

4　社会保障と税制に関する態度

　本節ではエリート個人を分析単位として，平等認知と平等価値の関連を記述する。2018-19年調査では，1980年調査で設問された社会保障に加えて，税制に関しても質問した。それらの質問を用いて，社会保障と税制をめぐる態度の規定因を分析していく。

平等価値／再分配選好の規定因

　社会保障や税制を通じた再分配をめぐる態度は，どのような要因によって規定されているのだろうか。本章では次の5つを検討する。

　第1に，経済的不平等の認知である。第2節でみたように，再分配選好の研究では不平等認知の影響が示されてきた。第3節における集団別の検討においても，経済的不平等の認知が高い集団ほど，再分配への支持が高い傾向にあった。これらをふまえれば，経済的不平等の認知が高いほど，再分配を支持しやすいだろう。

　第2に，政党の所属や支持である。第3節でみたように，革新政治家は経済

5　綿貫（1985: 19）は次のように述べている。「……所得税徴集［ママ］上は，所得税を源泉徴集［ママ］される勤労者（雇用者）と，自営業者や農民との間には，俗にいう，クロヨンとか，トーゴーサンという所得の捕捉率の差があるといわれている。ここから，とくに勤労者（雇用者）の間で，税制度についての不公平感が高い。しかし，これは，『不公平感』の問題であるので，平等観の調査である今回のエリート・グループ調査では，扱わなかった」。なお，税制の不公平感に関する政府の世論調査は，現在よりも1980年当時のほうが盛んであった。税金に関する世論調査（1971, 1981, 1986），税金と予算に関する世論調査（1973），社会的不公平感に関する世論調査（1975, 1980）。いずれも内閣官房政府広報室「世論調査」ウェブサイトで閲覧可能である（https://survey.gov-online.go.jp/, 2021年5月5日最終閲覧）。

的不平等の認知が高く，再分配に積極的であった。その一方で，保守政治家は経済的不平等の認知が高く，再分配に消極的であった。革新政党の政治家や支持者は再分配を支持しやすく，保守政党の政治家や支持者は再分配を支持しにくいだろう。

　第3に，政治家の持つ再選動機である。第3節でみたように，1980年に比べて2018-19年は経済的不平等の認知が高まった。有権者レベルではエリートと同等か，それよりも高く不平等が認知されていた。そのような有権者によって選出され，再選動機を持つエリートである政治家は，他のエリートに比べて再分配を支持しやすいだろう。

　第4に，保守主義的な価値観である。政治的には，保守的なイデオロギーが強いほど，リベラルな再分配を支持しにくいだろう。経済的には，個人主義的な志向性が強いほど，また，保護主義よりも自由主義を支持する人ほど，政府が介入する再分配を支持しにくいだろう。社会的には，家族主義的な志向性が強いほど，また，マイノリティの権利保護に消極的な人ほど，再分配を支持しにくいだろう。

　第5に，財政規律の影響である。地域間格差に関する研究では，財政規律が強いほど地域間の再分配を支持しにくいことが示されている（北村2010; 久保2020）。この議論を敷衍すれば，経済的不平等を是正しようとする再分配政策においても，財政規律が強い人ほど再分配を支持しにくいだろう。

モデル

　以上の仮説を検討するため，本章では6つの従属変数を用いて，最小二乗法（OLS）による重回帰分析を行う。態度に関する変数は4件法，5件法，7件法のいずれかで質問されたが，本章の分析ではすべて間隔尺度とみなして0から1に再スケールして用いた。その際，値が大きいほど社会保障や税制への支持を示すよう統一した。

　従属変数は，社会保障に関する3つの変数と，税制に関する3つの変数である。社会保障に関しては，政府による格差是正の賛否（格差是正），社会福祉の賛否（社会福祉），政府による雇用保障の賛否（雇用保障）である。税制に関して

は，所得や資産への課税の賛否（資産課税），累進課税の賛否（累進課税），法人税率引き下げの賛否（法人課税）である。

　独立変数は次の通りである。経済的不平等の認知については，収入面における平等認知（値が大きいほど不平等）を用いる。政党への所属や支持としては，革新政党の政治家または支持者であることを示すダミー変数，保守政党の政治家または支持者であることを示すダミー変数を用いる。政治家の再選動機に関しては，政治家であることを示すダミー変数を用いる。

　保守主義的な価値観に関する変数は次の通りである。政治における保守主義的な価値観として，保革イデオロギーの自己認識（値が大きいほど保守的）を用いる。経済における保守主義的な価値観として，貧困の責任が社会ではなく個人にあるという信念，経済において保護主義よりも自由化を支持する態度を用いる。社会における保守主義的な価値観としては，選択的夫婦別姓に反対する態度，外国人地方参政権に反対する態度を用いる。

　最後に財政認識の影響については，経済成長よりも財政規律を重視する態度を用いる。さらに統制変数として，性別（男性であることを示すダミー変数），年齢，学歴（大学卒業または大学院修了を示すダミー変数）を用いる。以下では独立変数の効果を中心に報告する。使用した変数と推定結果の詳細はオンライン Appendix を参照されたい（URL は本章末に掲載）。

社会保障に関する態度

　図 4-5 に示したのは，社会保障に関する推定結果の標準偏回帰係数である。横軸でプラス方向にプロットされるほど賛成しやすく，逆にマイナス方向にプロットされるほど反対しやすいことを意味する。エラーバーは，頑健標準誤差をもとに計算された 95% 信頼区間であり，これがゼロから離れるほど統計的に信頼できる推定結果であることを示している。

　まず，格差是正，社会福祉，雇用保障のすべてに共通する結果として，貧困が個人の責任であるという信念がマイナス方向で影響している。つまり，貧困の責任が社会ではなく個人にあるという信念が強いほど，社会保障に消極的になりやすい。特に係数が大きいのは，格差是正と雇用保障である。

図4-5　社会保障に関する推定結果

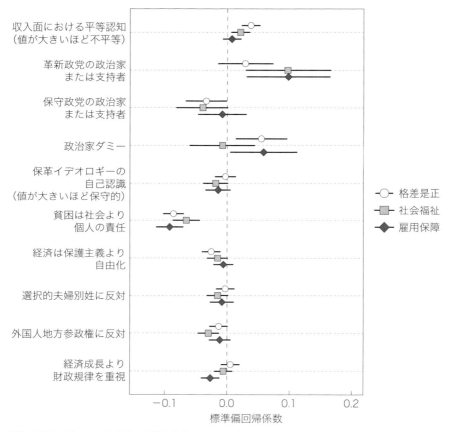

出所：2018-19 年エリート調査より筆者作成。

　個別にみると，格差是正では，政治家は他のエリートに比べて，また，収入面での不平等認知が高いほど，積極的になりやすい。逆に，経済における自由化を支持するほど，消極的になりやすい。社会福祉では，革新政党の政治家または支持者の場合，および，収入面での不平等認知が高いほど，積極的になりやすい。逆に，外国人地方参政権に反対する態度が強いほど，消極的になりやすい。雇用保障では，革新政党の政治家または支持者の場合，さらに，政治家は他のエリートに比べて，積極的になりやすい。逆に，財政規律を重視する態

度が強いほど，消極的になりやすい。

　以上の結果は，平等価値／再分配選好の規定因に関する予測に合致する結果といえる。その一方で，保守政党の政治家または支持者であること，保革イデオロギーの自己認識，選択的夫婦別姓に反対する態度は，格差是正，社会福祉，雇用保障に関する平等価値に影響していない[6]。

税制に関する態度

　次に，**図 4-6** は税制に関する推定結果の標準偏回帰係数を示している。まず，資産課税，累進課税，法人課税のすべてに共通する結果として，貧困が個人の責任であるという信念がマイナス方向で影響している。つまり，貧困の責任が社会ではなく個人にあるという信念が強いほど，課税に消極的になりやすい。特に係数が大きいのは累進課税である。

　個別にみると，資産課税では，政治家は他のエリートに比べて，また，収入面の不平等認知が高いほど，積極的になりやすい。逆に，外国人地方参政権に反対する態度が強いほど，課税に消極的になりやすい。累進課税では，革新政党の政治家または支持者の場合，積極的になりやすい。逆に，保守政党の政治家または支持者の場合，および，外国人参政権に反対する態度が強いほど，消極的になりやすい。法人課税では，革新政党の政治家または支持者の場合，さらに，政治家は他のエリートに比べて，積極的になりやすい。逆に，保守政党の政治家または支持者の場合，また，貿易における自由化を支持するほど，消極的になりやすい[7]。

　財政規律は予測に反して，規律を重視する人ほど法人課税に積極的になりやすい。これは，再分配機能よりも財源調達機能が重視されていることを示しているとみられる。また，保革イデオロギーの自己認識と選択的夫婦別姓に反対する態度は，社会保障と同様，資産課税，累進課税，法人課税に関する平等価

6　ただし 10% 水準でみると，保守政党の政治家または支持者である場合，格差是正と社会福祉に消極的になりやすい。

7　このほか 10% 水準でみると，収入面の不平等認知が高いほど累進課税に積極的になりやすい一方，保守政党の政治家または支持者である場合は資産課税に消極的に，また，外国人参政権に反対する態度が強いほど法人課税に消極的になりやすい。

図4-6　税制に関する推定結果

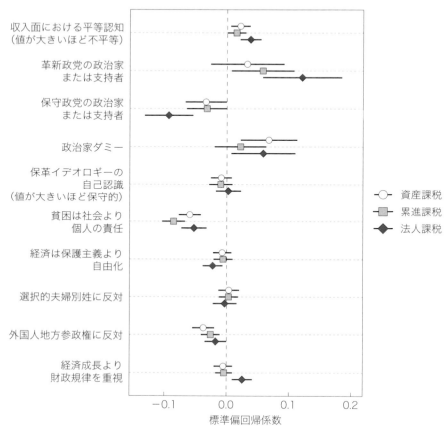

出所：2018-19年エリート調査より筆者作成。

値にも影響していない。

　ここまでの社会保障と税制に共通する知見をまとめると，経済的不平等の認知，政治家であること，革新政党の政治家や支持者であることが，社会保障や税制への積極的な態度につながりやすい。その一方で，政治，経済，社会における保守主義的な価値観を持つことは，社会保障や税制への消極的な態度につながりやすい。以上の結果を平等認知と平等価値の関連という観点からまとめ直すと，平等認知が平等価値に及ぼす影響はあるものの，直接的な影響は必ず

しも大きくないといえる。

不平等はいかに正当化されるのか

　なぜ，経済的な平等認知が平等価値に及ぼす効果は限定的なのか。言い換えると，経済的不平等の存在はいかにして正当化されているのか。この点を探るため，図 4-5 と図 4-6 で示した各種変数と平等認知の交互作用をモデルに投入して推定したところ，概ね図 4-5 や図 4-6 と同様の結果が得られた（推定結果はオンライン Appendix 参照）[8]。交差項の推定結果をみると，5% 水準で統計的に有意な結果を示したのは，格差是正における平等認知と政治家ダミー，および，雇用保障における平等認知と財政認識の交差項である。それらの限界効果を示したのが図 4-7 と図 4-8 である[9]。

　図 4-7 は，格差是正における平等認知の影響が，政治家という属性によって条件づけられていることを示している。政治家以外のエリートでは，横軸で右に移動するほど，つまり収入面における不平等認知が高まるほど，格差是正に積極的になりやすい。しかし政治家の場合には，収入面における不平等認知が高まっても，格差是正に関する態度はほとんど変化しない。

　図 4-8 は，雇用保障における平等認知の影響が，財政規律に関する態度によって条件づけられていることを示している。経済成長よりも財政規律を重視する態度を持つ場合，収入面での不平等認知が高まるほど，雇用保障に積極的になりやすい。しかしながら，財政規律よりも経済成長を重視する態度を持つ場合，

8　ただし，5% 水準で統計的に有意な結果をみると次のような相違がある。社会保障に関しては，社会福祉や雇用保障における革新政党ダミーの影響，格差是正における政治家ダミーの影響が観察できなくなる一方，格差是正と社会福祉における保守政党ダミーの影響が観察できるようになった。税制に関しては，資産課税における不平等認知の影響，累進課税における革新政党ダミーの影響が観察できなくなった。

9　このほか 10% 水準でみると，格差是正における平等認知と革新イデオロギーの自己認識，貧困の原因は個人にあるという信念，さらに，雇用保障における平等認知と革新政党ダミーの交差項の影響も観察できる。つまり，保守的なイデオロギーが強いほど，また，貧困の原因は個人にあるという信念が強いほど，平等認知の変化に応じて格差是正に関する態度が変化しにくい。その一方で，革新政党の政治家や支持者の場合は，平等認知の変化に応じて雇用保障に関する態度が変化しやすい。それぞれオンライン Appendix で図示している。

図4-7　平等認知と政治家ダミーの交互作用（格差是正）

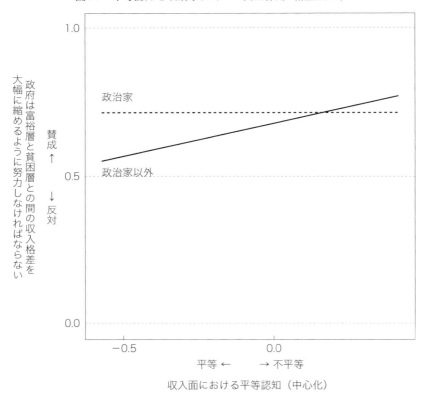

出所：2018-19 年エリート調査より筆者作成。

収入面の不平等認知が高まるほど，雇用保障に消極的になりやすい。要するに，経済成長と財政規律のいずれを重視するかに応じて，平等認知の変化が相反する方向に影響している。

　以上の結果が示すのは，経済をめぐる平等認知が平等価値に及ぼす影響が，政治家の持つ集団的な特性や，財政規律と経済成長に関する態度によって条件づけられていることである。こうした要因が平等認知の影響を抑制し，経済的不平等の存在を正当化することにつながっていると考えられる。

図4-8　平等認知と財政規律の交互作用（雇用保障）

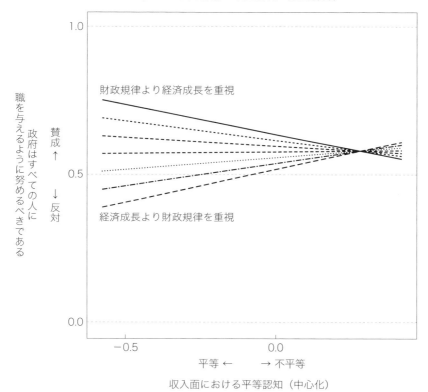

出所：2018-19 年エリート調査より筆者作成。

5　おわりに

　本章では，日本の社会保障や税制で再分配が重視されにくい背景として，エリートの経済的な平等認知と平等価値の関連を検討してきた。第 3 節によれば，1980 年に比べて 2018-19 年は，経済的不平等の認知が各集団で拡大していた。また，雇用保障の支持が低下し，社会福祉の支持が上昇していた。ただし保守政治家は，経済的不平等の認知が低いにもかかわらず雇用保障の支持が高かった。

　第4節によれば，経済的不平等の認知，政治家であること，革新政党の政治家や支持者であることが再分配に積極的な態度につながりやすい一方で，政治，経済，社会における保守主義的な価値観が再分配に消極的な態度につながりやすかった。ただし，経済的不平等の認知が再分配選好に及ぼす影響は，必ずしも大きくなかった。その要因として，政治家の集団的な特性，財政規律と経済成長に関する態度が，不平等認知の影響を条件づけていることが明らかとなった。

　以上の知見は2つの含意を示唆している。第1に，エリートとしての政治家の特異性である。第3節で示したように，他のエリートに比べて政治家は社会保障や税制に積極的な態度をとりやすい。しかし有権者に比べると，政治家の経済的な不平等認知は低く，特に保守政治家において顕著である。さらに図4-7が示したように，政治家は他のエリートと異なり，経済的不平等の認知と格差是正に関する態度との関連が弱い。こうした政治家の特異性が，日本の社会保障における再分配機能が不十分な背景に存在すると考えられる。

　第2に，エリートの不平等認知と再分配選好の連関が単純でないことである。第3節の集団別の分析から両者の関連が示唆された一方で，第4節の個人レベルの分析からは，直接的な効果が必ずしも大きくないこと，他の要因との交互作用が生じていることが示された。こうした知見は，日本を含めた福祉国家の形成や維持を論じる際に，エリートの不平等認知と再分配選好をつなぐ複線的なメカニズムを考慮する必要性を示唆している。

　付記：本研究は JSPS 科研費 17H0966 および 19K01445 の助成によるものです。本章のオンライン Appendix は，以下の URL で公開しています。
https://researchmap.jp/read0154661/published_papers/32063597

第5章

ジェンダー平等

——右傾化か，経済か，フェミニズムの定着か——

大倉 沙江

1 はじめに

　本章では，エリートの女性やジェンダー平等に対する態度とその変化に焦点
を当てる。具体的には，女性やジェンダー平等が関わる問題により積極的なの
はどのようなエリートなのか，それは 1980 年以降の 40 年間でどのように変化
したのかを明らかにする。また，その変化とイデオロギーや平等認知との関連
についても検討を行う。このような問いに取り組むことで，女性やジェンダー
をめぐる政治の変化とその背景を明らかにすることが，本章の目的である。[1]

　戦後の経済復興から高度経済成長を成し遂げ，低成長期に差しかかる時代に
おいては，性別による役割分業を支持する意識（性別役割分業意識）が，自由民主
党や経済界を中心としたエリートに定着していた（進藤 2004: 211-212）。性別役割
分業意識は，典型的には，「男性は，仕事に就き，家族を養わなければならない。
女性は，家庭において，家事や育児を行わなければならない」という形式をと
る（前田 2019: 14）。このような意識は，正規雇用の男性が（しばしば長時間の）雇
用を通じて収入を獲得し，女性が家庭で家事・育児・介護といったケアを無償
で担うという男性稼得者モデルを前提とした日本の福祉国家体制とも整合的で

1　本章では，他の章に準じて，「ジェンダー平等観」を，現状を平等であると認識しているか
　という現状認識（平等認知）と平等であるべきだと考えているかという価値（平等価値）
　に区別する。

あった。また，産業政策を通じた国家による生産体制の規制と振興の支援が中核的な政策課題であった時期において，男性を長時間労働に従事させうるジェンダー化された家族のあり方は，企業にとっても一定の合理性があった（大沢2020）。したがって，エリートの中に，男女間に不平等が存在するという認識や，男女間の形式的・実質的平等を達成しなければならないという自発的な変革への志向性は乏しかったと推測される。

　さらに，1980年代までの日本政治において，女性やジェンダー平等は重要なアジェンダたりえなかったという指摘は重要である（堀江2005;辻2012）。この時期，女性政策の最大の特徴は，そのマイナーさにあった。族議員はおらず，官僚が国連などの外圧や世論を利用しながら，政策形成を進めた（堀江2005:2,359-365）。そもそも，立法・行政・司法といった政策決定の場において，女性は非主流派であった。そのため，外圧がない場合，ジェンダー関連法案は内閣提出法案から抜け落ちた（岩本1997,2007）。

　もちろん，すべての集団がジェンダー平等に無関心であり，性別による役割分業を支持したわけではない。反対派の代表格は，女性団体を中心とした対抗エリートである（Eto 2005, 2008; Dales 2009; Soliman 2018）。一枚岩ではなかった点に注意は必要であるが，対抗エリートたちは，女性参政権などに代表される形式的な平等を日々の暮らしの中に浸透させ，公的領域ならびに私的領域において平等を実質化することを求めた。家族や社会，また政治における不平等を認識していたためであるというのは，いうまでもない。最もよく知られる例は，1960年代後半から1970年代前半に誕生した女性解放運動であるだろう（衛藤2017:16）[2]。労働組合の女性部や左派政党も，主に女性の就労をめぐり，対抗的な活動を支援する側にあった（木下1996;浅倉・萩原・神尾・井上・連合総合生活開発研究所2018）。つまり，戦後から1980年代にかけて，既存のジェンダー規範やそれに基づく社会・政治のあり方に肯定的なエリートと，その根本的な―― あるいは部分的な―― 変革を求める対抗エリートという対立構造が，非常にマイナーな

2　また，性や身体性の問題に加え，国籍・教育・雇用における実質的平等の実現を求めたことも広く知られている（牟田2006）。

形であったにせよ，存在したことがわかる。[3]1980 年に行われたエリート調査の結果も，おおよそ，これらの基本的な構造の存在を支持する[4]結果となっている（三宅 1985b）。

しかしながら，1990 年代には，エリートの女性やジェンダー平等に対する態度に影響を与えうる社会経済の変化が生じる。すなわち，日本経済は低迷し，正規労働者に対する長期雇用や年功賃金といった雇用慣行は流動化した。また，少子高齢化とそれに伴う労働力不足の深刻化が取り上げるべき問題としてアジェンダとなり，女性は家庭内でケア役割を担うだけではなく，市場で労働を担うことも期待されるようになった。さらに，2010 年代には，女性に対する差別や不平等の存在がより広く社会に知られるきっかけとなる事件が相次いだ。政治家・官僚やジャーナリストによるセクシュアル・ハラスメントや，大学入試における女性受験生等に対する差別が大きく報道されたことは，この一例である（Hasunuma 2019; Hasunuma and Shin 2019）。これらの社会経済の変化は，性別役割分業を重視する価値観と，それに基づく女性政策を支持する合理性を失わせたようにもみえる。

それでは，このような変化を経て，エリートの女性やジェンダー平等への態度は，どのように変化したのであろうか。いうまでもなく，ジェンダー平等意識に関する研究はすでに数多く行われている。しかし，その多くは有権者を対象としており（たとえば，川人・山元編 2007），エリートを対象としたものは少ない。[5]また，エリートを対象とした研究は，特定の政権や代表的な政策に注目した研究が主流であり（横山 2002; 堀江 2005; Tsuji 2019），イデオロギーや平等観といった他の政治的な変数との関係とその時系列的な変化を扱った研究はそれほど多くない。

以上をふまえ，本章では，1980 年と 2018-19 年という 2 時点間の比較から，エ

3　もちろん，女性団体も一枚岩ではなかった点は重要である。日本では，既存のジェンダー規範の範囲内で，女性の地位向上を目指す運動も根強い（鈴木 2019）。

4　なお，本章では三宅（1985b）にならい，ジェンダー平等をより促進する態度を「平等主義」，より抑制する態度を「現状維持」という言葉で表現する。

5　貴重な例外は，三浦まり（上智大学教授）と毎日新聞が国会議員を対象として行った「女性の政治参画に関する調査」である。

リートの女性やジェンダー平等に対する態度とその変化を明らかにする。以下，第 2 節では，エリートのジェンダー平等観とその変化に関する先行研究を 3 つに整理するとともに，本章の問いと分析課題を示す。第 3 節と第 4 節では，分析の結果を示す。第 5 節では，本章から得られた知見とその含意について整理する。

2　現代日本におけるジェンダー平等と女性政策

先行研究

それでは，エリートの女性やジェンダー平等に対する態度は，どのように変化してきたのであろうか。近年とくに注目されているのが，従来，女性やジェンダー平等が関わる問題に消極的あるいは無関心であった保守政党の変化である。彼らの変化とその理由については，興味深いことに，以下の 3 つの異なる主張がなされてきた[6]。

まず，最も重要な議論としては，保守政党を中心としたエリートが右傾化し，女性の役割や家族のあり方への介入を強めているというものである（中野 2015; 本田・伊藤編 2017; 斉藤（正）2017）。たとえば，斉藤正美は，安倍政権は右傾化し，それを受けて，戦前のように家族や家庭へ干渉し始めていると主張している。とりわけ，「女性活躍政策」や「一億総活躍政策」は，巧妙に女性にスポットライトを当てているが，女性の再生産活動をあてにしており，そこに性別役割分業を問い直したり，性別による不平等を解消したりする視点はないと厳しく批判する。また，女性の労働力化に関わる政策についても，労働者派遣法など労働

6　また，メインストリームの議論とはいいがたいが，「女性活躍政策」など女性に関わる政策を前面に押し出し始めた保守政党の変化を，左傾化の結果と捉える議論もある。たとえば，野田聖子（自民党総務会長，当時）は，「安倍総裁もかなり真ん中に動いてきている。保守層からみると，働く女性なんて敵みたいなものだ。女性の活用を成長戦略の一丁目一番地に据えた時点で，安倍総裁はもはや封建的な保守ではない。少なくとも政策的には極めてリベラルだ」と指摘している（「『自民 1 強』時代の行方――自民党総務会長野田聖子氏，政治主導で政策進める，国民政党として広く包含（創論）」『日本経済新聞』2014 年 7 月 20 日（朝刊））。

法制の「改悪」を推し進めており，従前の自民党の政策を強化するものだという解釈を示す（斉藤（正）2017）。

　一方，より楽観的な見立てとしては，女性の労働力としての需要が高まったことを受けて，保守政党を中心としたエリートは女性に関わる政策を積極的に推進する立場に転じたという主張がある（大嶽2017）。たとえば，大嶽秀夫は，女性が市場で働くことを必要としている日本経済の実情を受けて，「保守党であろうと革新政党であろうと，現在においてはフェミニストの要求を容れざるを得ない」（大嶽2017: 263）と述べる。性別に基づく不平等の存在を告発し，公的領域ならびに私的領域における実質的な平等を求める女性団体の思想や主張は，「不可逆的な流れとして，日本政治の中に組み込まれた（ビルド・インされた）」（大嶽2017: 264）のである。2000年代前半にジェンダー・フリーを最大の争点とするジェンダー・バックラッシュが生じたことは見逃せないが，これは少数の知識人や宗教団体の最後の抵抗であり，政治的にはマージナルであったという（大嶽2017: 260, 263-264）。保守政党の変化を，フェミニズムの定着とみる点が非常に特徴的な議論である。

　最後に，同じく女性の労働力としての需要が高まったことを受けて，保守政党を中心としたエリートは，女性の労働力化に関わる政策についてのみ，積極的に推進しているという主張もある（堀江2016, 2017）。たとえば，堀江孝司は安倍政権の「女性活躍」に関連する政策や主張を分析し，「女性活躍」とは一義的には労働市場での活躍を指しており，女性の労働力供給に寄与する政策のみが重点的に打ち出されていることを明らかにした。裏を返せば，女性や家族に関わる政策の中でも，女性の労働力供給になんら寄与しないもの――たとえば，選択的夫婦別姓――については一貫して反対していると指摘している。2000年代の初めにジェンダー・バックラッシュの支持者のひとりであった安倍晋三は，「『リベラル』ぶっている」（堀江2016: 24）わけではなく，本気で女性の「活躍」を目指している。しかし，その主眼は女性の労働供給を増やすことであり，実質的平等の実現やジェンダー平等という価値を重視するためではない，とい

7　瀬地山角は，安倍政権の「女性活躍」の本気度を測る指標として，選択的夫婦別姓制度の導入，配偶者控除の廃止，年金の第3号被保険者制度の廃止の3つを挙げている（瀬地山2014）。

うのである（堀江 2016, 2017）。この議論は，エリートの変化を女性の労働力としての需要の高まりという経済的な要因によって説明し，イデオロギーの変化によるものとはみなさない点で大嶽（2017）と共通する。しかし，エリートの変化を平等認知の変化やフェミニズムの定着の結果とみなさない点で，先の議論と決定的に異なる。

　以上の3つの議論は，保守政党が女性やジェンダー平等が関わる問題についてどのように態度を変化させているのか，またその変化がイデオロギーや平等認知の変化を伴うものであるか，という点で見解が異なっている。

問いと分析課題

　それでは，エリートの女性やジェンダー平等に対する態度は，40年間でどのように変化したのであろうか。また，それはイデオロギーや平等認知とどのような関係があるのであろうか。具体的な分析課題は，以下の2つである。すなわち，① 1980年と2018-19年の2時点において，エリートは，女性やジェンダー平等に対してどのような態度をとるのか。また，2時点間でどのような違いがあるのか。② 1980年と2018-19年の2時点において，エリートの女性やジェンダー平等に対する態度は，イデオロギーや平等認知とどのような関係にあるのか。また，2時点間でどのような違いがあるのか，である。

ジェンダー平等に関わる設問

　具体的な分析の前に，女性やジェンダー平等に関わる設問を確認しよう。まず，1980年調査における設問の中核は，現状の男女間の不平等をどのように認識しているかという平等認知（以下，「男女間の平等認知」）を明らかにする問いと（問1⑤），「一般に女性は家にいて子供を育てるのがよい」と「男性と同様に職業をもつのがよい」という対からなる，再生産と女性の労働力化への態度（以下，「女性も職業をもつ方がよい」）を明らかにする問いである（問3⑭）[8]。それらに加え，労働分野における男女間の実質的平等への態度を問うものとして，「より高

8　いずれの調査においても，家庭における再生産活動と市場における労働のどちらを重視するかについて，対にする形式で尋ねている。この問題点については，結論を参照されたい。

い地位やよりよい職業に女性をふやすために雇用の割当制をとるべきである」
と「雇用や昇進はもっぱら能力に基づいて行われるべきである」の対からなる
設問（以下，「女性の雇用の割当制」）がある（問 3 ⑬）[9]。

　また，2018-19 年調査は，「男女間の平等認知」（問 1 ⑦），「女性も職業をもつ
方がよい」（問 11 ⑫），「女性の雇用の割当制」（問 11 ⑪）という意見への賛否を尋
ねている点で，1980 年調査と共通している。それらに加え，政治分野における
ジェンダー平等への態度を尋ねているのが，2018-19 年調査の特徴である。ま
ず，政治分野におけるジェンダー規範を問う設問として「一般的に，男性の方
が女性より政治の指導者として適している」（以下，「女性も指導者として適格」）（問
10 ⑩），議会における実質的平等を達成するための手段として「女性の国会議員
を増やすため，割当制を導入すべきだ」（以下，「国会議員の割当制の導入」）（問 9 ④）[10]
という意見への賛否も尋ねた。さらに，女性の労働力化には寄与しないが，伝
統的な家族のあり方に関わる「選択的夫婦別姓の導入」への賛否も重要な争点
として質問に加えた（問 9 ⑫）。なお，2018-19 年には有権者に対する調査も行っ
ているため，必要に応じて言及をする。

3　エリートの女性やジェンダー平等に対する態度とその変化

　それでは，エリートは女性やジェンダー平等に対して，どのような態度をと
るのであろうか。**図 5-1** はそれぞれの設問への回答について，グループごとに平
均値を示した結果である。「女性の雇用の割当制」「国会議員の割当制の導入」
「選択的夫婦別姓の導入」については，調査では値が大きいほど強く反対となる

9　なお 1980 年調査には，「女性の職業選択の幅を広げるため，女性保護特例は全て撤廃すべ
　きである」と「女性には家事，育児の負担が多いから必要最小限の保護特例は維持すべき
　である」の対を含む設問があるが，これにはワーディングの問題が指摘されていたため，
　本章では使用しなかった。また，「女性の能力にふさわしい職を得る」（問 3 ⑫），「女性は
　職業人として信頼できる」（問 2 ①），「男女雇用機会均等法を制定すべき」（問 2 ②）とい
　う意見に対する態度も尋ねているが，詳しくは，三宅（1985b）を参照されたい。
10　なお 2018-19 年調査では「女性の地方議員を増やすため，割当制を導入すべきだ」（以下，「女
　性の地方議員の割当制」）（問 9 ⑨）という意見に対する賛否も尋ねているが，女性の国会
　議員の割当制に対する態度とほぼ同一の結果であるため，図表には示していない。

図5-1　女性やジェンダー平等に関する項目のグループ別平均値

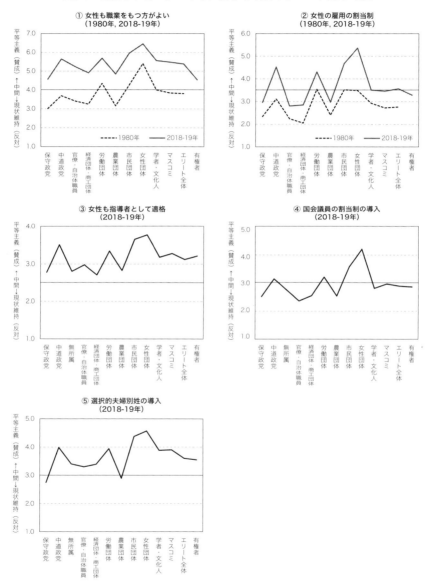

註：それぞれのグループの詳細については，**第3章**の脚注4を参照。また，革新政党は2018-19年調査において，*N*が10を下回る項目があったため図には示していない。**図5-2**と**図5-3**についても同様である。
出所：エリートは，1980年調査と2018-19年エリート調査から，有権者は，①は2018年有権者ウェブ調査，②〜⑤は2019年有権者調査から筆者作成。

よう設問したが，本章では値が大きいほど強く賛成となる尺度にリコードして示している。縦軸の実線は中間を示している。

　まず，女性の労働力化や労働市場における実質的平等の実現に関わる「女性も職業をもつ方がよい」「女性の雇用の割当制」から検討を始めよう。「女性も職業をもつ方がよい」をみると，1980 年にはグループごとに意見の違いがあったが，2018-19 年にはすべてのグループが賛成していることがわかる。これは，1980 年に女性が職業をもつことに反対していた── つまり，再生産活動を重視し，基本的に女性は家庭で子育てをするべきだと考えていた── 保守政党，中道政党，官僚・自治体職員，経済団体・商工団体，農業団体，マスコミが，女性の労働力化を認め，促す方向に変化したためである。また，1980 年の時点で女性も働くことに賛成していた女性団体，労働団体，市民団体，学者・文化人も，いっそう賛成の方向に変化をしている。保守政党を中心としたグループが，女性に求める役割として，家庭での再生産活動と市場での労働を天秤にかけ，後者をより重視する立場に転じたことがわかる。なお，ここではグループごとの平均値を示したが，グループごとの回答の分布をみても，各グループの一部が女性の労働力化に強く反対しているという傾向は確認されなかった。その点については，他の項目でも同様である。

　また，「女性の雇用の割当制」をみると，1980 年にはすべてのグループが導入に賛成していなかったが，2018-19 年にはグループごとに立場の違いが生まれている。これは，1980 年には割当制の導入に賛成しておらず，基本的に雇用や昇進はどちらかといえば能力に基づくべきと考えていた女性団体，市民団体，労働団体がその導入に賛成するようになった一方で，保守政党，中道政党，官僚・自治体職員，経済団体・商工団体，農業団体，学者・文化人，マスコミについては，やや賛成の方向に変化をしながらも，なお導入に消極的であるために生じたものである。つまり，1980 年には女性が働くこと自体に立場の違いがあったのに対して，2018-19 年には総論として女性が働くことには賛成しつつ

11　なお，1980 年には男女間の形式的平等の実現に関わる「男女雇用機会均等法の制定」が対立争点となる状況であったから，割当制の導入が対立争点にすらならないのは自然であるだろう（三宅 1985b）。

も，積極的差別是正措置をとってまで実質的平等を実現する必要があるのかについて議論が分かれている。

このような総論賛成・各論反対という傾向は，2018-19年の政治分野でもみられる。すなわち，「女性も指導者として適格」という意見に対してはすべてのグループが賛成するものの，平等を実質化するための「国会議員の割当制の導入」については，保守政党を中心とするエリートが反対し，女性団体を中心とする対抗エリートが賛成する。中道政党，労働団体，学者・文化人，マスコミは中間の前後に位置する[12]。

最後に，家族のあり方には関わるが，女性の労働力供給には関わらないという点で，エリートの女性政策への「本気度」をはかる最大のポイントであるといわれる「選択的夫婦別姓の導入」についてみてみよう。この点については，やはり保守政党と農業団体が導入に賛成していない。この設問は5件法で回答を得て，保守政党は2.7点，農業団体は2.9点であるから，きわめて中間に近い点には留意しなくてはならないが，他のグループが賛成をしているだけに同時代的には際立っている。この結果からは，保守政党が，女性が働くことには賛成するものの，伝統的な家族のあり方の変革は積極的には志向していないことがうかがえる。

なお，2018-19年の有権者のジェンダー平等に対する態度は，エリート全体の平均値とほぼ同一であるが，「女性も職業をもつ方がよい」と「女性の雇用の割当制」については，エリート全体の平均値よりもやや慎重な立場をとる。女性の労働力化や地位の向上に関わる争点では，エリートがより主導的な立場にあることが推察される。

したがって，この40年間での最も大きな変化は，女性が働くことについてエリートと対抗エリートの間に合意が形成されたことにある。ただし，女性の労働市場への参加を容認したうえで，積極的差別是正措置を講じてまでより責任のある役職や，しかるべき職業に女性を登用するかという点については，立場が分かれる。具体的には，保守政党，経済団体・商工団体，官僚・自治体職員，

12　なお，「国会議員の割当制の導入」については官僚・自治体職員が，「女性の雇用の割当制」については経済団体・商工団体が，それぞれ最も強く反対している。

農業団体などからなるエリート・グループが，導入に反対している。また，選
択的夫婦別姓などの，女性の市場労働への参加にかかわらず，伝統的な価値観
に抵触しうる争点についても，保守政党や農業団体は必ずしも賛成していない。
つまり，エリート・グループの態度の変化は，女性の労働力化の推進という形
で観察され，割当制の導入など実質的平等の実現については，目立った態度の
変化がみられないのである。

4　保革イデオロギー／平等認知との関係

　それでは，このようなエリートの女性やジェンダー平等に対する態度とその
変化は，イデオロギーや平等認知とどのような関係にあるのであろうか。図5-2
には，イデオロギー（横軸）と「女性も職業を持つ方がよい」「女性の雇用の割
当制」（縦軸）への回答の平均値をグループごとに示している。
　まず，「女性も職業をもつ方がよい」とイデオロギーとの関係をみていこう。
1980年には，自らを保守的であると認知する保守政党，経済団体・商工団体，
農業団体，官僚・自治体職員というエリート・グループが女性も職業をもつこ
とに反対し，自らを革新的であると認知する女性団体，市民団体，労働団体な
どの対抗エリートが女性も職業をもつことに賛成するという関係にあった。し
かし，エリート・グループは2018-19年にはイデオロギー的には保守的なまま
でありながら，女性も職業をもつことに賛成の立場に転じる。つまり，本調査
から把握できる限りでは，保守政党を中心としたエリート・グループがいっそ
う右傾化し，女性に求める役割として家庭でのケア労働を重視するようになっ
たということはいえない。またそれとは逆に左傾化し，女性の労働力化を重視
するようになったということもいえない。むしろ，イデオロギーの面からみる
と保守的なままで女性の労働力化に賛成するのが，ひとつの特徴である。
　次に実質的平等の実現に関わる，「女性の雇用の割当制」とイデオロギーとの
関係をみていこう。1980年には，程度の違いはあるものの，自らを保守的であ
ると認知する保守政党，経済団体・商工団体，農業団体，官僚・自治体職員と
いうエリート・グループだけでなく，自らを革新的であると認知する女性団体，

図5-2　保革イデオロギーと女性やジェンダー平等に対する態度

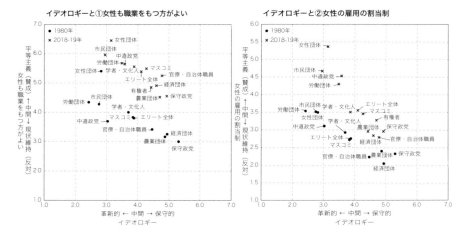

出所：エリートは 1980 年調査と 2018-19 年エリート調査から，有権者は①は 2018 年有権者ウェブ調査，②は 2019 年有権者調査から筆者作成。

図5-3　男女間の平等認知と女性やジェンダー平等に対する態度

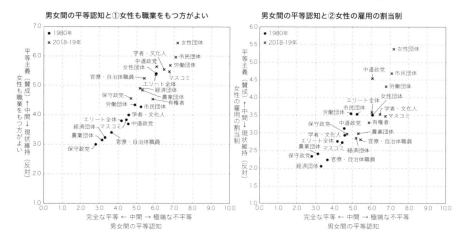

出所：エリートは 1980 年調査と 2018-19 年エリート調査から，有権者は①は 2018 年有権者ウェブ調査，②は 2019 年有権者調査から筆者作成。

市民団体，労働団体などの対抗エリートも導入に賛成はしていなかった。一方2018-19 年には，保守的なエリートが変わらず導入に反対しているのに対して，革新的な対抗エリートが総じて導入に積極的な立場に転じた。つまり，実質的な平等の実現をめぐる変化は革新的な対抗エリートの間で主として生じており，保守的なエリート・グループは変化に乏しいことがわかる。保守的なエリートの態度からは，女性に働くことを促しつつも，割当制を導入して積極的に不平等を是正しようという姿勢をみてとることはできない。革新的な対抗エリートが実質的平等の実現にねらいを定めたのに対して，この点で保守的なエリート・グループの動きは鈍く，あくまで女性の労働力化がねらいであることがわかる。

　さらに，平等認知との関係をみていこう。**図 5-3** には，「男女間の平等認知」（横軸）と「女性も職業をもつ方がよい」「女性の雇用の割当制」（縦軸）への回答の平均値をグループごとに示している。男女間の平等認知については，調査では値が大きいほど平等になるよう設問したが，本章では値が大きいほど不平等となる尺度にリコードして示している。まず，「女性も職業をもつ方がよい」からみていこう。保守政党を中心としたエリート・グループは，1980 年には男女間は平等であると認知しており，また女性の労働力化には慎重な態度をとっていた。女性団体が，社会には不平等があり女性の労働力化にも賛成するのとは対照的である。市民団体と労働団体は，中間の前後に位置している。2018-19年には，保守政党を中心としたエリート・グループは，中間寄りにシフトしつつも 1980 年と変わらず男女間は平等であるという認識をもちながら，女性も職業をもつことについては賛成に転じている。ここからは，保守政党の立場は変化したが，平等認知の変化を伴うものではないことがわかる。

　「女性の雇用の割当制」との関係は，どうであるだろうか。保守政党を中心としたエリート・グループは，1980 年には男女間は平等であると認識しており，割当制の導入にも反対であった。また，女性団体を除く対抗エリートたちも，同じく 1980 年には——エリート・グループほど極端ではないものの——社会はある程度平等であり，割当制の導入にも積極的ではなかった。エリート・グループと対抗エリートのいずれも男女間に極端な不平等はないからこそ，積極的に不平等を解消するための割当制の導入は必要ないと考えていたのかもし

れない。

　この点について，2018-19年に変化をみせたのが，対抗エリートたちである。1980年に男女間に極端な不平等はなく，割当制にも賛成はしていなかったこのグループは，2018-19年には男女間には不平等があると認識を変化させ，割当制の導入に賛成する立場に転じる。これと比較して，動きが鈍いのがエリート・グループである。とりわけ，保守政党は中間寄りにはシフトしたものの1980年と変わらず社会は平等であると認識しており，割当制の導入にも慎重な立場を崩していない。

　以上の結果からは，まず女性の労働力化の推進という形で観察されたエリートの変化は，イデオロギーの変化を伴うものではないことがわかる。エリート・グループはイデオロギー的には一貫して保守的なままで，女性の労働力化を求めている。ただし，保守的なグループが，いっそう右傾化したという事実もなかった点は重要である。また，保守政党については，この40年間で――中間寄りにはなったものの――平等認知が目立って変化していないのも特徴的である。割当制の導入に積極的でないのは，社会における男女間の不平等を認知していないためかもしれない。対抗エリートたちが，平等認知と積極的差別是正措置のいずれについても平等主義に転じたのとは対照的である。

5　おわりに

　本章では，女性やジェンダー平等への態度に焦点を当てた。具体的には，女性やジェンダー平等が関わる問題により積極的なのはどのようなエリートなのか，それは1980年以降の40年間でどのように変化したのかを検討した。また，その変化とイデオロギーや平等認知との関連についても検討をした。得られた知見は以下の通りである。

　　①　保守政党，経済団体・商工団体，農業団体などからなるエリート・グループの態度の変化は，女性の労働力化を積極的に容認するという形で観察された。実質的平等の実現に関わる「女性の雇用の割当制」の導入については，40年間で賛

成の方向に変化しつつも，2018-19年においても中間の前後に位置していた。女性団体，市民団体，労働団体などからなる対抗エリートが，2018-19年に「女性の雇用の割当制」の導入について賛成に転じたこととは対照的である。

② 「選択的夫婦別姓の導入」など，女性の市場労働への参加にかかわらず，伝統的な価値観に関わる争点についても，保守政党や農業団体の態度は中間に近い。

③ ただし，「女性も職業をもつ方がよい」と「女性の雇用の割当制」のいずれについても，保守政党を中心としたエリート・グループは中間から賛成方向に変化している。平均的には，反対の方向に変化した項目はなかった。

④ 保革イデオロギーとの関係を分析した結果からは，保守政党を中心としたエリートが，1980年と2018-19年のいずれも変わらず自らを保守的であると認識しているが，この40年間で女性の労働力化賛成に転じたことが示された。

⑤ 平等認知との関係を分析した結果からは，保守政党が —— やや中間寄りに認識を変化させつつも —— 1980年と2018-19年のいずれでも変わらず，男女間に深刻な不平等はないと認識しながら，この40年間で女性の労働力化賛成に転じたことが示された。つまり，女性の労働力化を求める保守政党の変化は，目立った平等認知の変化を伴うものではなかった。また，男女間に深刻な不平等はないと認識している保守政党は，一貫して割当制の導入にも慎重な立場をとっていた。女性団体を中心とした対抗エリートが，男女間に不平等の存在をより深刻に認知し，女性の労働力化にも割当制の導入にもより積極的になったのとは対照的である。

ここまでの結果から得られる示唆は，以下の3点である。

第1に，女性やジェンダー平等の実現が関わる問題の解決をより積極的に推進する態度をとるのは，1980年と同じく女性団体を中心とした対抗エリートたちである。保守政党を中心としたエリートたちは，女性の労働力化を中心に態度を変化させつつあるものの，いかなる項目についても対抗エリートよりも平等主義的な態度をとるとはいえなかった。

第2に，しかしながら，少なくとも意識レベルでは，保守政党が右傾化し，それに伴ってより女性の家庭におけるケア役割を重視し始めたと呼べるような変

化もみられなかった。保守政党は，女性の役割として再生産活動と市場における労働を天秤にかけ，後者を選択したのである。

　第3に，保守政党を中心としたエリートたちの変化が女性の労働力化に特化したものであり，男女間の実質的平等の実現をねらったものではなかった点，また平等認知の変化を伴うものでもなかった点からは，保守政党を中心としたグループの変化が，女性労働力の需要の高まりという経済的な要請を受けて生じたものであり，フェミニズムの定着を受けて生じたものではないことが示唆される。男女間の不平等の告発や実質的平等の実現は，1970年代以降のフェミニズムの一貫した主張のひとつである。そのため，実質的平等の実現に慎重な段階では，フェミニズムが不可逆的な流れとして日本政治の中に組み込まれたということは難しいだろう。

　ただし，本章の分析に残された課題は少なくない。とくに大きいものが，調査の項目に関わる問題である。今回の調査では，家庭における再生産活動と市場における労働のいずれを重視するかについて，対にする形で尋ねている。しかし実際には，両者は二者択一ではなく，ふたつの両立こそが大きな問題（セカンド・シフトの問題など）となっている。家庭における再生産活動と市場における労働のそれぞれについての意識を問うことは，今後の課題としたい。

第**6**章

世代間平等

──「シルバー民主主義」の実像──

遠藤 晶久

1 はじめに

少子高齢化と若年層の低投票率が結びつけられ，現代日本政治はシルバー民主主義としてしばしば描出されている（八代 2016; 島澤 2017; 寺島 2017）[1]。とりわけ，18 歳選挙権が導入されて初めての国政選挙であった 2016 年参議院選挙を契機に，このような構図は注目を集め，選挙啓発の場でも，新有権者に対して投票を促す意図から積極的に共有されている[2]。

シルバー民主主義論は，近年の若者の投票率の著しい低さとそれに対する高齢層の投票率の高さのギャップを指摘したうえで，政治家は「票にならない」若者を見限り，高齢層に配慮した政策を追求するため，若者の利益は実現されないと論じる。さらに，そういった議論の背景には，少子高齢化という人口構造が存在しているのはいうまでもない。高齢者志向型の福祉国家である日本において（Lynch 2006），そもそも少子高齢化の進展は現役世代の負担を増加させており，投票率の世代間ギャップによってそのような負担は増大していくということを指摘する。

---

1 年齢と民主主義のあり方については，Cutler（1977）や内田（1986），内田・岩渕（1999）がある。
2 たとえば，明るい選挙推進協会の雑誌『Voters』54 号（2020 年 2 月）の特集が「シルバー民主主義を考える」であったことからも，この議論が選挙啓発の場において注目を浴びていることを示している。ただし，その号の論考すべてがこの議論を支持しているわけではないことも留意されたい。

　このような見方によれば，現代日本社会において世代間での利益対立が生じており，投票率のギャップによって世代間の不平等が発生していると考えられている。世代間の不平等については，社会保障の側面からその程度が検討され，高齢層に比べて現役世代の受益が少ないことが指摘されてきた（たとえば，島澤2017; 佐藤2019）[3]。しかし，シルバー民主主義に対する警鐘の大きさに対して，政治的意見について世代間での相違が大きいのかや投票率の世代間ギャップが政治過程を経て世代間不平等を形成しているのかについて実証的な分析はそれほど多くない。さらにいえば，有権者の間で世代間不平等という見方が広がっているのかについても検討が十分にはされていない[4]。

　本章では，現代日本における世代間平等に関する認知を検討する。その際に，2018年と2019年に実施されたエリートと有権者の平等観調査のデータを分析する。有権者における認知を明らかにするだけでなく，エリートについても検討することで，有権者レベルでの問題意識がどの程度，エリートと共有されているのかを明らかにする。

　本章では，次節で現代日本における世代間不平等の研究について概観し，分析する質問項目の説明をする。第3節で有権者調査のデータを用いて分析をした後，第4節で有権者調査とエリート調査を比較しながら両者における世代間平等認知の異同について明らかにする。

2　現代日本における世代間不平等

　少子高齢化が急速に進む日本社会においては，社会保障制度を通じて世代間での受益と負担の不均衡が生じていると考えられる。年金の財源問題がつねに政治的火種として重荷となって存在している一方で，子育て支援などの若年層向けの福祉政策のあり方に対する不満も広がっている。Lynch（2006）によれば，イタリアと並び，日本は社会保障支出に占める老齢年金の支出が多い高齢者志

3　本章では，様々な側面における日本の不平等と比較しながら論じるため，世代間格差ではなく世代間（不）平等という用語を用いる。

4　例外として，島澤（2017），遠藤（2018, 2019），松林（2018），Umeda（2020）がある。

向の福祉国家である。そのため，年金受給人口の増大と現役世代の減少が同時
に訪れる少子高齢化社会では，受給のバランスが崩れやすく，多大な影響を受
けやすい。

　実際に，厚生年金における生涯保険料の額と生涯受給額の差である純受給額
を試算した鈴木（2012）によれば，2020年時点で80歳である1940年生まれは
3,460万円，65歳である1955年生まれが970万円を受給することになる。つま
り黒字を意味する。国民皆年金の制度が整備されたのが1961年であることから，
1940年生まれで純受給額が大きいのは理解できよう。しかし，2020年時点の
55歳である1965年生まれになると，-40万円と赤字になり，その後の出生であ
ればあるほどその赤字額が大きくなっていく。2020年時点の20歳である2000
年生まれであれば，純受給額は-2,610万円と試算される。

　年金に限らず，政府財政や社会保障といった観点も含めて世代間不平等を検
討するのが世代会計である。島澤（2017）は，2015年時点における生涯純受益
額を推計しているが，当時の75歳以下はすべて負の値をとる。しかし，厚生年
金とは異なり，年齢とともに線形に赤字が積み重なるというものではなく，65
歳以下の世代では，生涯純受益額は-2,700万円台から-3,900万円台の間である
程度は一定となる。

　このように社会福祉研究は，現行の制度の抱える世代間不平等の様相を明ら
かにしている。現在の制度の下では，少子高齢化は受益と負担の世代間の不均
衡を悪化させるため，その結果，制度変更が提案されるが，実現をみてはいな
い（島澤2017）。

　このような状況において，有権者はどの程度，世代間平等を認知しているか，
さらに，そのような認知がどの程度エリートと共有されているかを明らかにす
ることが本章で取り組む課題である。すなわち，有権者とエリートの認知の異
同を検証する。

有権者は世代間対立を認識しているか
　そもそも有権者が世代間の利益の対立をどのようにみているかについてもそ
れほど多くの先行研究があるわけではない。遠藤（2019）では，2012年に実施さ

れたウェブ調査（Waseda-Web2012）データを分析し，日本の有権者の間では，世代間対立の認識はそれほど強くはなく，労使対立や経済格差対立のほうが多くの人に認知されていることを示した。2018 年に実施された郵送調査（世代と選挙に関する世論調査）でも同様の傾向が確認されるものの，30 代以下では経済格差対立よりも世代間対立を認識している人数が多く，50 代以上になると経済格差対立のほうを深刻に考える割合が大きいという傾向がある[5]（図 6-1）。

　福祉に対する態度はその国の制度的コンテクストに依存するという視点からいえば（Busemeyer, Goerres, and Weschle 2009），高齢者志向の福祉国家である日本においても，世代間不平等が認識されているはずである。実際，Sabbagh and Vanhuysse（2010）は，社会民主主義レジームや自由主義レジームにおいてよりも，保守主義レジームの福祉国家において世代間不正義を認識しやすいという分析結果を示しているが，図 6-1 はこの議論をサポートしているようにもみえる[6]。

　そこで，本章では，若い有権者ほど世代間不平等を認知しやすいという仮説を立てる。エリート調査によると，教育，雇用，社会保障ほどではないにせよ，世代の面では日本社会は比較的，平等的であるという考えがエリートの間に存在する（竹中・遠藤 2020）。同時期に行った 2018 年有権者ウェブ調査では，世代間平等の認知は，他の面での平等と比べても，平均的な数字である（竹中・遠藤2020）。すなわち，世代間対立は社会全体でいえば中心的な利益対立とまではいえず，そういった意味では，図 6-1 の結果とも整合的といえる。ただし，年齢

5　この調査は，JSPS 科研費 16H05949 の助成を受けて 2018 年 7 月から 8 月に実施した郵送調査である。全国の 18 歳以上の有権者を対象に，選挙人名簿から層化二段無作為抽出で 4,000 名を選んだ。回収率は 46.0% である。具体的な質問項目は以下の通り。「どんな国でも異なる社会的な集団の間では意見の相違があり，強く対立している場合もあります。日本の場合，a〜d のような集団の間ではどうなっていると思いますか」。a から d は，「貧しい人と豊かな人」「経営者と労働者」「都市在住者と地方在住者」「若者と年輩の人」の 4 つであり，選択肢は「とても強く対立している」「ある程度強く対立している」「あまり強く対立していない」「全く対立していない」である。図は，前二者を合計した割合を年齢ごとに比較したものである。

6　ただし，欧州 4 か国を比較した Blome, Keck, and Alber（2009）において，場合によっては，フランスのように，若年層のほうが世代間対立を認識していない国もある。フランスの例は，Sabbagh and Vanhuysse（2010）とは相容れない。

図6-1　社会における集団対立（2018年）

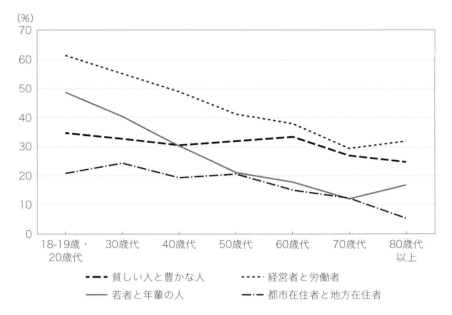

出所：世代と選挙に関する世論調査。

ごとに平等認知を検討していないことやウェブ調査を用いている点など，竹中・遠藤（2020）も課題を抱えている。

　本章の対象は，世代間平等認知であるが，分析の際には，現代日本社会における総合的な平等度合いに関する見方を補助線にして検討する。というのも，世代間平等のみを検討した場合，それが平等に対する認知一般でみられる現象か，世代間平等に限った特徴かが判断しにくいからである。そのうえで，エリートと有権者の比較を行うことで，有権者の認知が政策決定過程に影響を及ぼす人たちの認知とどのように異なるかを明らかにする。

　さらに，世代間の平等認知だけではなく，世代間対立が先鋭化しやすいともいえる年金制度に対する態度についても，シルバー民主主義的な状況が生まれているのかについて検討を加える。老齢年金は，日本の社会保障支出の大部分を占めるが，そのあり方については議論が続いており，受益と負担のバランス

をとる方策として，給付の削減とともに財源の確保が課題となっている。シルバー民主主義論が正しければ，年金制度に対する意見は若者と高齢者の間で大きく異なり，エリートたちは高齢者の意見に近い立場をとるであろう。

データ

　本章で注目するのは「若年者と高齢者という世代の面」での日本社会の平等度合いに対する評価である（有権者調査 問2⑨，エリート調査 問1⑩）。これを「世代間平等認知」とする。また，比較のために「総合的に見て現代日本社会」に対する評価も取り上げ，これを「総合的な平等認知」とする（有権者調査 問2①，エリート調査 問1①）。いずれも数字が大きいほど平等であるという認知を意味する。

　年金制度に対する態度については，AとBの選択肢のどちらが回答者の考えに近いかを尋ねる以下の質問を用いる（有権者調査 問3（2），エリート調査 問13（4））。AとBはそれぞれ「A 公的年金制度の将来的に安定した財源を確保するために，保険料率を上げるべきである」「B 公的年金制度については，全ての世代が同じように負担するために，消費税率を上げるべきである」である。これらは，現在の公的年金制度がいずれにせよ財源の拡充が必要なことを認めたうえで，どのようにその負担を分配するかを問うている。つまり，公的年金が有している世代間不平等的な側面を示唆したうえで，その財源を現役世代が保険料によって負担するか，全世代が消費税率で負担するかを尋ねている。選択肢は「Aに近い」「どちらかといえばA」「どちらかといえばB」「Bに近い」の4択で，Bに近い，すなわち消費税負担支持ほど数字が大きい。

　年齢をどのように区切るかは様々な考え方がある。本章では，基本的には10歳刻みで分析を行う[7]。高齢者と言ったときに，現在では65歳と区切られるため，10歳刻みでは60歳代に高齢者と非高齢者が混在するという問題があるが，直感的な解釈の容易さを優先してこの分類とした。

---

[7]　ただし，18歳と19歳は人数が少ないので20歳代に含める。年齢別の回答者数は，74（18〜29歳），104（30歳代），123（40歳代），120（50歳代），148（60歳代），158（70歳代），58（80歳以上）である。

3　有権者は世代間不平等を認知しているか

　最初に，有権者全体でみた平等認知について確認をする。**図6-2** は，それぞれの側面における日本社会の平等度合いの評価について，平均値が大きい順に並べたものである（有権者調査 問2）。ウェブ調査の結果と比べると，いずれも数値が低い（竹中・遠藤 2020）。最も平等だと認知されているのは政治参加の機会であるが，それ以外の平均値はすべて 5 よりも小さいので，「不平等」と考えられていることになる。2 番目に高いのは教育機会で，現代日本社会の総合的な評価も 4.31 と比較的高い平均値となっている。

　この図から，世代間不平等を有権者が深刻に捉えていることが推測される。世

図6-2　有権者の平等認知の平均値

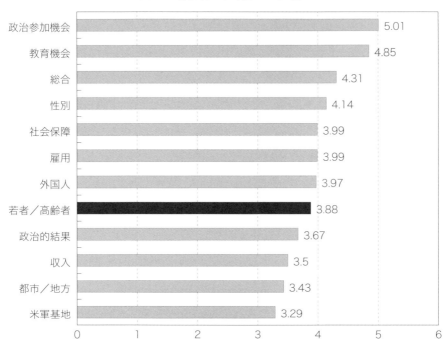

註：0= 極端な不平等，10= 完全な平等。
出所：有権者調査。

代間平等はグラフの黒に示した部分で，12項目中，5番目に不平等だと考えられている。なお，世代間の問題とも関連する社会保障の面での平等については5番目に平等（8番目に不平等）と考えられている。

　次に，年齢別に平均値を算出し，折れ線グラフにしたのが**図6-3**である。すべての面の平等認知について図示はしないが，ほとんどの項目で，若年層のほうが不平等と評価しており，高齢層ほど平等と認知している。

　総合的な平等について確認をすると，高齢層ほど5に近い平均値となり，ある程度は平等な日本社会を頭に描いていることがわかる。他方で，若年層の平均値は4付近であり，両者の間の差は大きい。世代間平等についてみると，高齢層と若年層の差はさらに広がる。80歳以上は4.75と平等に近い認知であるが（12項目中，上から5番目の高さ），20歳代になると3.47とその差は1.28となる（12項目中，上から8番目の高さ）。他の面と比べても，世代間平等は年齢別のギャップ

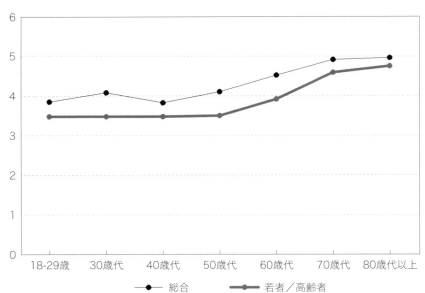

図6-3　有権者の平等認知の平均値，年齢別

註：0＝極端な不平等，10＝完全な平等。
出所：有権者調査。

が最もある項目となる[8]。その意味では，若い有権者ほど世代間不平等を認知しやすいという仮説は支持をされたといえよう[9]。

　ただし，さらに特筆すべきは，若年層と高齢層のギャップが大きいにもかかわらず，20 歳代から 50 歳代までの平均値はほぼ変わらず横一線となり（30 歳代3.47，40 歳代 3.48，50 歳代 3.48），60 歳代から急激に上がることである。つまり，世代間平等認知に関していえば，若者対高齢者というよりは現役世代対高齢層という構図になっているのである。

世代間平等認知は他の平等認知と結びつくか

　次に，世代間平等認知が，他の平等認知とどの程度関連しているのかについて確認していこう（**表 6-1**）。表は，世代間平等認知と各側面の平等認知との相関係数を年齢グループごとに推定しまとめたものである。

　これをみると，高齢層ほど，すべての項目との相関が高くなることがわかる。つまり，日本社会における平等度合いについては様々な側面をそれほど区別をせずに認知していると考えられる。

　他方で，年齢が低くなるほど相関係数は小さくなっていく。ここでは，興味深い点を 2 つ指摘しておきたい。第 1 に，相関係数が小さい項目が多い中で，18歳から 40 歳代までの 3 つのグループで，世代間平等認知との相関係数が最も高いのは社会保障に関する平等認知であるという点である。このことは，若年層の世代間平等認知が社会保障制度に対する見方と密接に関連していることを示している。

　第 2 に，政治参加機会の平等認知と世代間平等認知の相関係数が 18 〜 29 歳と 30 歳代では統計的に有意でないということである。つまり，世代間不平等に関する認知は政治参加機会の平等の認知とは関連をしていない。さらに，それだけでなく 18 〜 29 歳では「政治参加の結果」に関する平等認知とも関係が認められなかった。これは，世代間不平等と政治的なパワーのギャップが結びつ

8　なお，性別に関する平等についても年齢別平均値の最小値と最大値には 1.28 の差があるが，これは 50 歳代と 70 歳代の差である。

9　1 歳刻みの年齢と世代間平等認知の相関は .238 で 5% 水準で統計的に有意である。

表6-1　世代間平等認知との相関，年齢別

	18-29歳	30歳代	40歳代	50歳代	60歳代	70歳代
総合	.280*	.301**	.356**	.338**	.466**	.568**
政治参加機会	.225	.185	.261**	.378**	.322**	.485**
政治的結果	.012	.285**	.393**	.417**	.414**	.471**
収入	.311**	.262**	.330**	.430**	.575**	.596**
雇用	.223	.306**	.377**	.511**	.476**	.596**
性別	.287*	.257**	.444**	.378**	.490**	.518**
外国人	.373**	.229*	.367**	.172	.440**	.525**
都市／地方	.270*	.421**	.369**	.311**	.591**	.630**
米軍基地	.315**	.369**	.216*	.168	.427**	.536**
社会保障	.425**	.433**	.445**	.420**	.519**	.573**
教育機会	.299**	.292**	.299**	.348**	.434**	.698**

註：*p < .05，**p < .01。
出所：有権者調査。

くシルバー民主主義的な見方を若年層自身が共有していないことを示唆する。

4　エリートと高齢者の認知，選好は一致するか

　次に，有権者とエリートの世代間平等認知がどの程度異なるかを検討する。ここでは世代間平等と総合的な平等認知のみを検討する[10]。

　エリート調査における各グループの平均年齢は，官僚・自治体職員で55.8歳，経済団体・商工団体で64.2歳，労働団体で54.3歳，農業団体で60.3歳，市民団体・NPOで67.9歳，専門家で60.0歳，学者・文化人で59.1歳，マスコミで54.6歳，保守政党で62.4歳，中道政党で55.9歳，革新政党で62.7歳だった。有権者調査の平均年齢が55.6歳であるので，エリート集団はそれよりは概ね高齢の傾向があるが，他方で，官僚・自治体職員，労働団体，マスコミなどはほぼ

10　エリート集団は，竹中・遠藤（2020）に倣い，官僚・自治体職員（N=113），経済団体・商工団体（N=232），労働団体（N=138），農業団体（N=76），市民団体・NPO（N=150），専門家（N=157），学者・文化人（N=145），マスコミ（N=111），保守政党（N=187），中道政党（N=34），革新政党（N=67）の分類を用いた。政党の分類については無所属を含めなかった。

図6-4　総合的な平等認知の平均値，グループ別

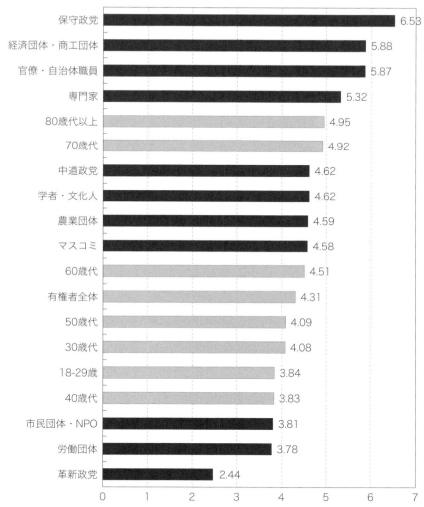

出所：エリート調査，有権者調査。

同じくらいの平均年齢である。ただし，有権者と比べて分散が小さいことはいうまでもない。

　まず，総合的な平等認知について各グループの平均値を確認する（**図6-4**）。有権者調査のデータも挿入し，グレーで示した。

図6-5　世代間平等認知の平均値，グループ別

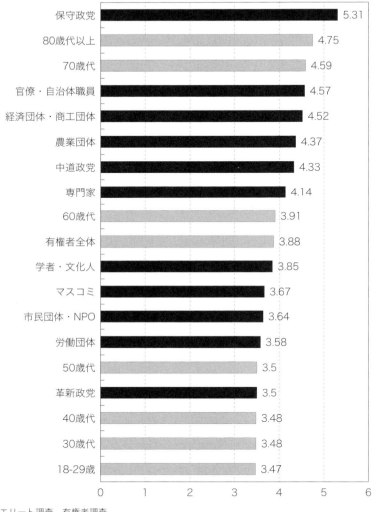

出所：エリート調査，有権者調査。

　総合的な平等認知をみると，保守政党，経済団体・商工団体，官僚・自治体職員，専門家では平均値が中間点の5を超えており，日本社会を平等な社会とみていることがわかる。これは，70歳以上の高齢層と似た認知であるが，それ

より下の世代からは遠く離れた認知である。若年層に近い認知は，市民団体・NPO，労働団体であり，革新政党はさらに厳しい。

　他方，世代間平等についても同様に平均値を図示したのが**図6-5**である。保守政党は世代という面でも日本社会を平等と評価していることがわかるが，他のグループはすべて不平等と認知している。保守政党に近い認知を有しているのは，やはり70歳以上の高齢層や官僚・自治体職員，経済団体・商工団体である。それに対して，世代間不平等について最も厳しい見方をしているのは50歳以下の有権者と革新政党である。しかし，革新政党は，世代間平等よりも総合的な日本社会における平等のほうを厳しく評価しており，その点では，若年層との認知にねじれがあるといえる。

　エリート集団それぞれの平均年齢は50歳代か60歳代であることを考慮に入れると，注目すべきは，有権者の50歳代，60歳代グループとの乖離であろう。総合的な平等認知については，平等にも不平等にもいずれの方向でも乖離があるわけだが，世代間平等認知については，エリート層が有権者と比べて平等側に位置している。世代間平等については，政策決定過程に影響力を行使するエリート層と有権者の間の認知の乖離を指摘できる。

年金財源問題をめぐるシルバー民主主義？

　最後に，年金制度に関する態度についての有権者－エリート比較を行ってみよう。**図6-6**は，年金財源について消費税での財源捻出を好む（「どちらかといえばB」「Bに近い」）と回答した者の割合である。

　エリートレベルで最も賛成率が高いのは中道政党であるが，その次には，**図6-6**で相対的に世代間格差を平等と評価していた保守政党，官僚・自治体職員，経済団体・商工団体が続く。労働団体も賛成率は高く，全体的にみれば，有権者よりも，賛成率の高いエリート・グループが多い。他方，賛成率が低いのは農業団体や市民団体・NPOといったどちらかといえば周辺的なアクターである。[11]

11　なお，年金制度の質問項目は簡易版の議員調査では削除されたため，回答者数が非常に少なく，革新政党に至っては1名しかいないため，参考程度の情報として掲載している（保守政党は23，中道政党は20）。

図6-6　年金財源のための消費税増税の賛成率，グループ別

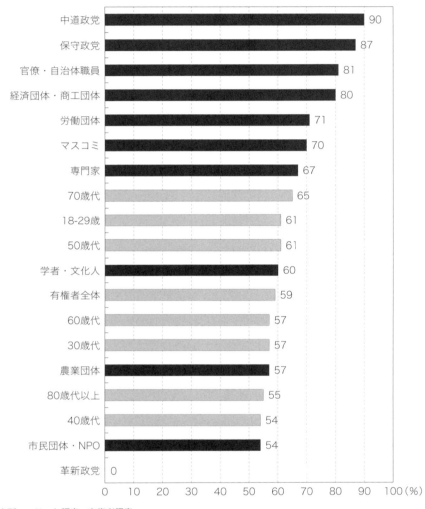

出所：エリート調査，有権者調査。

　それでは，エリート・グループは，シルバー民主主義論が提起するように，高齢者の意見と一致するのであろうか。**図6-6**をみると，消費税による財源を最も求めるのは70歳代であるが，その次は18〜29歳，50歳代である。反対に，

このような財源を求める割合が少ないのは，40歳代と80歳以上であり，年齢による一貫したパターンを示していない。

　つまり，世代間対立が最も生じやすいと考えられる老齢年金の財源問題についてですら，若年層と高齢層で意見が対立しているとは結論づけられないのである。政策選好のレベルまでみれば，現代日本政治がシルバー民主主義的な状況に陥っていると断定することは難しい。

5　おわりに

　シルバー民主主義という議論が多くの論者を魅了するのは，そのロジックの単純さゆえに説得力があり，危機感を煽りやすいからと思われる。しかし，理論的には起こりえることではあるものの，実証的な検証が必ずしも十分に行われていないことは問題であろう。シルバー民主主義は様々な観点から検証を必要としている。再分配効果という観点から不平等の存在を測定し，その度合いを明らかにするという試みももちろん貴重である。しかし，本章では，エリートと有権者の双方によって世代間平等がどのように捉えられており，どの程度，共有されているのかという点から，日本における世代間平等の問題について考察した。

　有権者調査とエリート調査の分析から明らかになったのは，世代間平等認知は有権者の中でかなりの程度広がっていることであり，同時に，年齢による大きな認知ギャップが存在することである。しかしながら，それは単純な若者対高齢者というよりは，現役世代対高齢者ともいえる特徴があった。[12]

　若者の間では世代間平等認知が社会保障に関する平等認知と結びついているものの，政治的結果に関する平等認知とは結びついていない。このことが示唆するのは，若者は，世代間の社会保障の受益と負担のバランスについてある程度客観的に把握し，評価しているものの，それを政治過程と結びつけるようなシルバー民主主義的な見方を必ずしもしていないということである。

12　なお，分析結果は割愛するが，年金制度に対する態度の分析では，若い有権者ほど，世代間不平等が政策態度と強く結びついている。

　エリートと有権者の比較でいえば，エリートのほうが総合的に現代日本社会を平等と認知する傾向がある。さらに，世代間平等についてはエリート集団の認知よりも現役世代のほうがずっと厳しい見方をしており，平等認知という点では高齢者はエリートと同様の見方をしているといえる。

　しかし，シルバー民主主義論が代表的な例として取り上げる年金制度をめぐる意見について分析すると，様相は一変する。そもそも政策選好の世代間対立は観測できず，そのため，エリートが高齢者の意向を反映していると結論づけられない。すなわち，世代間不平等を人々が主観的に認知していたとしても，それが政治過程を通じて本当に生じたものなのかについて，一定の留保をつける必要性を本章は指摘するのである。

　福祉政策が世論の影響を受けることは指摘されているが（Brooks and Manza 2007; 大村 2012），他方で，世代間の利益対立が必ずしも直線的に政策に影響を与えていないことは海外の研究でも示唆されている（Street and Cossman 2006; Busemeyer, Goerres, and Weschle 2009; Cattaneo and Wolter 2009; Lynch and Myrskylä 2009; Tepe and Vanhuysse 2009）。当然ながら，現代日本の世代間の受益と負担の不均衡は長年かけて形成されてきたものである。国民皆年金制度が導入されてから 60 年近く経ったが，高齢者志向の福祉国家はその間，着実に構築されていった。その背景には，現役世代の生活の保障を企業が担ってきており，政府は引退後の生活を中心に社会保障制度を整備してきたという経緯もある（宮本 2008）。さらに，Lynch（2006）は，高齢者志向はクライエンタリズムによってもたらされたものであって，世論による単線的な影響は受けにくいとも論じている。そもそも，日本の高齢者志向の社会保障制度は高度成長期に構築されていったが，その間，少子高齢化に直面しておらず，若者の低投票率も現在ほどの問題とはなっていなかったはずである。

　ただし，世代について考えるとき，若年か老年かという観点だけでなく，ある時代に生まれたグループを出生コーホートと捉える観点と峻別する必要があることに注意が必要である。というのも，年齢とある要因の間に関係があったときに，それがいつの時代でも同様にみられる現象なのか，それともその出生コーホートの特異性なのかが区別できないからである。今回の分析の場合，一

時点におけるクロスセクションのデータとなるので，この区別はつけられない
ことに留意されたい。人生の異なるステージにいることで生じる差（加齢効果）
と出生コーホートに基づく差（コーホート効果）を区別するためには，少なくとも
複数時点のデータが必要である。しかし，本章の扱うデータは 1980 年調査と対
になっているとはいえ，主要な関心である世代間平等については 1980 年調査で
は問われていないため，ここでは世代として年齢差と出生コーホートの違いを
考慮せずに論じた。このことは，本章の限界ではあり，異なる質問項目になる
かもしれないが他の調査データによる分析を必要とする。

第7章

平等価値の階層構造

──基底的平等価値の記述的分析──

鈴木　創

1　はじめに

　平等についての人々の価値観には，いくつかの水準があると考えられる。最も抽象的なレベルでは，平等という価値を総体としてどれだけ重んじるかというきわめて一般的な価値観があるだろう。最も具体的なレベルにおいて，人々は，不平等を是正するための政策への賛否のような，個別の問題に関する意見・選好を持つ。そして，これらの中間には，平等のいくつかの領域のそれぞれにおいて個別的な選好の背後にあり，それらを規定する価値観があると考えられる。本章は，このような平等価値の階層構造を想定し，主として中間のレベルの平等価値 ── 本章ではこれを基底的平等価値と呼ぶ ── を考察する[1]。

平等問題の諸領域

　現代の日本社会における平等問題を網羅的に論じることはできないが，今回の調査データで迫ることができる主要な領域を考えてみたい。第1に，平等の最も基本的な領域は，収入をはじめとする経済的な平等であろう。1980年代の「一億総中流社会」から2000年代以降の「格差社会」への変容を指摘する議論においても，格差の内容として問題とされるのは主として経済面での格差であ

1　本章のすべての分析は，2018-19年エリート調査（ただし中央調査社実施の議員調査を除く）および2019年有権者調査を用いて行った。

る。「一億総中流社会」,「格差社会」というイメージが現実を捉えているかについては議論の余地があろうが,たしかに近年のジニ係数や相対的貧困率は 1980 年代よりも増大しており,経済的な不平等は今日的な問題であり続けている。

第 2 に,男女平等の問題が挙げられる。1980 年代以降,男女雇用機会均等法,男女共同参画社会基本法,改正育児介護休業法,女性活躍推進法など,男女平等と女性の社会的活躍を推進する政策が打ち出されてきた。しかし,今なおジェンダー・ステレオタイプが解消されたとは言い難いし,女性の所得の低さ,管理職や政治家の少なさなども課題とされている。

男女平等をめぐる近年の動向として注目されるのが積極的差別是正措置である。入試や採用で女性の優遇措置をとる学校・企業・自治体が徐々に増え,努力義務にとどまるものの候補者男女均等法も制定された。しかし積極的差別是正措置には批判も多く,原則的には男女平等を進めるべきだと考える人の間でも,積極的差別是正措置には消極的な意見も強い。したがって,男女に関する平等価値は全体として単一の領域を形成していない可能性がある。

第 3 に,外国人に関わる平等問題があるだろう。在留外国人は長期的に増加しており,永住・定住者も増加傾向にある。政府も外国人労働者受け入れの施策を進め,近年,外国人労働者は急増している。こうした中で,日本では欧米でみられるほどの排外主義運動は顕在化していないものの,受け入れの推進自体に賛否があるし,外国人は法制度上,日本人とは異なる扱いを受ける。また,外国人は最もわかりやすいマイノリティであり,社会的にも不利な立場に置かれることが多い。

三宅ら (1985a) は 1980 年エリート調査のデータを使って因子分析を行い,「福祉国家」,「外国人問題」,「同和問題」,「性別と体制」,「配分の変更」の 5 因子を抽出している。このうち,「性別と体制」は女性に関する項目に加え,「私企業制は勤労者に不利な制度」という資本主義体制への評価にも強く影響する因子である。「配分の変更」はラディカルな不平等是正措置の是非に関する因子であり,その中には「女性のための雇用の割当制」も含まれる。今回の調査では,時代状況の変化や調査コストの観点から,女性のクオータ制を除くラディカルな平等化や私企業制の質問は含まれていない。したがって,データからも経済

的平等，男女平等，外国人に対する平等という基底的平等価値が見出されるか，または男女平等から女性クオータ制への態度が独立すると予測される。

2　基底的な平等価値

本節では，個人が持つ基底的平等価値を測定し，有権者と各エリート・グループの特徴を明らかにする。

分析方法と基底的価値の3次元

基底的平等価値を測定するのに適しているのは，具体的な問題に関する意見・選好を尋ねた質問項目である。本節では以下の項目を利用し，多次元段階反応モデルで基底的平等価値を推定した。[2]

① 女性の国会議員を増やすため，割当制を採用すべきか
② 仕事の内容が同じならば，正社員であるかどうかとは関係なく，給料も同じにすべきか
③ 労働力の需給調整のために非正規労働者が増大するのはやむをえないか
④ 所得や資産の多い人に対する課税を強化すべきか
⑤ 夫婦が望む場合には，結婚後も夫婦がそれぞれ結婚前の名字を称することを，法律で認めるべきか
⑥ 外国人労働者の受け入れを進めるべきか

---

[2] 多次元段階反応モデルは，直接観測することが難しい能力・技術・態度といった潜在的な特性が，観測されたカテゴリカルな応答変数に影響すると仮定して，両者の関係をモデル化する項目反応理論に属するものであり，潜在特性の多次元性が想定され，応答変数が順序尺度である場合に用いられる。項目反応理論は，もともと教育学の分野で，テストの各設問の正誤データ（応答変数）からある種の能力（潜在変数）を測定したり，テストを標準化したりするために発展したが，現在は心理学や社会科学などでも広く利用されている。項目反応理論における識別力パラメーターは，応答変数が潜在変数を識別できる度合い，言い換えれば応答変数に対する潜在変数の影響の強さを表す。本節の多次元段階反応モデルは，統計分析言語 R の mirt パッケージ（Chalmers 2012）を用いて，Metropolis-Hastings Robbins-Monro アルゴリズムで推定した。

⑦　政府は富裕層と貧困層の間の収入格差を大幅に縮めるよう努力すべきか

⑧　永年一定の地域に住んでいる外国人にも，地方自治体での選挙権を与えるべきか

⑨　夫は外で働き，妻は家庭を守るべきか

⑩　政府はすべての人に職を与えるよう努めるべきか

⑪　労働者はもっと重要な決定に発言権をもつべきか，重要な決定は経営者にまかせるべきか

⑫　累進課税は公正か，最もよく働く人への罰か

⑬　より高い地位やよい職業に女性を増やすため雇用の割当制をとるべきか，雇用や昇進はもっぱら能力に基づくべきか

①から⑥までは5点尺度，⑦から⑨までは4点尺度，⑩から⑬までは7点尺度である。すべての変数を，平等主義的な選択肢が大きな値をとるようリコードした。

前節で示した平等の諸領域を念頭に置きつつ，まず探索的なモデルを推定して，その結果を参考に次元数の決定とモデルの定式化を行った。採用したモデルの推定結果を示したのが**表7-1**である[3]。

推定した三次元モデルにおいて，1つめの潜在変数に大きな識別力を持つのは，雇用，収入，課税などに関する項目だから，この変数は「経済的平等」を表す。2つめの潜在変数は，選択的夫婦別姓，外国人労働者の受け入れ，外国人地方参政権，性別役割分業の識別力が強い。同一労働同一賃金，非正規労働者の増大，労働者の発言権強化にも影響が認められるが，識別力の推定値は小さいので，この変数は「女性・外国人に対する平等」といってよいだろう[4]。第

3　潜在変数の予測値をもとに応答変数の欠損値を代入した20個の疑似完全データセットを作成し，モデルの適合度を検討した。Maydeu-Olivares and Joe（2006）のM2検定は帰無仮説を棄却したため，このモデルはデータに正確に適合してはいない。しかし，SRMSR=0.045，CFI=0.981，RMSEA=0.027であり，近似的適合度の指標は比較的良好な値であるため，許容できるモデルだと判断した。

4　女性や外国人は非正規労働に従事する割合が多いことを考えれば，同一労働同一賃金や非正規労働者の増大がこの潜在変数に対して識別力を持つことも説明がつく。

表7-1　平等価値の多次元段階反応モデルの推定結果

	識別力（傾き）			切片1	切片2	切片3	切片4	切片5	切片6
	経済	女性・外国人	クオータ制						
① 国会議員の女性クオータ制			2.929 (0.343)	3.772	1.340	-1.976	-5.220		
② 同一労働同一賃金	0.892 (0.084)	0.408 (0.073)		3.393	1.887	0.581	-1.231		
③ 非正規労働者の増大	1.171 (0.101)	0.363 (0.094)	-0.266 (0.083)	4.036	1.805	0.145	-1.856		
④ 富裕層への課税強化	1.577 (0.095)			4.498	2.795	1.077	-1.387		
⑤ 選択的夫婦別姓		2.015 (0.144)		3.821	2.232	0.457	-1.312		
⑥ 外国人労働者の受け入れ	-0.610 (0.112)	1.059 (0.126)		3.282	1.707	-0.202	-2.389		
⑦ 政府による収入格差の縮小	2.146 (0.142)			5.069	2.439	-1.499			
⑧ 外国人地方参政権	0.267 (0.095)	1.353 (0.121)		2.425	1.097	-1.991			
⑨ 性別役割分業		1.451 (0.099)		4.299	2.108	-0.214			
⑩ 政府による完全雇用の推進	1.255 (0.083)			3.365	2.297	1.331	0.139	-1.097	-2.422
⑪ 労働者の発言権強化	1.431 (0.116)	0.481 (0.094)		4.652	3.153	1.914	-0.023	-1.330	-2.739
⑫ 累進課税	1.487 (0.091)			4.650	3.263	2.057	0.172	-1.199	-2.614
⑬ 雇用の女性クオータ制	0.476 (0.087)		1.813 (0.158)	2.856	1.381	-0.064	-1.784	-3.175	-4.669
潜在変数間の相関	経済	女性・外国人							
女性・外国人	0.442								
クオータ制	0.473	0.531							

註：括弧内は反復1,000回のブートストラップ標準誤差。切片の標準誤差は省略した。N=2,114。
出所：2018-19年エリート調査，2019年有権者調査。

3の潜在変数は「女性クオータ制による平等」と呼ぶことにする。予想に反して，男女平等と外国人に対する平等は共通の次元を形成しているという結果が得られた。女性も外国人も伝統的に（そして現在でも）不利な扱いを受けてきた集団という点で共通しており，そうした特定の集団に対する平等化を進めていくべきという平等価値として，ひとつの次元となっているのかもしれない。一方，女性クオータ制が男女平等の他の項目とは別の次元を形成していることは想定内の結果である。

基底的平等価値における各グループの特徴

　エリートの各グループは，これら3つの基底的平等価値に関していかなる傾向を持っているだろうか。表7-1のモデルから各潜在変数の予測値を算出し[5]，有権者とエリート・グループ別の平均値を表7-2に示した[6]。これらの潜在変数

5　潜在変数の予測値は最大事後確率（maximum a posteriori）法で算出した。
6　政治家の分類は，自民党，公明党，日本維新の会，大阪維新の会を保守政党，民主党，立

表7-2　基底的平等価値のグループ別平均値

グループ	N	経済	女性・外国人	クオータ制
有権者	796	-0.054	-0.073	-0.034
政治家				
保守政党	58	-0.214	-0.321	-0.314
中道政党	29	0.744*	0.452*	0.385
革新政党	10	1.750*	1.255*	0.640
官僚・自治体職員	113	-0.399*	-0.308†	-0.405*
経済団体	89	-0.732*	-0.126	-0.265
労働組合	138	0.829*	0.420*	0.412*
農業団体	76	-0.128	-0.456*	-0.307
商工団体	143	-0.644*	-0.497*	-0.379*
市民団体・NPO	150	0.830*	0.930*	0.975*
専門家	156	-0.201	-0.336*	-0.212
学者・文化人	145	0.095	0.153*	0.009
マスコミ	111	-0.141	0.136	0.075
η^2		0.246	0.193	0.159

註：* は 5% 水準，† は 10% 水準で有権者の平均値と有意差があることを示す。平均値の差の検定は Tukey-Kramer 法による。
出所：2018-19 年エリート調査，2019 年有権者調査。

は各平等価値の相対的な強弱しか表さないため，有権者の平均値を参照基準に
するのがわかりやすい。そこで，各エリート・グループの平均値が有権者の平
均値と有意に異なるか検定した。

　まず経済的平等に関しては，革新政党の政治家が群を抜いて平等志向であり，
市民団体・NPO，労働組合，中道政党の平均値もかなり大きい。他方で，経済
団体と商工団体は経済的な平等志向がかなり弱く，官僚・自治体職員もやや弱
い。次に女性・外国人に対する平等についてみると，革新政党と市民団体・NPO
が最も強く，中道政党と労働組合もやや強い。学者・文化人もわずかではある
が，有権者より平等志向である。対して商工団体，農業団体，専門家，官僚・
自治体職員はこの次元における平等志向が有権者よりやや弱い。最後に，女性

　　憲民主党，国民民主党，自由党を中道政党，共産党，社民党を革新政党とした。その他の
　　政党と無所属の政治家は除外した。

クオータ制による平等では，市民団体・NPO の平等志向がかなり強く，労働組
合もやや平均値が大きい。官僚・自治体職員と商工団体は，クオータ制による
平等化に対して有権者よりもやや消極的である。

　グループ別の特徴にもいくつか言及しておきたい。第 1 に，保守政党政治家
の平均値は，3 次元のいずれにおいても有権者よりやや小さいが，その差は有意
ではない[7]。第 2 に，経済団体と農業団体をみると，有権者より平等志向が有意
に弱いのは，経済団体は経済的平等，農業団体は女性・外国人に対する平等だ
けである。経済団体は女性・外国人次元で，農業団体は経済次元では有権者に
かなり近く，対照的である。第 3 に，対抗エリートの側では，市民団体・NPO
は 3 つの基底的価値のすべてにおいてかなり平等志向が強いのに対し，労働組
合は経済次元では市民団体・NPO と同程度に平等主義的だが，女性・外国人と
クオータ制の次元では市民団体・NPO ほどには平等志向が強くない[8]。

　もっとも，平均値を比較するだけでは，各グループ内の多様性を見落とす可
能性がある。分散分析の η^2 によれば，グループの違いは基底的平等価値の分散
に対してそれなりに大きな説明力を持つが，その大半を説明できるわけではな
い。基底的平等価値のグループごとの分布を検討したところ，各グループ内に
おいても平等価値には相当のばらつきがあり，グループ間の分布の重なりも決
して小さくはない。

3　平等をめぐる選好に基づく有権者とエリートの分類

　前節では平等に関する選好データから基底的な平等価値を測定したうえで，
各グループの特徴を分析した。そこで明らかとなったグループ間の差異と，グ
ループ内の多様性に対して，別の方法でさらに検討を加えたい。

7　ただし，自民党政治家に絞ると経済の平均値が -0.485，女性・外国人が -0.770，クオータ制
　が -0.655 となり，経済は 10% 水準で，他の 2 つは 5% 水準で有権者と有意な差がある。
8　女性・外国人とクオータ制では労働組合と市民団体・NPO の平均値に有意差がある。

分析方法

　具体的には，前節と同じ 13 変数を使って回答者の潜在的な集団を同定する潜在クラス分析を行う。有権者とエリートの中には，平等に関する選好において異なる傾向を持つ複数の集団（クラス）がある —— しかしそれは観測されない —— と仮定し，どのような集団があり，個人がどの集団に属するかを推定するのである[9]。**図 7-1** は，潜在クラス分析の結果をもとに，各クラスが応答変数の各値を選ぶ確率を示した積み上げ棒グラフである。**図 7-1** をみると，ある経済的項目において平等志向の強い選択肢を選ぶ確率が高いクラスは，他の経済的項目においても平等主義的である確率が高いといった具合に，経済的な項目間で選好が概ね一貫している。女性・外国人に関わる項目，クオータ制に関わる項目についても同様である。このことは，前節の段階反応モデルによって経済，女性・外国人，クオータ制の 3 つの次元が見出されたことと符合する。

　そこで，13 の項目を経済，女性・外国人，クオータ制の 3 つの領域にまとめて，各クラスの特徴を**表 7-3** に要約した。3 つの領域のすべてにおいて比較的平等主義的なクラス 6 とクラス 7，基本的に非平等志向のクラス 2 のようなクラスもある一方，平等の領域によって傾向が異なるクラスもある。たとえば，経済的な面で最も平等志向が弱いクラス 1 は，女性・外国人の領域では中間的な選好を持つ。また，クラス 5 は経済的にはかなり平等志向だが，女性・外国人に関しては平等志向がやや弱いという点で平等価値の強さが領域によって一貫しておらず，特に興味深い。したがって，7 つの潜在クラスは，必ずしも平等志向の弱いクラスから強いクラスへと単純に並べられるものではない。

9　潜在クラス分析は，統計分析言語 R の poLCA パッケージ（Linzer and Lewis 2011）で行った。潜在クラス分析においてモデル選択の方法には様々なものがあるが，どの方法が良いかについては議論がある。応用研究ではベイズ情報量規準（BIC）やサンプル・サイズ調整済みベイズ情報量規準（SABIC）がよく用いられる。BIC は節倹性を重視した指標であり，SABIC はモデルの複雑さに科すペナルティを BIC より緩和したものである。クラス数 2 から 10 のモデルを推定して検討したところ，BIC は 3 クラス・モデルを，SABIC は 7 クラス・モデルをそれぞれ支持した。BIC はデータ生成過程が複雑な場合，過度に単純なモデルを選択する傾向がある。平等に関する選好において，有権者とエリートに 3 つの集団しか存在しないとは考えにくいため，7 クラス・モデルを採用することにした。

図7-1　13項目の平等価値に対する各クラスの応答パターン

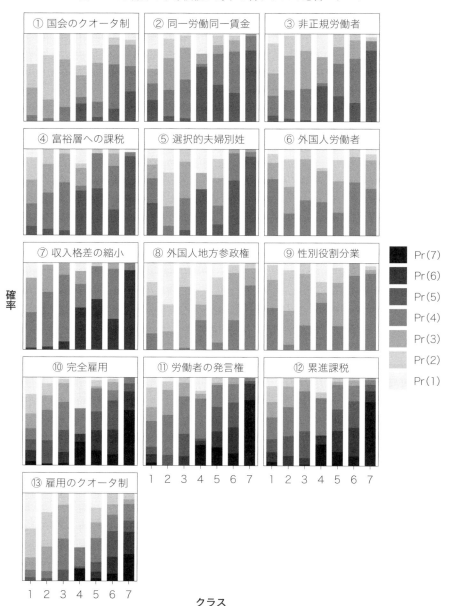

註：①から⑥は5点尺度，⑦から⑨は4点尺度，⑩から⑬は7点尺度。
出所：2018-19年エリート調査，2019年有権者調査。

表7-3　潜在クラスの特徴

	経済	女性・外国人	クオータ制
クラス1	弱い	中間	弱い
クラス2	やや弱い	弱い	弱い
クラス3	やや弱い	中間	中間
クラス4	中間	中間	やや弱い
クラス5	強い	やや弱い	中間
クラス6	強い	強い	やや強い
クラス7	非常に強い	強い	強い

出所：2018-19 年エリート調査，2019 年有権者調査。

有権者とエリート・グループの構成

　このようなクラス分けを行った場合，有権者とエリート・グループは，どのような構成になっているだろうか。有権者とエリート・グループごとに各クラスが占める割合を示したのが**表 7-4** である。[10] 有権者は多様な人々の集合体だから，多くのクラスに分散している。しかし注目すべきなのは，経済的平等志向がやや弱く女性・外国人とクオータ制が中間のクラス 3 が最も多いが，それに次いで多いのが経済は強く女性・外国人がやや弱いクラス 5 であるということである。クラス 5 は領域によって平等価値の強さが異なる点で特徴的だということはすでに述べたが，それが有権者の少なくない部分を占めるという点でも興味深い。

　保守政党の政治家は，経済的に最も非平等志向のクラス 1 は少なく，経済のみやや弱いクラス 3 が最も多い。次いで経済はやや弱く，女性・外国人とクオータ制が弱いクラス 2 も多い。同時に，保守政党の政治家の中にも，3 つの領域で比較的平等志向が強いクラス 6 が 16.6% 含まれる。[11] 中道政党の政治家は，平等主義的なクラス 6 とクラス 7 が合わせて半数以上を占める。しかし女性・外

10　潜在クラス分析では，個人はある特定のクラスに属するのではなく，各クラスに確率的に属すると考えて所属確率を推定する。したがって，有権者とエリート・グループにおいて，あるクラスが占める割合は，そのグループにおける当該クラス所属確率の平均値を求めることで推定した。

11　保守政党の政治家のうちクラス 6 に属するのは主として公明党の政治家だと考えられる。

表7-4　グループ別にみた潜在クラスの割合

	有権者	政治家			官僚・自治体	経済団体	労働組合
		保守政党	中道政党	革新政党			
クラス1	15.1%	8.0%	1.5%	0.01%	18.4%	35.6%	5.7%
クラス2	7.8%	28.3%	2.7%	0.005%	19.0%	12.6%	1.0%
クラス3	33.1%	32.3%	14.7%	6.6%	40.1%	32.7%	17.0%
クラス4	6.4%	2.8%	1.2%	0.4%	2.1%	5.3%	3.7%
クラス5	19.2%	9.9%	21.6%	3.2%	6.8%	2.8%	22.5%
クラス6	13.4%	16.6%	37.8%	8.3%	11.8%	8.9%	25.5%
クラス7	5.0%	1.9%	20.5%	81.5%	1.8%	2.1%	24.7%
N	796	58	29	10	113	89	138

	農業団体	商工団体	市民団体・NPO	専門家	学者・文化人	マスコミ
クラス1	8.1%	25.5%	5.1%	16.8%	13.6%	15.0%
クラス2	14.1%	21.2%	0.9%	19.4%	9.5%	6.7%
クラス3	44.4%	40.1%	13.0%	29.1%	25.2%	32.4%
クラス4	3.6%	2.9%	2.1%	3.9%	3.6%	5.3%
クラス5	23.2%	5.2%	8.0%	13.8%	15.2%	7.9%
クラス6	6.5%	5.1%	36.7%	13.1%	25.1%	30.1%
クラス7	0.1%	0.0%	34.1%	3.9%	7.7%	2.6%
N	76	143	150	156	145	111

註：四捨五入のため合計が 100% にならない場合がある。
出所：2018-19 年エリート調査，2019 年有権者調査。

国人に関する平等志向がやや弱いクラス5と経済がやや弱いクラス3も少なか
らず存在している。革新政党の政治家の大半は，どの領域でも最も平等主義的
なクラス7に属する。
　官僚・自治体職員は，クラス3が40%を占め，クラス1，クラス2がこれに
続く。経済やクオータ制で平等志向が弱いクラスが大半を占めており，これら
の平等価値の平均値が小さいという前節の分析結果とも整合的である。しかし，
11.8% は全般的に平等主義的なクラス6であることも注目に値する。経済団体
と商工団体はクラス1とクラス3が多いことから，経済面での平等志向の弱さ
がうかがえる。その次に多いのは女性・外国人やクオータ制が弱いクラス2だ

が，その割合は商工団体が 21.2% と大きいため，商工団体は経済以外の面でも非平等主義的なのだと考えられる。農業団体は主流エリートの中では独自の傾向を持つ。クラス 3 が多いのは主流エリートの他のグループと共通しているが，特徴的なのは経済的平等が最も弱いクラス 1 が少ないことである。さらに，経済は強く女性・外国人がやや弱いクラス 5 が 23.2% を占めている。その次に多いのは女性・外国人が弱いクラス 2 である。農業団体は，クラス 1 の少なさとクラス 5 の多さの結果として，経済的にはそれほど非平等志向ではないと考えられる。また，クラス 5 とクラス 2 の多さによって女性・外国人の面では平等志向が弱いのだろう。

　対抗エリートに属する労働組合と市民団体・NPO は，いずれの面でも平等主義的なクラス 6 とクラス 7 の割合が大きいが，それは特に市民団体・NPO で顕著である。労働組合には，経済の平等志向は強いが女性・外国人ではやや弱く，クオータ制では中間のクラス 5 も多い。経済的平等志向の強さは両者で変わらないが，女性・外国人とクオータ制では市民団体・NPO のほうが平等主義的であるという前節の分析と一致する結果である。なお，平等主義的傾向が強いこれらのグループにおいても，クラス 3 が一定の割合を占めていることは指摘しておきたい。

　中間エリート，特に専門家と学者・文化人は，多くのクラスに分散している。マスコミは経済のみやや弱いクラス 3 と全般的に平等志向のクラス 6 とに分かれているが，経済とクオータ制で非平等主義的なクラス 1 も 15% を占めている。概して中間エリートは，平等をめぐる選好において異質な集団が混在しているといえるだろう。

　以上のように，革新政党の政治家を例外として，有権者と各エリート・グループは決して一枚岩ではなく，異なる平等価値を持つ集団によって構成されている。それらの集団構成は，前節で測定した基底的平等価値の平均値によって表される各グループの傾向をかなりの程度説明することができる。しかし同時に，各グループ内に平等価値の多様性が存在することも示唆している。

4　機会の平等か結果の平等か

　ところで，平等という一般的価値については，しばしば機会の平等と結果の
平等という2つの異なる平等原理が対置される。機会の平等と結果の平等のど
ちらを追求すべきかという価値観は，平等のすべての領域に通底するものでは
ないにせよ，多くの領域をまたぐ一般的で抽象的な価値観だろう。本章が考察
する3つの基底的平等価値のうち，経済的平等は同一労働同一賃金や政府によ
る収入格差の大幅な縮小に強く影響しており，結果の平等を志向する価値観と
しての面を持つ。富裕層への課税強化と累進課税も再分配政策を支える税源と
いう点で，結果の平等と深く関連する。女性・外国人に対する平等は，選択の
自由や参加・参入の機会を保証する面と同一労働同一賃金のように結果の平等
に近い面を併せ持つ。女性クオータ制による平等は，いうまでもなく結果の平
等を実現しようとする価値観だろう。そこで最後に，結果の平等をよしとする
人ほど経済的平等と女性クオータ制による平等への志向が強いという関係がみ
られるか検討しよう。

　もっとも，今回の平等観調査において結果の平等が望ましいとした人は非常
に少ないということはまず指摘しておかなければならない。「機会の平等か結果
の平等か」という質問は機会の平等 =1 から結果の平等 =7 の7点尺度で尋ねて
いるが，結果の平等寄りの選択肢（5から7）を選んだ人が10%を超えているの
は，有権者（13.3%），革新政党（28.6%），市民団体・NPO（15.6%）だけである。し
かも，これらを含む大半のグループにおいて最頻値は1か2で，結果の平等寄
りの選択肢になるほど数が少なくなっていく。つまり，日本では機会の平等に
対するコンセンサスが概ね成立しているといってよい。

結果の平等と基底的平等価値の関係
　結果の平等寄りの人が少ないため，4（中間）から7（結果の平等）までをひとつ

表7-5　結果の平等と経済的平等，女性クオータ制による平等との関係

	有権者 (772)		主流エリート (429)		対抗エリート (310)		中間エリート (402)	
	経済	クオータ制	経済	クオータ制	経済	クオータ制	経済	クオータ制
結果の平等								
1	-0.047	-0.161	-0.600	-0.437	0.893	0.554	-0.062	-0.221
2	-0.174	-0.165	-0.431	-0.413	0.641	0.559	-0.104	0.051
3	-0.215	-0.086	-0.458	-0.214	0.496	0.562	-0.209	-0.074
4-7	0.098	0.161	-0.347	-0.183	1.219	1.052	0.107	0.132
有意差あり	2と4-7	1と4-7	1と4-7†	なし	1と3	1と4-7	3と4-7†	1と2
	3と4-7	2と4-7			1と4-7	2と4-7		1と4-7
		3と4-7			2と4-7	3と4-7		
					3と4-7			
η^2	0.026	0.016	0.016	0.022	0.088	0.054	0.015	0.023

註：†は 10% 水準，他は 5% 水準。平均値の差の検定は Tukey-Kramer 法による。括弧内は N。
出所：2018-19 年エリート調査，2019 年有権者調査。

のカテゴリーにまとめ，有権者，主流エリート，対抗エリート，中間エリート[12]の 4 つのブロックごとに結果の平等と 2 つの基底的平等価値との関係を考察した。より細かなエリート・グループ間の差異を見落とす可能性はあるが，結果の平等の各カテゴリーに該当する観測数を確保するために，4 つのブロックにまとめることにした。

　表7-5 は結果の平等が望ましいとする水準によって経済的平等と女性クオータ制による平等の平均値が異なるか，多群比較を行った結果である。まず経済的平等との関係からみていくと，主流エリートの場合は結果の平等と経済的平等の間には概ね正の関係があり，機会の平等を望む人（1）と中間から結果の平等寄りの人（4-7）とでは，後者のほうが 10% 水準ではあるが有意に経済的平等志向である。しかし，対抗エリートでは，結果の平等と経済的平等の関係は単調でない。つまり，最も機会の平等寄りの人と中間から結果の平等寄りの人が経済的に平等志向であり，やや機会の平等寄りの人（2 または 3）は相対的に平等

---

12 保守政党，官僚・自治体職員，経済団体，農業団体，商工団体を主流エリート，中道政党，革新政党，労働組合，市民団体・NPO を対抗エリート，専門家，学者・文化人，マスコミを中間エリートに分類した。

志向が弱い。有権者と中間エリートにも同様の傾向がみられるが，結果の平等の水準による経済的平等の平均差は小さく，最も機会の平等寄りの人とやや機会の平等寄りの人の平均差は有意ではない。

　これに対して，結果の平等と女性クオータ制による平等の関係はほぼ単調である。中間から結果の平等寄りの人は，女性クオータ制による平等に肯定的な傾向がある[13]。クオータ制は明確に結果の平等を実現するための方法だから，結果の平等とクオータ制の間に正の関係があるのは理に適っている[14]。

結果の平等と経済的平等の関係の非単調性

　結果の平等と経済的平等の関係が主流エリートを除いて ── 特に対抗エリートにおいて ── 単調でないのはなぜだろうか。三宅ら（1985）による 1980 年エリート調査の分析でも，革新ブロック[15]では結果の平等と「性別と体制」，「配分の変更」両因子との関係は単調ではなく，それは「『機会の平等』の実現のために『結果の平等』的手法を取らざるをえないと考える人があった」（110）ためだと指摘されている[16]。この点に関して，不平等は再生産されるとする教育社会学や教育経済学の知見は示唆的である。裕福な家庭の親は子供の教育に投資できるため，収入格差は子供の学習努力，学力，学歴の格差を生み，結果として次の世代の収入格差につながるというのである（e.g. 苅谷 2001; 橘木・松浦 2009; 樋口・萩原 2017）。このような，当人にはどうしようもない親の収入という結果の不平等が，教育という機会の不平等を媒介として，経済的不平等を固定化し，さらには拡大するという見解は，近年，学問の世界にとどまらず広く（少なくともエリートの間では）知られるところとなった[17]。そうだとすれば，機会の平等をよ

13　ただし，主流エリートの間では，結果の平等の水準が上がるほどクオータ制の平均値が大きくはなるが，有意差は検出されなかった。

14　もっとも，η^2 が示すように，機会の平等か結果の平等かという価値観がクオータ制による平等の分散を説明できる度合いは小さい。

15　三宅らのいう革新ブロックは，本章の対抗エリートに概ね相当する。

16　ただし，三宅らは本章の経済的平等にほぼ相当する「福祉国家」因子と結果の平等の関係については言及していない。

17　とりわけ対抗エリートの多くはこの見解に同意しているだろう。結果の平等と経済的平等の関係の非単調性が対抗エリートで最も顕著に表れるのは，そのためだと思われる。

表7-6　貧困の原因の認識別にみた結果の平等と経済的平等の関係

	対抗エリート		中間エリート	
	社会制度	本人	社会制度	本人
結果の平等				
1	1.166	-0.157	0.429	-0.517
2	0.875	0.017	0.156	-0.352
3	0.603	0.257	0.268	-0.421
4-7	1.411	-0.036	0.713	-0.371
有意差あり	1と3	なし	2と4-7	なし
	2と4-7		3と4-7[†]	
	3と4-7			
η^2	0.136	0.049	0.073	0.010
N	242	62	180	217

註：[†]は 10% 水準，他は 5% 水準。平均値の差の検定は Tukey-Kramer 法による。
出所：2018-19 年エリート調査，2019 年有権者調査。

しとする人の中に経済的平等化を図るべきだと考える人も多く含まれる可能性
がある。実際，最も機会の平等寄りの人の間で，経済的平等の分散は大きい。
　この説明が妥当性を持つならば，貧困は本人の責任だと認識する人の場合，機
会の平等がよいとする人は経済的平等を志向しないだろう。対照的に，本人で
はなく社会制度が貧困の原因だと認識する場合，機会の平等が望ましいとする
人の中にも，経済的平等志向が強い人が相当数含まれ，結果として経済的平等
の平均値は大きくなるだろう。貧困の原因の認識も社会制度 =1 から本人 =7 の
7 点尺度で質問しているが，有権者調査には含まれていない。そこで，対抗エ
リートと中間エリートについて，1 から 3 を社会制度，4 から 7 を本人と認識し
ているものとして分け，**表 7-5** と同様の分析をこの認識別に行った。その結果
を示した**表 7-6** によれば，予測の通り，結果の平等と経済的平等の関係が単調
でないのは，貧困の原因が社会制度にあると認識する人である。貧困は本人の
責任だと認識する人では，有意差はないものの，経済的平等の平均値は機会の
平等がよいとする人が最も小さい。したがって，三宅らが見出したのと同様の
メカニズムが現在も働いていることが示唆される。しかしそれは経済的平等に

妥当するのである。

5　おわりに

　本章は，個別的な選好の背後にある基底的な価値観としての経済的平等，女性・外国人に対する平等，女性クオータ制による平等について，記述的に考察した。各エリート・グループの特徴を検討したところ，ごく大雑把にいえば，主流エリートを構成するグループは平等志向が弱く，対抗エリートに属するグループは平等志向が強いという傾向が確認された。しかし，基底的平等価値の相対的な強弱が次元によって異なるグループや，上記の一般的傾向が特定の次元にしか当てはまらないグループもあった。

　ただし，多くのエリート・グループ内に平等価値における相当の多様性があるということは同時に指摘しておきたい。私たちは，ある集団の特徴を平均値で語りがちである。しかし，各エリート・グループは平均的にはある傾向を示すとしても，その傾向から逸脱するエリートも少数ながら存在する。グループ間の差異はもちろん重要だが，グループ内の差異にも目を向けることは，エリートの平等価値を理解するうえで有用だと思われる。

　機会の平等と結果の平等のどちらを目指すべきかは，より一般的・包括的な平等価値のひとつである。結果の平等が望ましいとする人は，概して女性クオータ制による平等志向が強いという傾向がみられたが，対抗エリートの場合，機会の平等がよいとする人と結果の平等寄りの人が経済面では平等志向であった。対抗エリートにおけるこの非単調の関係は，経済的不平等が教育という機会の不平等を生むという認識に起因していることが示唆された。

政治的平等の諸側面

第 8 章

政治権力構造とマスメディア

——レファレント・プルーラリズムのゆくえ——

山本 英弘・竹中 佳彦

1 はじめに

  エリートと平等との関係を問う本書にとって，もうひとつの重要なテーマは政治過程における平等／不平等である。政治過程においてアクター同士の相互接触の頻度や各アクターが発揮しうる影響力は等しいわけではない。それゆえ，結果として形成される政策も特定の人々の価値や利益に偏り，有権者の声をあまねく反映しているわけではない。そして，政策の偏りはさらなる社会経済的な不平等の拡大につながるおそれもある。第Ⅲ部の諸章は，政治過程におけるエリート間の不平等およびエリートの有権者に対する応答性を取り上げ，こうした問題に取り組んでいく。そのうち本章では，2時点のエリート調査データを用い，各エリートの影響力評価から，日本の政治構造とその変容について検討する。

政治的影響力研究の動向

  民主政治において，各政治的アクターの影響力にどの程度の偏りがあるのかは繰り返し問われてきた。代表的な議論はチャールズ・ライト・ミルズ（Charles

---

1 本書では基本的に「マスコミ」という表記を用いているが，本章においては「マスメディア」と表記する。本章で主題となるレファレント・プルーラリズムについて，蒲島（1990）ではマスメディアという表現で論じており，本章もこの議論に多くを負っているためである。

Wright Mills）のパワーエリート論である（Mills 1956=1958）。彼は，アメリカ連邦政府における重要な政策決定が，少数の政治，経済，軍事エリートによって支配されていると主張した。同様に，ハンターはアメリカの地方都市（アトランタ）を対象に，エリート同士の相互評価に基づく声価法（評判法）という方法を用いて，都市におけるエリート支配の構造を明らかにした（Hunter 1953=1998）。

　これに対して，デイヴィド・リースマン（David Riesman）は，アメリカでは権力が多種多様な拒否権集団の間に広く分散しており，特定の集団や階級に権力は集中していないと論じた（Riesman 1950=1964）。また，ダールはアメリカの地方都市（ニューヘブン）を対象に，実際の政策形成への参加者は誰か，誰の意向が決定に反映されたのかを吟味する争点法というアプローチを用いた。その結果，政策分野によって影響力を及ぼすアクターは異なっており，あらゆる争点に影響力を及ぼす少数の支配的なエリートが存在するわけではないことを明らかにした（Dahl 1961=1988）。つまり，社会には多様な価値や利益が存在しており，それをめぐる競争と対立の中から政策が生み出されていくのである（Lowi 1979=1981）。

　このように，権力構造をめぐっては，エリート主義と多元主義と呼ばれる2つの立場に分かれ，論争が繰り広げられてきた。**第2章**で触れたように，この論争はエリートをどのように定義するのか，あるいは影響力をどう測定するのかという方法論の問題も提起し，長らくエリートの実証研究をリードしてきた[2]。

　近年では大規模データに基づいて各アクターの影響力の程度を把握する研究が多くみられる。これらによると，経済分野などの大規模団体の選好と一致する政策が実現することが多く，ここから影響力の不平等を推し量ることができる（Schlozman and Tierney 1986; Schlozman et al. 2012; Gilens 2012; Gilens and Page 2014 など）。

日本型多元主義

　日本政治における権力構造については，従来，自民党の一党優位，官僚主導の政策形成，これらの政治的エリートと密接な関係をもつ経済・業界団体を核としたグループの存在が指摘されてきた（佐藤・松崎 1986）。もっとも，前述の多

2　研究動向としては，権力概念の彫琢，コーポラティズムなど国家や制度との関連，地域政治過程研究，影響力の測定法など多岐にわたる展開をみせている。

元主義の影響も受け，全般に通じる影響力をもつ支配的なエリートが存在するというよりは，特定の政策分野ごとに利害関係の大きい議員，官僚，利益団体が存在し，その範囲内で影響力を行使してきた。このことは，「パターン化された多元主義」（Muramatsu and Krauss 1987; Muramatsu 1993），「官僚主導大衆包括型多元主義」（猪口 1983），「仕切られた多元主義（官僚的多元主義）」（Aoki 1988=1992）など，修飾語付きの多元主義として日本の特殊性を強調する形で論じられてきた。[3]

　そして，これらの体制側エリートとは異なる価値をもつアクターとして，野党，労働組合，市民団体などが位置づけられてきた。より幅広くエリートをみると，体制側エリートが優位ではあるものの，2 つの勢力の対抗関係をみてとることができる（石田 1961; 村松 1981）。

1980 年エリート調査における政治的影響力

　1980 年に行われたエリート調査も，基本的にはこのような認識に基づいており，体制側グループ，反体制側グループ，そしてマスメディアや学者・文化人など，現状にあまり利害関係をもたない中間媒介グループという 3 つのエリート類型が提示されている（三宅 1985）。そして，政治家や官僚だけに限らず，経済団体，労働団体，マスメディア，学者・文化人など幅広いアクターをエリートの範疇に含め，質問紙調査による影響力評価から日本の政治権力構造を考察している（蒲島 1985b）。そこから，体制側グループに属する政党，官僚，財界の影響力が大きく，比較的なだらかではあるものの，政治的影響力の階層構造が示されている。

　これとともに，エリートによる評価からは，中間媒介グループに属するマスメディアの影響力が大きいことも明らかになった（蒲島 1985b）。マスメディアはイデオロギーにおいても中立的であり，市民運動や女性団体，労働組合などの

3　多元主義（やコーポラティズム，デュアリズムなど）は，本来，政策決定や政治経済システムを説明する理論（分析枠組み）である。しかし日本型多元主義は，日本政治について，多元性を前提としつつ，政治権力構造や政策決定パターンを説明するものとして使われた。今日では，政策決定や政治構造を分析する際，新制度論が用いられるのが通例であり，今さら多元主義という古証文を持ち出す必要はないという批判はあるだろう。ただ，なお政治権力構造を表象する概念として有用な面が残っているのではないかと思われる。

反体制側グループも含めた様々な他のエリートと包括的に人的つながりを有している。ここから蒲島郁夫は，「レファレント・プルーラリズム（referent pluralism）」という概念を提唱している[4]。すなわち，マスメディアは既存の権力核の外に位置するアクターも取り入れ，その選好を政治システムに注入することで，新しい形の多元主義を機能させているのである（蒲島 1986, 1990, 2004; Kabashima and Broadbent 1986）。

1990 年代以降の政治権力構造

その後，1990 年代に入り，こうした政治構造が動揺をみせ，選挙制度をはじめ種々の統治機構改革を経て，二大政党制へと向かう様相を呈した。そして，2009 年の民主党を中心とする政権の誕生によって本格的な政権交代が実現するものの，2012 年以降は自民党と公明党の連立政権に再度交代し，以後は大きな議会勢力を背景に安定的に政権運営を行っている。

このような政治変動に応じて，各界エリートの政治的影響力にはどのような変化がみられたのだろうか。これまでの研究からは，選挙制度改革により小選挙区比例代表並立制が導入され，政治資金制度改革により政治資金が政党に集中することで，政党執行部，政府・与党にあってはその頂点である首相の影響力が強化されたことが論じられている（待鳥 2012; 竹中 2017）。また，国会議員に対する質問紙調査では首相・官邸の影響力認知が増大している（建林 2006）。官僚調査からも，首相や大臣などの内閣の執政部の機能を大きく認識し，官僚自身の影響力は小さく評価するような変化がみられている（笠 2006）。

利益団体については全般に自民党との接触頻度が低下しており（久米 2006），政策の実施／阻止経験や自己影響力認知も低下している（山本 2016）。マスメディアの影響力は，利益団体や圧力団体の認知に基づくと，与党や官僚の下位に位置し，低下する傾向にある（山本 2010; 竹中 2016）。しかしながら，レファレント・

4　レファレント・プルーラリズムは蒲島（1986）および Kabashima and Broadbent（1986）で先んじて論じられているが，これらに対する批判をふまえて改稿された蒲島（1990）に基づいて議論する。

プルーラリズムとしての特徴は弱化してはいるものの確認することができる[5] (竹中 2016)。

本章の目的

　こうした知見をふまえつつ，本章では，1980 年と 2018-19 年に行った政治的エリートに対する質問紙調査に基づき，エリート同士の相互評価からみた政治的影響力の構造とその変容を検討していく。エリート調査は，議員や官僚といった特定のアクターではなく，利益団体リーダー，市民団体リーダー，学者・文化人，マスメディアの記者なども含めた幅広いエリートを対象としたものである。このように多様なエリートの視点からみた場合，この 40 年でどのような政治構造の変化が生じたのであろうか。先行研究が指摘するように，首相や周辺の与党幹部に影響力が集中し，他のアクターは影響力を低下させるような変化がみられたのだろうか[6]。革新系野党，労働組合，市民団体などの対抗エリートの政治構造上の位置づけはどのように変化したのだろうか。また，政治過程の多元化の機能を果たしていたマスメディアの強い影響力ならびにレファレント・プルーラリズムの諸特徴は現在でも確認されるのだろうか。以上の問いに取り組む形で検討を進めていく。

2　エリートの政治的影響力

エリートの影響力についての質問

　まずは各エリートの影響力の分布から確認していこう。1980 年のエリート調

5　もっとも，この 40 年間でレファレント・プルーラリズムが持続的に機能していたかどうかについては留意が必要である。竹中 (2016) による圧力団体調査の分析に基づくと，民主党政権期には，革新的な諸団体が与党，内閣，官僚といった権力核への接触を増加させている。一方で，この時期に野党と親和的であった保守的な団体のメディアとの接触が増加したわけではないので，オルタナティブな価値を注入するという意味でのレファレント・プルーラリズムは機能していなかったと考えられる。

6　首相 (官邸) と与党とは分けて考察されるべきだが，2018-19 年のエリート調査は 1980 年調査の再現を主眼にしたため，分けて調査されておらず，考察することができない。

表8-1　影響力評価の平均値

	1980年	2018-19年生活	2018-19年政策
6.40			
6.20			与党（6.29）
6.00	マスメディア（6.10）	与党（6.03）	
5.80			
5.60			官僚（5.70）
5.40	官僚（5.53） 政党（5.40）		
5.20		テレビ（5.36） 官僚（5.31）	経済団体（5.28）
5.00	経済団体（5.18）		
4.80		新聞社（4.98） 経済団体（4.96）	テレビ（4.87）
4.60	労働組合（4.61）		新聞社（4.73）
4.40	農業団体（4.52）		
4.20			
4.00			農業団体（4.12）
3.80	学者・文化人（3.98） 消費者団体（3.95）	消費者団体（3.83） 農業団体（3.82）	
3.60	市民団体（3.79）	学者・文化人（3.70）	学者・文化人（3.77） 消費者団体（3.61）
3.40		市民運動団体（3.53）	労働組合（3.44） 市民運動団体（3.43）
3.20	女性運動団体（3.25）	労働組合（3.39） NPO（3.34） 女性運動団体（3.20）	NPO（3.21）
3.00		野党（3.06）	女性運動団体（3.19） 野党（3.04）

註：1980年調査については，2018-19年調査に合わせて調査票の項目とは異なる名称を使用しているものもある。
出所：1980年エリート調査および2018-19年エリート調査。

査では，各界のエリート・アクターについて，私たちの生活における影響力を7点尺度で尋ねている[7]（1980年エリート調査 問6）。2018-19年調査では，生活にお

7　政治的影響力研究という点では，本章で用いるアプローチは声価法と呼ばれるものの一種である。この方法はあくまで主観的な評価に基づいており，実際の行動や成果が必ずしも

ける影響力と政策決定における影響力に分けて，それぞれについて尋ねている（2018-19 年エリート調査 問 6）。この理由は，1980 年調査においてみられたマスメディアの影響力の強さは生活面でのことであって，政策決定ではないという疑義が呈されており[8]，これを検証するためである。

　また，1980 年調査と 2018-19 年調査では一部で調査項目が異なる。まず，1980 年調査では政党と尋ねていたが，2018-19 年調査では与党と野党に分けている。同様に，1980 年調査ではマスメディアと尋ねていたが，2018-19 年調査では新聞社とテレビに分けている。このほか，1980 年調査で尋ねていた部落解放同盟は 2018-19 年調査にはなく，1980 年調査になかった NPO は 2018-19 年調査に含まれる。いずれの質問項目にも「わからない」という選択肢はあるが，これを欠損とみなして除外し，点数が大きいほど影響力が大きくなるように変換したうえで平均値を算出した。**表 8-1** は，それらの結果をまとめたものである。

影響力が大きいアクター：与党，官僚，政党，経済団体

　1980 年調査ではマスメディアの影響力が最も大きく，次いで官僚，政党，経済団体が続く。すでに蒲島（1985b）により明らかにされている通りであるが，政官財のネットワークを引き離してマスメディアが位置するという構図である。さらにその下には，労働組合，農業団体といった生産セクター団体が続き，学者・文化人のほか，消費者団体，市民団体，女性団体といった市民社会アクターが下位に位置する。

　2018-19 年調査においてもアクター間の序列は大きく変わらない。しかし，最も影響力をもつアクターは与党である。1980 年調査の政党と比べても高い平均値を示しており，与党の影響力が増大したとみることができる。もっとも，1980 年調査では「政党」と尋ねているため与党と野党の評価が混在している可能性がある。これに対して，2018-19 年調査では与党だけの影響力が評価されてい

　　伴うわけではない。しかし，政策形成に関与する当事者の認知は，かえって政治争点化させないなど潜在的な影響力の行使までも含めた実質的な影響力を表していると考えることができる。

8　辻中（2012）は，蒲島（1985b, 1990, 2004）について，生活に対する影響力を公共政策への決定に対する影響力と誤って解釈したと指摘している。

るため，より高い値を示しているのかもしれない。与党が実質的に影響力を高めているのだとしたら，種々の政治改革によって党への集権化が進んだことの表れだと考えることができる。この調査では首相や官邸の影響力について尋ねていないが，与党のさらに上に位置していることも考えられる。

　与党に続くアクターは，多少の順位の変動はあるものの，生活面，政策決定面ともに，官僚，経済団体，テレビ，新聞社である。政官財およびマスメディアが大きな影響力をもつという構図には変化がみられないことがわかる。官僚と経済団体は政策決定面での影響力が大きいのに対して，マスメディアは生活面での影響力のほうが大きいと認知されている。前述したような1980年調査におけるメディアの影響力の高さに対する批判は外れてはいないものの，メディアは政策決定に対してもやはり高い影響力を及ぼしている。もっとも，1980年時点と比較すると，官僚と経済団体はそれほど大きな変化はないが，新聞社とテレビはともに影響力が低下している。この点については次節にて検討したい。

生産セクターの影響力

　以上の影響力の大きいアクターに続いて，1980年調査では労働組合と農業団体が位置するが，2018-19年時点ではどちらも影響力が低下している。このように生産セクターの諸団体のプレゼンスが低下している背景として，市場のグローバル化と新自由主義的な政策動向が考えられる。

　農業団体は，農業人口の減少によって組織が弱体化しつつあったところに，貿易の自由化が推し進められ，苦境に立たされてきた。一時期，民主党に接近したこともあり，安倍政権は「攻めの農林水産業」として，農協改革や農産品の六次産業化，輸出を推進してきたが，これらは必ずしも農業団体の望む方向とはいえない。

　労働団体は，市場のグローバル化や労働規制の緩和に伴い，企業の終身雇用や年功序列の昇任・昇給などが見直された。また，非正規労働者が増大することとなった。これらに伴い，労働者の組織率がさらに低下し，組織基盤が脆弱化した。正規労働者を中心に構成される労働組合は，労働者の代表としての性格を弱めており，社会的な発言力が低下している。従来から親和的な関係にあ

る民主党政権下では政権中枢と結びつくことはできたものの（三浦 2014），自民党・第 2 次以降の安倍政権下では「官製春闘」などと呼ばれたように労働政策は政府主導であった（中北 2015）。

市民社会セクター・野党の影響力

学者・文化人や，市民団体，消費者団体，女性団体，NPO などの市民社会アクターの影響力評価は，変わることなく低い。1990 年代後半以降，ボランティア活動の高まりや NPO 法の制定など市民社会の台頭がみられたものの，政治に対して影響力を発揮できていないようである。そもそも，日本の市民社会組織はアドボカシーが弱いことが知られており（Pekkanen 2006=2008），政治への利益表出が不十分であることも一因と考えられる。

これらのアクターよりもさらに影響力が低いのが野党である。2018-19 年の調査時点においては，再度の政権交代後，民主党が分裂し，議会勢力では衆参ともに与党が圧倒している状況であった。こうした状況に鑑みると，エリートの目からみて野党が本来果たすべき役割をなしえていないということに対する評価なのかもしれない[9]。

3　レファレント・プルーラリズムの現状

レファレント・プルーラリズムの検証

以上までの分析から，2 時点を通して変化はみられるものの，政党（与党），官僚，経済団体，マスメディアの影響力が相対的に大きいことには変わりない。もっとも，1980 年調査の分析によると，イデオロギー的に中立なマスメディアが包括的に多様なアクターを媒介していた（蒲島 1990）。これにより，影響力の小さいアクターであっても価値や利益を表出する回路が確保されていたのである。このようなレファレント・プルーラリズムの機能は現在においても確認

9　このように考えると，エリートの評価が，長期的な構造変化を反映しているのか，調査時点での政治状況によるものなのかが明確ではない。結果の解釈において，この点には留意が必要である。

できるだろうか。ここからはマスメディアに焦点を合わせ，影響力，イデオロギー，各利益団体からのアクセス可能性の諸点を順に検討していく。

マスメディアの影響力

マスメディアは前節で確認した通り，いまだ大きな影響力を保持しているものの，1980 年と比べると 2018-19 年では明らかに低下している。この背景として，インターネットメディアやソーシャルメディアなどの普及を挙げることができる。実際に，新聞の発行部数は減少の一途をたどり，テレビの視聴時間も減少傾向にある（林・田中 2020[10]）。各自の関心に基づくメディアに対する選択的接触が増加したことにより，マスメディアが社会的リアリティを構成する力が弱まった（小林 2016）。

また，第 2 次以降の安倍政権では政府や自民党のメディアへの介入が強まり，積極的にコントロールする姿勢をみせている（西田 2015）。個々のメディアの誤報やそれに関連した政治家の批判などにより，メディア報道の正確性や中立性に対するネガティブな評価が増えていることも考えられる（小林 2016）。実際，竹中（2016）は有権者のイデオロギーを問わず，全般的にマスメディアに対する感情温度が低下していることを示している。

マスメディアのイデオロギーの分布

こうした状況の変化を受けて，マスメディアの側でもより小規模で同質的な特定の層をメインターゲットとするようになった。それに伴い，マスメディアの党派性が鮮明になり，政府に親和的なメディアと批判的なメディアへと分極化したと論じられる（林・田中 2020; 千葉 2020）。このことはレファレント・プルーラリズムの成立要件であるマスメディアの中立性が損なわれている可能性を示唆している。

10　新聞（一般紙）の発行部数は 2000 年時点で 4,740 万部であったのが，2020 年には 3,245 万部まで減少している（日本新聞協会ウェブサイト，https://www.pressnet.or.jp/data/circulation/circulation01.php，2021 年 3 月 25 日最終閲覧）。また，1995 年から 2015 年の間にテレビ視聴時間は 40 代以下では低下傾向にあり，テレビ視聴行為者数も 2010 年から 15 年の間に全世代で低下している（橋本 2016）。

表8-2　自己認知イデオロギーの平均値

		1980年	2018-19年
保守	5.40		
	5.20	政治家・保守（5.31）	
	5.00		
	4.80	経済団体（4.94） 農業団体（4.87）	政治家・保守（4.89）
	4.60		
	4.40	官僚（4.46）	官僚・自治体職員（4.58） 経済団体（4.57） 農業団体（4.42）　専門家（4.40）
	4.20		
	4.00		マスメディア（4.13）
	3.80	マスメディア（3.83）	政治家・中道（3.89）
	3.60	学者・文化人（3.69）	学者・文化人（3.76）
	3.40		労働組合（3.49）
	3.20		
	3.00	政治家・中道（3.03）	女性団体（3.15）
	2.80	女性団体（2.82）	市民団体（2.95）
	2.60	市民団体（2.76）	
	2.40	労働組合（2.42）	
	2.20		
	2.00		
	1.80		政治家・革新（1.97）
革新	1.60	政治家・革新（1.63）	

出所：1980年エリート調査および2018-19年エリート調査。

　そこで，マスメディアのイデオロギーを確認していこう。調査においては，自己のイデオロギー認知を7点尺度で質問している（1980年エリート調査 問14; 2018-19年エリート調査 問4）。**表8-2**は，各エリート・グループについてその平均値を示している[11]（1が最も革新的，4が中間，7が最も保守的）。

11　政治家の分類（保守，中道，革新）は，1980年調査においてはデータセットに含まれている変数をそのまま用いている。2018-19年調査については，保守政党は自民党・公明党・日本維新の会，中道政党は旧民主党系（自由党を含む），革新政党は共産党・社民党と分類した。

　2時点の調査において，イデオロギーの順序はほぼ変わりがない。ただし，2018-19年のほうが全体的に中央に寄っており，各アクターの差が小さくなっている。最も革新寄りなのは政治家・革新であり，次いで市民団体，女性団体，労働組合といった諸団体が続く。一方で，政治家・保守，官僚，経済団体といった政策形成の主要アクターは保守的な傾向を示している。マスメディアは，1980年の平均値が3.83であり，2018-19年では4.13とやや保守寄りに移動したが，相対的な位置は概ね中間に位置しているといってよいだろう。

　蒲島（1990）ではさらに，社会経済的平等観と伝統－近代的価値への態度について，マスメディアが全エリートの中位に位置づけられることを示している。詳細は割愛するが，2018-19年調査についても，社会経済的平等観についてマスメディアの位置を検討したところ，やはり概ね中間に位置していた。このように，イデオロギーの自己認識や政策選好という観点からは，マスメディアはイデオロギー中立的なアクターだと考えられる。

マスメディアとのイデオロギー距離

　もっとも，マスメディアといっても決して一枚岩ではない。ましてや，メディアが特定の層をターゲットに絞ることによって分極化しているのならば，新聞社，テレビ局ごとの相違を捉える必要がある。残念ながらエリート調査では個別のメディア単位でのイデオロギーを確認できないが，2018-19年調査では読売新聞，朝日新聞，日本経済新聞，NHKのそれぞれについて，回答者からみたイデオロギー位置を尋ねている（2018-19年エリート調査 問4）。これをもとに，回答者自身のイデオロギーとの差を取ることで，どのエリート・グループからも偏りがないといえるのかを検討していきたい。

　図8-1は，回答者であるエリートの自分自身のイデオロギー認知と各マスメディアのイデオロギー評価との差を示したものである。値がプラスであるほどメディア側が保守的である。多くのエリート・グループにとって，読売新聞は自身より保守的，朝日新聞は革新的だと認知している。すなわち，メディアによっては自身からみたイデオロギー評価は逆方向であり，メディア単位で分極化している様子がうかがえる。

図8-1　各マスメディアとのイデオロギー距離

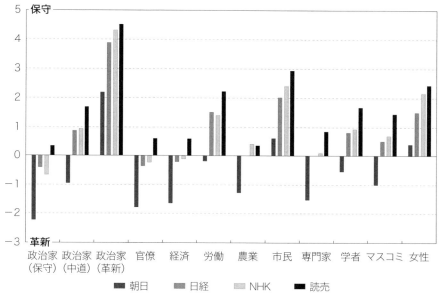

出所：2018-19 年エリート調査。

　エリート・グループごとにみていこう。政治家・保守，官僚，経済団体は政治
的影響力の評価が大きく，自らのイデオロギーは保守的だと認知している。こ
れらのアクターは，読売，日経，NHK とのイデオロギーの差が小さい一方で，
朝日新聞とは距離がみられる。その一方で，政治家・革新，労働団体，市民団
体，女性団体といった政治的影響力の評価が小さく，革新的なイデオロギーを
もつアクターは，読売，日経，NHK との距離が大きい一方で，朝日との距離は
小さい傾向にある。蒲島（1990）が主張するように，マスメディアが新しい価値
を標榜する団体に対して親和的であり，そのために諸団体の利益を代弁するの
だとしたら，その機能に当てはまるのは朝日新聞だけということになる。

エリート・アクターへのアクセス可能性

　続いて，各種の団体によるマスメディアへのアクセス可能性について検討す
る。レファレント・プルーラリズムに基づくならば，政治家の指導層や高級官僚

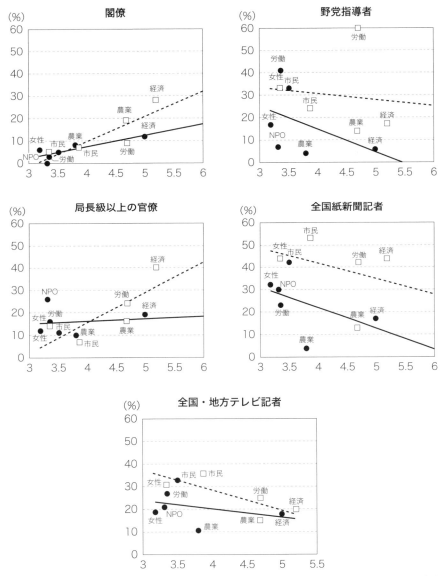

図8-2　各団体の影響力評価とアクセス可能性

註：横軸＝影響力評価の平均値，縦軸＝対象にアクセス可能な団体の割合。1980 年＝□および破線，2018-19 年＝●および実線。
出所：1980 年エリート調査および 2018-19 年エリート調査。

へのアクセスは影響力の大きいアクターに制限されるのに対して，マスメディアは多様なアクターがアクセスできる包括性をもつはずである。

　蒲島（1990）では，このことを確認するために，各種の団体（経済，農業，労働，市民，女性，NPO）について，調査回答者の影響力評価の平均値（**表8-1** 参照）と，政治家指導層，高級官僚，マスメディアそれぞれへのアクセス可能な団体の割合との関連をもとに，包括的にアクセス可能なマスメディアの存在を明らかにしている。

　これに倣い，1980 年調査と 2018-19 年調査を用いて，各団体の影響力とアクセス可能性との関係の変化を考察しよう（アクセス可能性については，1980 年エリート調査 問 10; 2018-19 年エリート調査 問 5）。**図 8-2** は，閣僚，局長級以上の官僚，野党指導者，全国紙新聞記者，地方新聞記者，全国・地方テレビ記者のそれぞれと接触できる団体エリートの割合を縦軸，影響力評価の平均値を横軸にとった散布図である。データ数は少ないが，近似曲線（直線近似）も掲載している。

閣　僚

　与党のリーダー層でもある閣僚に対しては，全般にアクセス可能な団体が少ない。それでも，2 時点とも右肩上がりの関係がみてとれる。すなわち，影響力が大きい団体ほど閣僚へのアクセスが可能なのである。ただし，経済団体や農業団体のアクセス可能性が大きく低下しているため，2018-19 年において関連が弱まっている。

野党指導者

　野党の指導者については，1980 年の労働団体が突出して高い。これを除くと，市民団体や女性団体といった影響力の小さい団体のほうが，経済団体と農業団体よりもアクセス可能な団体が多い。労働団体も含め，革新的なイデオロギーを持つ団体ほどアクセスできるということであろう。2018-19 年においては労働団体の影響力が大きく低下したために，革新的で影響力の小さい団体ほど接触する傾向がより明確になった。しかし，**表 8-1** でもみたように野党自体の影響力評価が低いため，利益を媒介する機能は非常に弱いと考えられる。

局長級以上の官僚

　各省の局長級以上というエリート官僚については，1980 年において右肩上がりの関係がみてとれる。すなわち，影響力が大きいほどアクセス可能であるという関係が明確である。2018-19 年では，経済団体と労働組合のアクセス可能性が低下したため，全体に平準化している。そのため影響力に関わりなく包括的にアクセス可能になったものの，むしろ団体との距離が生まれ，利益表出の対象とならなくなったとみることもできる。

全国紙新聞記者

　全国紙新聞記者については，1980 年調査において農業団体における割合が著しく低いこと以外は，どの団体も 40% 以上とアクセスできる団体が多い。農業団体の影響力がある程度大きいために近似曲線は右下がりであるが，これを除くと影響力による差異はあまりみられず，どの団体も概ね同程度にアクセスできる。

　2018-19 年では，どの団体も全般に新聞記者とのアクセス可能性が低下しており，利益表出の回路としての機能が低下している可能性が示唆される。農業団体における割合がやはり低いが，市民，女性，NPO，労働の各団体と比べて経済団体におけるアクセス可能性の割合も低い。そのため，包括的というより，影響力の小さい革新的な団体ほど接触可能であるように変化が生じた。これは野党指導者と同様ではあるが，野党と比べると影響力の大きいマスメディアは，相対的に影響力の小さい団体の利益を媒介し，利益表出の多元化に向けて機能していると考えられる。

全国・地方テレビ記者

　テレビ記者は全国と地方を合わせて質問している。1980 年調査において，市民団体や女性団体で 30 〜 40% とアクセスできる団体が多く，経済団体や農業団体で少ない。2018-19 年調査においては全般にアクセス可能性を減らしているものの，同様の傾向がみてとれる。近似曲線の傾きが小さくなったのは接触の少ない農業団体の影響力が低下したためである。テレビは 2 時点を通して，影

響力の小さい団体ほどアクセス可能であり，これらの団体の利益表出を媒介してきたといえる。

レファレント・プルーラリズムの現在

　以上，マスメディアに焦点を合わせ，影響力，イデオロギー，他団体からのアクセス可能性という点から，2018-19 年時点においてもなおレファレント・プルーラリズムの特徴がみられるのかを検討してきた。マスメディアの影響力は依然，上位ではあるものの，1980 年時点と比べると大きく低下している。また，イデオロギー認知においては相対的に中位に位置しているが，他のエリートからみると決して一枚岩ではなく，分極化している様がうかがえる。そして，他団体からマスメディアへのアクセス可能性については全般に低下しているものの，影響力の小さな革新寄りの団体のほうがアクセスできるようである。

　これらの結果から，たしかにマスメディアの中には影響力の弱いアクターの声を代弁することで，既存の体制とは異なる価値を政治過程に注入するという役割をもつものもあるが，相当程度，弱化しているといわざるをえない。日本の政治構造の特徴として，レファレント・プルーラリズムは見出しがたい。

4　おわりに

　本章では，エリート同士の相互評価からみた政治的影響力の構造とその変容を検討した。その際，1980 年時点における日本政治の特徴といわれた自民党や官僚の優位性および政官財の権力核がどのように変化したのか，また，それに対抗する革新系野党，労働組合，市民団体などの対抗エリートの政治構造上の位置づけがどのように変化したのかに注目した。さらに，1980 年調査で示唆されたレファレント・プルーラリズムにおけるマスメディアの機能に焦点を合わせて検討を進めてきた。

　分析から，2 時点の政治的エリート調査からみた日本の権力構造は，与党，官僚，経済団体からなる権力核が持続しており，マスメディアの影響力が低下したことによりむしろ相対的に存在感を増している。とりわけ，与党の影響力は，

政治制度改革による政党指導部への集権化を背景に高まっていると考えられる。首相や官邸の影響力はさらに高まっていることも予想されるが，本調査では質問されていないため今後の課題として残される。一方で，2018-19年時点での野党，労働組合，市民団体の影響力は低く，対抗エリートの弱化が目立つ。

　マスメディアについては，2018-19年時点において，影響力は低下し，分極化の傾向がみられ，アクセス可能な団体も減少している。したがって，マスメディアを介した利益表出回路も有効ではなくなりつつある。レファレント・プルーラリズムはもはや機能しているとはいえない。

　それでは，今日の日本の政治構造をどのように特徴づけることができるだろうか。次の**第9章**でも示されるように団体エリートが政府や官僚に接触する割合が減少しており，マスメディアによる媒介機能の低下も含め，社会過程に存在する多様な声を政治へと伝達する回路が狭められている。このように，社会には様々な主張（＝音）があるけれども，それがいわば防音室で阻まれていて国家に届かない状況は，「サウンドプルーフ・プルーラリズム（soundproof pluralism）」とも名付けられるだろう。

　このように政治領域と社会・経済領域との乖離が進む中で，今後，社会過程における新たな価値や利益はいかにしてそれを政治過程に表出されうるのだろうか。要求回路を失ったまま，権力の一元化が進行するのだろうか。それとも，近年の社会運動などにみられるように，ソーシャルメディアを使って自由に発信し，世論を喚起しつつ政治に働きかける手段がより一般的になるのであろうか。民主政治における価値の多元性をいかに確保するかという点から興味深い課題である。

第**9**章

政策ネットワーク
——官民関係の現状と変容——

柳　　至

1　はじめに

　本章では，1980 年エリート調査（以下，1980 年調査）と 2018-19 年エリート調査（以下，2018-19 年調査）を用いて，エリートの政策ネットワークの現状と変容を記述する。本章で着目する政策ネットワークとは，政策過程におけるアクターの関係性のことを指す。[1]政策ネットワークを記述する際には，政治家や官僚といった政府内のアクターと団体エリートの関係（以下，官民関係）に焦点を当てる。ただし，1980 年から 2018-19 年にかけてのエリート間の関係の変化として，官民関係以外にも政官関係や中央地方関係といった政府内のアクター間関係の変化が生じている。本章では，これらの変化をふまえながら，官民関係の現状と変容を明らかにする。

日本の官民関係
　これまでの日本の官民関係としては，団体が政策参加をするとともに，政府

1　何をもって政策ネットワークとするのかは論者により様々である（古坂 2007）。もっとも，風間規男によると，共通項として，①資源の相互依存関係を前提とした水平的な調整が繰り広げられていると考える点と，②特定の政策領域において官民のアクターが構築するメゾレベル関係に着目するという点がある。ただし，近年においてはマクロ構造を重視する研究もあれば，ミクロレベルの政策決定プロセスを追う実証研究もあると指摘する（風間 2011: 128）。

が規制を行うという融合的な官民関係が指摘されている（飯尾 1998）。日本の行政実務は，官僚と民間人の共同作業として行われてきたという側面を有していた（伊藤 1980: 23-24）。こうした融合関係の背景としては政府のリソースの乏しさが指摘されている。日本は，経済協力開発機構（OECD）加盟諸国の中でも，公務員が労働力人口に占める割合が極端に少ない。経済発展の水準の割に公務員数が少ないという特徴は 1970 年には明確となっている（前田 2014）。村松岐夫は，日本の行政は少ないリソースを補うべく，各種団体を活用してきたことを指摘する（村松 1994）。もっとも，こうした融合関係が築かれてきたのは政府の都合によるものだけではない。団体の側も規制によって生じる追加的な利潤を得たり，自らの利益を政策に反映させたりするために，政策参加を行ってきたという相互依存的な側面がある（飯尾 1998; 真渕 2020）。

　融合的な関係性が指摘されてきた日本の政策ネットワークであるが，すべての団体が政府の中核的なアクターと密接な関係を築いていたわけではない。1980 年調査では，国会議員，閣僚，高級官僚と接触できる経済団体・商工団体といった現状擁護的な団体とそうではない団体が存在していたことが指摘されている。また，労働団体は野党指導者と接触することも多く，野党と共に対抗エリートとして行動をしていた（三宅・綿貫・嶋・蒲島 1985）。1980 年調査で確認されたネットワークのパターンは，政治過程の二重構造として村松によっても指摘されている。村松は，政策決定に積極的な役割を果たす保守政党，官僚，農業団体，経済団体というグループと，既存の政治体系に変革を迫る革新政党，労働団体というグループの間の亀裂を示した（村松 1981）。

　このような官民の関係性は変容することがある。ネットワークの変容の要因としては，市場や経済の変化，イデオロギーの変化，制度変化，専門知の変化などがある（Marsh and Rhodes 1992: 257-261）。日本においても，1990 年代から 2000 年代にかけて経済的な規制の大幅な緩和が行われ（曽我 2013），団体エリートの保革イデオロギーの中間化が進み（竹中・遠藤 2020），行政改革，地方分権改革など様々な制度変化が生じた。

　それでは，官民関係をめぐる環境が変化する中で，官民のネットワークはどのようなものとなり，1980 年におけるパターンからどのような変化があったの

であろうか。以下，第2節において，日本における官民のネットワークに関する先行研究を検討し，政策ネットワークの現状と変容を記述するうえでの枠組みを提示する。第3節では，政策ネットワークを記述する。まず，2018-19年時点におけるエリートの政策ネットワークの概要を示すとともに，1980年時点のパターンからどのような変化があったかを記述する。次に，政官関係と中央地方関係の変化が指摘される中で，団体の接触ルートに変化が生じているかを明らかにする。そして，現状の政治への評価が団体分類により異なるかを示す。第4節では，本章の議論をまとめる。

2 官民の政策ネットワーク研究

政策ネットワークに関する先行研究

本節では，日本の官民の政策ネットワークを質問紙調査により明らかにした先行研究を中心にレビューし，1980年以降の日本の政策ネットワークにおける民間団体の政策過程への参加状況の変遷を示す。村松らは1980年以降に圧力団体，国会議員，官僚に対する3次にわたる質問紙調査を行った。このうちの圧力団体調査については，2012年に辻中豊らが第4次調査を実施している。これらの圧力団体調査は中央政府における政策過程において大きな役割を果たすと考えられていた頂上団体を対象としたものだが，より幅広い草の根レベルの団体を対象とした質問紙調査として，1997年から2017年にかけて辻中らによって行われてきた4次にわたる社会団体調査が存在する。当初はこうした調査を用いて，日本のコーポラティズムや多元主義といった抽象度の高い政治理論との関連性を明らかにしようとする研究が行われてきたが，次第に研究の焦点はより具体的な論点との関係性を明らかにしようとすることに移行する（辻中2016）。

こうした先行研究では，どのようなアクター間の関係を明らかにしてきただろうか。民間のアクターが政府に働きかけをする際には，政府との関わりを足がかりとする。アドボカシー活動といった政府への働きかけをする際には，団体が有するネットワークが資源となることが指摘されている（Bass et al. 2007; Pekkanen and Smith 2014; Neumayr et al. 2015）。本節では，まず政府と団体のこうした関わりにど

のような変遷がみられるかを確認する。そのうえで，団体による行政アクターへの接触状況にどのような変化がみられるかを確認する。団体から政府へのルートとしては，行政ルートと政党ルートの2つのルートがある（森 2010）。そこで，政治家や政党と団体との関わりと接触状況についても，確認する。

官民関係の変化

　頂上レベルの圧力団体と中央政府の行政との関わりや接触は薄れている。まず，関わりについては，規制に関して質的な変化が生じているとともに，政策参加が減少している。圧力団体調査の結果によると，1980 年の第 1 次調査から 2012 年の第 4 次調査にかけて，行政指導と法的規制を受けている団体の割合は減少したものの，許認可を受ける団体の割合に大きな変化はない。ただし，規制の内訳としては「強い規制」が減少して，「弱い規制」が増加する傾向にあるという。また，意見交換，政策決定協力，審議会への委員派遣といった団体の政策参加・利害調整に関する項目が減少している（久保 2016）。官僚調査においても，官僚は 1970 年代から 80 年代にかけて団体との調整に多くの時間やエネルギーを割いていたが，2000 年代に入ってからは少なくなっている（曽我 2006）。行政アクターと団体の関わりだけではなく，接触も減少している。圧力団体調査によると，首相，大臣，事務次官，局長，課長に接触している団体の割合はいずれも第 1 次調査が最も高く，第 4 次調査が最も低くなっている（久保・辻中 2013）。官僚調査でも，1985-86 年から 2001 年にかけて，接触頻度が低下している（久米 2006）。

　他方で，圧力団体調査よりも幅広い団体を対象とした社会団体調査においては，大きな変化はみられない。許認可，法的規制，行政指導を受けている団体の割合は，2012-13 年の第 3 次調査で減少したものの，2017 年の第 4 次調査では回復しており，1997 年に実施された第 1 次調査と比較して減少しているとはいえない。意見交換，政策決定協力，審議会への委員派遣についても，同様の傾向である（柳 2019）。中央省庁との接触に関しても，第 3 次調査で減少したものの，第 4 次調査では回復しており，大きな変化はない（山本 2019）。社会団体調査では，圧力団体調査とは異なり，地方政府の行政との関係も調査されてい

るが，こちらも関わりと接触状況ともに減少傾向にはない（戸川 2019; 山本 2019）。

　次に，政党・政治家と団体との関係に変化はあるだろうか。圧力団体調査によると，国会議員と団体の接触数は少なくなっている。まず，各種の調査から人材，資金，選挙運動の各側面で団体と政党の関わりが弱まっている。そのうえで，圧力団体調査の結果によると，第 1 次調査から第 4 次調査にかけて接触なしの割合が 11.1% から 32% に増加している（濱本 2016）。国会議員調査からも，1987 年から 2002 年にかけて，接触頻度が低下していることが示されている（久米 2006）。他方で，社会団体調査によると，第 2 次調査から第 4 次調査にかけての自民党，公明党，民主党，共産党との接触頻度に大きな変化はない（山本 2019）。なお，圧力団体調査および社会団体調査ともに，団体から地方自治体の首長と地方議員に対する接触状況の変遷は明らかとなっていない。

先行研究のまとめと課題

　このように，先行研究では，頂上団体レベルでは官民の関わりや接触が弱まっている一方で，草の根レベルも含めた団体世界においては大きな変化はないことが示されている。エリート調査で対象とする団体は，活動分野が異なるところがあるものの，圧力団体調査で対象とされた頂上団体に近い。圧力団体調査の結果からは，1980 年と 2018-19 年のエリート調査の比較においても，総体として官民の距離が遠ざかっていることが予想される。ただ，1980 年時点で確認されたネットワークの二重構造がいまだに存在するかはわかっていない。また，地方分権改革を経て，地方エリートの存在感が強まっていることが指摘されているが（打越 2005; 砂原 2017），団体エリートが地方政府のアクターとどのように接触しているかについても，明らかとなっていない点となる。

記述の枠組み

　本章では，1980 年調査を踏襲した 2 つの質問を用いて政策ネットワークを記述する。ひとつは，意見表明回路として接触できる知人の有無を尋ねた質問（2018-19 年調査問 5）である。団体が自らの意見を表明したい際に，利用できる知人が政府内に存在するかを尋ねている。もうひとつは，希望を述べるための接

触の有無を尋ねた質問（2018-19年調査 問8）である。実際に回答者が希望を述べるために政府内のアクターに接触したか，接触した場合の成否について尋ねている。本章では，実際に接触しているかという点に関心があり，また相手方を細かく区分して尋ねているという理由から，主に接触の有無を尋ねた質問を利用する。ただし，後述するように1980年調査では主に意見表明回路に関する回答結果を用いてネットワークの二重構造について言及しているため，この点を確認する箇所では意見表明回路に関する質問も用いる。なお，接触の成否に関しては，接触したとする回答者が少なく，また1980年調査との比較には留意が必要なため，補足的に言及する。

　この2つの質問項目を用いて記述される政策ネットワークは基本的には民から官への一方向の関係を示すものとなる。政官と中央地方間の接触状況についても確認するものの，これらの質問項目に関しては国政の政治家の回答数が非常に少ない。そのため，国政の政治家グループの回答は本章における記述の対象としない。政官については官僚・自治体職員から政治家への一方向，中央地方については地方から中央への一方向の接触関係を示すものとなる。そして，最後に団体分類と日本の民主政治に対する評価点の関係を記述する。1980年調査では，現状肯定的なグループと否定的なグループが存在していることが指摘されていたが，2018-19年調査でも同様の傾向があるかを確認する。

3　ネットワークの現状と変化

ネットワークの現状

　2018-19年調査において，団体エリートの意見表明回路として政府内のアクターに知人を有している割合を団体分類ごとに示したものが**表9-1**である。経済団体からマスコミにかけて，相手先として多いのが，国会議員，地方議員，首長である。この3アクターがいずれの団体においても最も高いか，次点の割合となっている。中央政府における国会議員の存在感の強さと，地方政府のアクターの存在感の強さが示されている。閣僚や副大臣，政務官という政務三役の割合は国会議員と比べると高くない。政務三役を意見表明回路としている団

表9-1　2018-19年の団体分類別の意見表明回路

	国会議員	閣僚	副大臣・政務官	野党指導者	官庁局長級以上	首長	地方議員
経済団体	42.7	12.4	13.5	4.5	19.1	30.3	29.2
労働団体	83.1	2.9	2.2	41.2	16.2	29.4	82.4
農業団体	58.3	8.3	9.7	4.2	9.7	62.5	69.4
商工団体	67.2	11.7	18.2	6.6	18.2	56.2	72.3
市民団体	50.0	4.7	6.8	20.9	14.2	31.8	58.1
専門家	64.1	12.4	17.0	4.6	15.0	44.4	64.7
学者・文化人	9.8	2.1	3.5	3.5	7.0	12.6	20.3
マスコミ	50.0	11.8	13.6	11.8	26.4	47.3	35.5
官僚	58.7	28.3	39.1	6.5	76.1	39.1	23.9
自治体職員	27.0	0.0	0.0	0.0	4.8	52.4	65.1
首長	95.7	65.2	60.9	30.4	73.9	87.0	78.3
地方議員	89.8	13.6	22.7	14.8	6.8	71.6	81.8

註：各グループで最も高い割合であった接触先の数値を濃く塗りつぶしている。次点の割合であった接触先の数値は薄く塗りつぶしている。また，同率の接触先がある場合はいずれも塗りつぶしている。最も高い割合の接触先が複数存在している場合は，次点の割合の項目は塗りつぶしていない。以降の**表 9-2**も同様。
出所：2018-19 年調査より筆者作成。

体の割合が 10% 以上なのは，経済団体，商工団体，専門家，マスコミである。野党指導者を意見表明回路としている団体の割合は全般的に低いが，労働団体，市民団体，マスコミは比較的高い。特に，労働団体は 41.2% である。官庁局長級以上を意見表明回路としている団体の割合が政務三役や野党指導者よりも高い団体は多いものの，国会議員，地方議員，首長と比較すると低く，意見表明回路としての割合は高くない。

　官僚と自治体職員についてもみると，それぞれの政府内で意見表明回路が完結している傾向がみてとれる。官僚は官庁局長級以上と国会議員の割合が高く，自治体職員は地方議員と首長の割合が高い。

　首長と地方議員は，中央政府にも地方政府にも意見表明回路を有している。首長と地方議員ともに，国会議員の割合が最も高く，次いで首長は首長，地方議員は地方議員となる。首長は他のアクターに比べて多くの相手先を意見表明回路としている傾向があり，他のアクターが意見表明回路としていない官庁局長級以上についても 73.9% と高い。

　次に，実際に要望のために接触をしたことがあるか，また結果の成否を示したものが**表**9-2である。**表**9-1と異なり，質問をする際に，国会議員を与党議員と野党議員に分け，閣僚と副大臣・政務官を政務三役とまとめ，自治体幹部を追加している。また，接触の結果が概して成功と回答した割合と，概して不成功と回答した割合も示している。**表**9-2の見方を例示すると，27.3%の経済団体が与党議員に接触しており，4.5%の団体が接触して概ね成功しており，3.4%の団体が概ね失敗している。これは，残りの19.4%の団体がどちらの時もあると回答しているということを，72.7%の団体は接触していないと回答したことを意味する。

　接触割合をみると，**表**9-1と同様に，団体エリートが国会議員と地方政府のアクターに接触する傾向がみてとれる。国会議員を与党議員と野党議員に分けたことにより，経済団体，農業団体，商工団体，専門家が野党議員よりも与党議員に接触し，労働団体と市民団体が与党議員よりも野党議員に接触する傾向が明らかとなった。学者・文化人とマスコミについては，両者に接触する割合に大きな違いはない。地方政府の首長，地方議員，自治体幹部に対しては，どの団体も接触する傾向がある。

　官僚・自治体職員と首長・地方議員については，**表**9-1と同様の傾向がある。官僚と自治体職員はそれぞれの政府内のアクターに接触し，首長と地方議員は中央政府と地方政府双方に対して接触をしている。

　接触の結果の成否に関しては，団体分類や接触先により違いがある。経済団体は，どの接触先に対しても，その成否に大きな違いはない。労働団体や市民団体は，与党議員に対して接触するものの失敗率は高い。なお，労働団体は野党議員や野党指導者への成功率が高い。農業団体，商工団体，専門家は，野党議員への失敗率が高い。また，農業団体と商工団体は地方政府の首長，地方議員，自治体幹部への成功率が高い。もっとも，これらの成否についてのポイントの差はさほど大きくないことには留意する必要がある。官僚・自治体職員と首長・地方議員については，野党議員と野党指導者という接触先を除くと，どの接触先に対しても，成功率のほうが高いか同程度となる。ただし，こうした結果が接触先と接触元の影響力の差なのか，他の要因によるものなのかという点

表9-2　2018-19年の団体分類別の要望接触

	与党議員			野党議員			政務三役			野党指導者		
	接触あり	接触成功	接触失敗	接触あり	接触成功	接触失敗	接触あり	接触成功	接触失敗	接触あり	接触成功	接触失敗
経済団体	27.3	4.5	3.4	11.5	0.0	4.6	8.0	1.1	1.1	4.6	0.0	1.1
労働団体	39.3	1.5	18.5	89.0	22.1	8.1	14.2	0.0	4.5	57.0	13.3	7.4
農業団体	63.2	6.6	7.9	38.4	4.1	11.0	14.1	1.4	1.4	11.1	0.0	0.0
商工団体	66.2	10.1	7.9	24.1	1.5	10.2	12.6	0.7	3.0	10.4	0.7	3.0
市民団体	37.1	4.9	13.3	47.9	4.2	9.0	9.4	0.7	3.0	29.1	1.4	5.0
専門家	65.6	5.2	9.1	35.1	0.7	14.6	10.5	0.0	0.7	8.8	0.0	4.1
学者・文化人	7.1	2.1	1.4	6.4	0.7	2.1	2.1	1.4	0.0	2.8	0.0	0.7
マスコミ	23.9	0.9	5.5	20.2	0.9	2.8	9.1	0.0	0.9	12.8	0.9	1.8
官僚	56.5	21.7	0.0	48.9	8.9	0.0	54.3	23.9	0.0	22.2	2.2	2.2
自治体職員	47.7	6.2	6.2	15.2	0.0	7.6	7.6	1.5	0.0	4.5	0.0	1.5
首長	100.0	45.5	4.5	60.0	15.0	15.0	76.2	33.3	0.0	45.0	15.0	10.0
地方議員	74.0	29.0	4.6	50.4	10.6	10.6	33.3	13.7	2.6	28.8	5.1	5.9

	官庁局長級以上			首長			地方議員			自治体幹部		
	接触あり	接触成功	接触失敗	接触あり	接触成功	接触失敗	接触あり	接触成功	接触失敗	接触あり	接触成功	接触失敗
経済団体	22.5	4.5	3.4	32.6	7.0	7.0	30.7	2.3	5.7	34.1	4.5	8.0
労働団体	34.1	3.7	6.7	50.0	6.1	6.1	83.1	14.7	12.5	53.4	6.0	7.5
農業団体	20.8	1.4	4.2	75.3	21.9	4.1	77.0	20.3	9.5	77.3	17.3	9.3
商工団体	41.3	5.8	5.1	67.6	16.5	4.3	74.3	14.3	7.9	67.6	19.4	7.9
市民団体	26.4	5.0	7.1	41.4	6.2	7.6	57.1	7.5	8.2	47.6	6.2	8.3
専門家	34.7	3.3	4.7	59.6	12.6	10.6	63.2	11.2	10.5	57.0	6.6	7.3
学者・文化人	5.7	2.1	0.7	13.5	3.5	0.7	15.6	2.8	2.1	18.6	3.6	0.0
マスコミ	20.2	0.0	3.7	36.4	1.8	6.4	28.2	0.9	5.5	32.7	0.9	3.6
官僚	60.9	28.3	0.0	41.3	8.7	0.0	20.0	2.2	2.2	34.8	15.2	0.0
自治体職員	28.8	3.0	3.0	64.6	7.7	1.5	72.3	6.2	3.1	73.8	10.8	1.5
首長	100.0	42.9	0.0	100.0	33.3	0.0	95.2	38.1	9.5	95.2	47.6	9.5
地方議員	49.6	10.1	5.9	95.3	26.6	4.7	96.1	26.6	3.1	96.0	28.0	2.4

註：接触の結果の成否の割合で5ポイント以上の差があった箇所を線で囲っている。
出所：2018-19年調査より筆者作成。

はわからない。たとえば，政官関係に関する先行研究からすると，官僚が政治家に対して概して失敗していないのは，官僚の影響力が高いからではなく，政治家の選好に近づけた要望をしていると解釈するのが自然であろう。

ネットワークの変化

続いて，1980年時点で指摘されていた，①政府の中核的なアクターに接触する機会の不平等と，②野党指導者とともに対抗エリートとして行動する団体の

表9-3　意見表明回路割合の比較

	国会議員		閣僚		野党指導者		官庁局長級以上	
	1980年	2018-19年	1980年	2018-19年	1980年	2018-19年	1980年	2018-19年
経済団体	78.5	42.7	37.9	12.4	21.0	4.5	53.8	19.1
労働団体	86.1	83.1	9.1	2.9	60.1	41.2	23.6	16.2
農業団体	77.2	58.3	18.6	8.3	13.9	4.2	15.6	9.7
商工団体	74.0	67.2	10.6	11.7	10.6	6.6	13.5	18.2
市民団体	58.9	50.0	6.1	4.7	28.9	20.9	10.3	14.2
学者・文化人	18.5	9.8	3.9	2.1	4.7	3.5	6.9	7.0
マスコミ	59.4	50.0	23.8	11.8	27.6	11.8	32.2	26.4
官僚	61.7	58.7	25.8	28.3	18.3	6.5	66.7	76.1
自治体職員	65.9	27.0	4.7	0.0	7.0	0.0	13.2	4.8
市議会議員	89.1	88.6	12.7	13.9	28.2	11.4	10.0	7.6

註：グループのサンプリングと相手先のカテゴリは両調査で同じにしている。まず，グループのサンプリングが2018-19年調査と同じになるように，1980年調査の財界リーダーを経済団体と商工団体に分けた。市民運動リーダーと婦人運動リーダーを合わせて市民団体とした。1980年調査で対象としていない専門家と，2018-19年調査で対象としていない部落解放同盟は除外した。以降の**表9-4**でも同様の操作を行った。次に，2018-19年調査では相手先を細かく区分して尋ねているが，1980年調査に合わせてまとめている。本表では，与党議員と野党議員を合わせて国会議員としている。なお，1980年から2018-19年にかけて，10ポイント以上減少した項目を薄く塗りつぶし，20ポイント以上減少した項目を濃く塗りつぶしている。以降の**表9-4**も同様。
出所：2018-19年調査および1980年調査より筆者作成。

存在というネットワークの二重構造がみられるかを確認する。1980年調査と2018-19年調査における意見表明回路としての知人の割合を比較したものが**表9-3**である。

　経済団体と農業団体については，2018-19年にかけて割合を低下させている項目が多い。1980年調査では，主に本質問項目から，経済団体・商工団体のリーダーが国会議員，閣僚，高級官僚と緊密な関係を保ち，労働団体や農業団体がこれに続く一方で，市民団体は閣僚や高級官僚を知人に持つ程度は低く，疎外されていたことを示していた（三宅・綿貫・嶋・蒲島 1985: 50）。国会議員との関係をみると，経済団体における割合が30ポイント以上減少しており，2018-19年では経済団体・商工団体が最も緊密とはいえない。ただし，閣僚との関係でみると，2018-19年時点でも経済団体と商工団体が高く，労働団体や市民団体は低い傾向がある。官庁局長級以上との関係では，経済団体の割合が30ポイント以上減少しており，他団体と大きな違いはなくなっている。また，1980年調

表9-4　要望のための接触割合の比較

	国会議員		地方議員・首長		閣僚	政務三役	官庁局長級以上	
	1980年	2018-19年	1980年	2018-19年	1980年	2018-19年	1980年	2018-19年
経済団体	79.5	27.6	64.1	38.4	56.1	8.0	82.4	22.5
労働団体	90.6	88.9	90.8	82.6	41.3	14.2	70.9	34.1
農業団体	90.6	63.0	90.1	79.2	48.7	14.1	67.6	20.8
商工団体	82.2	67.2	89.1	75.5	30.0	12.6	60.9	41.3
市民団体	75.0	56.7	82.8	62.8	28.8	9.4	60.2	26.4
学者・文化人	14.0	10.6	21.5	17.7	4.9	2.1	15.2	5.7
マスコミ	44.3	23.9	46.0	39.1	27.2	9.1	44.0	20.2
官僚	65.5	55.6	40.0	40.0	47.2	54.3	71.7	60.9
自治体職員	77.4	47.7	93.2	72.3	19.3	7.6	61.8	28.8
市議会議員	97.9	85.5	99.0	95.5	38.5	13.8	70.3	21.7

註：2018-19 年調査では接触相手を細かく区分して尋ねているが，1980 年調査に合わせてまとめている。本表では，与党議員と野党議員を合わせて国会議員として，地方議員と首長を合わせて地方議員・首長としている。閣僚の項目は，1980 年調査では閣僚，2018-19 年調査では政務三役となっており，異なる。
出所：2018-19 年調査および 1980 年調査より筆者作成。

査では，労働団体が野党指導者と接触することが多く，対抗エリートとして行動していたことが示されていた。2018-19 年調査では割合が低下しているものの，他団体と比べると野党指導者を意見表明回路として有する割合は高い。また，市民団体も野党指導者の割合は比較的高い。

　1980 年調査と 2018-19 年調査における要望接触の割合を示したものが**表 9-4**である。官民の関係性が薄れていることは**表 9-3** 以上に顕著であり，政府のアクターに接触する割合はどの団体でも低下している。特に経済団体の落ち込みは顕著であり，どの相手先に対しても 20 ポイント以上減少している。

　政官関係と中央地方関係の変化についても確認する。官僚から国会議員への接触は 65.5% から 55.6% へと 9.9 ポイント減少しているが，政務三役への接触は 47.2% から 54.3% へと 7.1 ポイント増加しており，若干ではあるが関連する国会議員ではなく，省庁内の上司である政治家に接触する傾向が増している。地方政府の自治体職員と市議会議員から中央政府の国会議員，政務三役，官庁局長級以上への接触はいずれも減少している。特に官庁局長級以上への接触は，自治体職員が 61.8% から 28.8% へと，市議会議員が 70.3% から 21.7% へと大幅に減少している。

　なお，接触の成否については，2018-19 年調査で細かく区分して尋ねた相手を
まとめて 1980 年調査と比較することが適当ではないため，記載していない。た
だし，補足的に言及しておくと，1980 年調査においては，どの団体も成功率の
ほうが失敗率よりも高いか同程度で（ただし，労働団体と市民団体の閣僚と官庁局長級
以上への接触については，失敗率のほうが 5 ポイント以上高い），成否の差も大きい傾向
があった。単純には比較できないものの，2018-19 年調査では多くの団体分類
で成功率が低下して成否の差が縮まる傾向がみられた。たとえば，1980 年調査
における経済団体は，国会議員に対しては成功率 17.0% で失敗率 5.8% であり，
官庁局長級以上に対しては成功率 19.5% で失敗率 4.4% と，成功率は失敗率よ
りも 10 ポイント以上高かった。地方議員・首長と閣僚に対する成否の差には大
きな違いがなかった。これに対して，**表 9-2** で示したように，2018-19 年調査に
おける経済団体は，どの接触先に対しても成否に大きな違いがない。経済団体
が政府内のアクターと接触する機会は少なくなっており，接触した場合でも成
功率は低くなっている。

政官関係と中央地方関係

　次に，団体が政府と接触する際に，政治家と官僚どちらに接触するか，中央
の政治家と地方の政治家どちらに接触するのか，1980 年からの変化はあるのか
という点を記述する。圧力団体調査を用いた分析からは，1990 年代に政官の関
係が，2000 年の地方分権改革後に中央地方の関係が薄れていることが指摘され
ている（北村 2006; 村松 2010）。ジョージ・キャスパー・ホーマンズ（George Casper
Homans）の交換理論によると，他のアクターからの社会的是認を得るアクター
ほど，他のアクターから頻繁な相互作用を受ける（Homans［1961］1974=1978）。政
官関係の変化によって政策決定過程における政治家の重要性が増し，中央地方
関係の変化によって地方政府の自律性が増したとすれば，1980 年と比べて団体
エリートが政府に要望を述べる際に，政治家ルートや地方政府ルートを用いる
ことが増えていることが予想される。

　政官関係においては，政策決定過程の集権化が進む中で，官邸主導，政治主
導が進んでいることが指摘されている（竹中編 2017; 牧原 2018）。政権党である自

民党の集権化は進んだものの，政策決定過程においては分権的な制度を残しており，政調会や総務会が内閣を拘束する余地を残している（濱本 2018）。質問項目の関係上，官邸，与党議員，野党議員を分けて 1980 年調査との比較をすることはできないが，中央政府に要望を述べる際に，政治家のみに接触すればよいと考える団体エリートが増えていることが想定される。

　中央地方関係においては，地方自治体の首長の自律性が高まっている（打越 2005; 砂原 2017）。中央政府から地方政府に権限や財源が委譲され，移転財源が削減されたことにより，地方政府レベルの要望に関して，地方政府の首長のみに接触をすれば事足りることが増えていることが想定される。

政官ルートと中央地方ルートの変化

　団体エリートを対象として，政官ルートと中央地方ルートの変化を示したものが**表 9-5** である。政官ルートにおいては，政治家（国会議員，閣僚・政務三役のいずれか）への接触有無と官僚（官庁局長級以上）への接触の有無という 2 軸によって，4 つに類型化した。中央地方ルートにおいては，中央政府のアクター（国会議員，閣僚・政務三役，官庁局長級以上のいずれか）への接触有無と地方政府のアクター（首長，地方議員のいずれか）への接触の有無という 2 軸によって，4 つに類型化した。1980 年調査では自治体幹部への接触を尋ねていないため，地方政府のアクターに自治体幹部は含まれていない。

　政官ルートをみると，官僚というルートの存在感が薄れている。**表 9-4** で確認したように，中央政府のアクターに接触する団体エリートが減少していることを受けて，「政治家あり官僚あり」の類型が 21.8 ポイント減少し，「政治家なし官僚なし」の類型が 11.3 ポイント増加している。いずれにしか接触しないタイプの変化をみると，「政治家あり官僚なし」の類型が 13.5 ポイント増加し，「政治家なし官僚あり」の類型が 3 ポイント減少している。

　中央地方ルートをみると，大きな変化ではないものの，地方政府というルートの存在感が若干強くなっている。**表 9-4** で示したように，政府のアクターに接触する団体エリートが全般的に減少していることを受けて，「中央あり地方あり」の類型が 8.2 ポイント減少し，「中央なし地方なし」の類型が 3.5 ポイント

表9-5　政官ルートと中央地方ルートの変化

政官ルート			中央地方ルート		
接触類型	1980年	2018-19年	接触類型	1980年	2018-19年
政治家あり官僚あり	42.9	21.1	中央あり地方あり	51.7	43.5
政治家あり官僚なし	13.8	27.3	中央あり地方なし	9.2	7.1
政治家なし官僚あり	5.6	2.6	中央なし地方あり	5.2	11.8
政治家なし官僚なし	37.7	49.0	中央なし地方なし	34.0	37.5

註：対象カテゴリは，経済団体からマスコミまで。比較のため専門家と部落解放同盟は除外している。
出所：2018-19年調査および1980年調査より筆者作成。

増加している。いずれにしか接触しないタイプの変化をみると，「中央あり地方なし」の類型が2.1ポイント減少し，「中央なし地方あり」の類型が6.6ポイント増加している。

政治への評価

　最後に，団体分類による現状の政治への評価点の違いを示したものが**図9-1**である（2018-19年調査 問12）。経済団体，農業団体，商工団体，専門家の平均値

図9-1　団体分類別の日本の民主政治に対する評価点

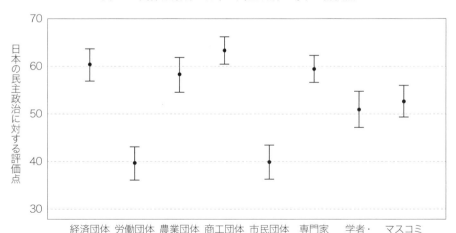

註：平均値（点）と95%信頼区間（バー）を示している。
出所：2018-19年調査より筆者作成。

は高く，学者・文化人とマスコミは全体の平均値 52.2 に近い。労働団体と市民
団体の平均値は 39 点台と低く，現状の政治に対して否定的な傾向がみられる。

4　おわりに

ネットワークの希薄化

　まず，全体としてエリートの政策ネットワークが希薄化していることが確認
された。団体エリートが意見表明回路としての政府内に知人を有する割合は全
体的に減少している。さらに，実際に要望を述べるための接触の割合は大幅に
減少している。団体分類別にみると，特に経済団体はどの政府内のアクターに
対しても接触する割合が減少しており，成功率も低下している。接触の相手先
でみると，官庁局長級以上に接触する団体の割合は，もともと接触割合が低
かった学者・文化人を除いて大きく割合を減らしており，官僚ルートの存在感
が弱くなっている。政官ルートの比較においても，官僚ルートを選択する団体
エリートが減少していることがわかった。全体として，ネットワークが希薄化
する中で，中央政府における国会議員と，地方政府の首長や地方議員が相手先
としての存在感を見せる。

二重構造の持続と変容

　次に，1980 年に観察されたネットワークの二重構造については，官民の関係
が全般的に希薄化していることに伴い，政府の中核的なアクターに接触できる
機会の差が縮んでいる。権力の中核とされてきた国会議員，閣僚，幹部官僚と
経済団体・商工団体，農業団体が密接な関係性を有していることが 1980 年調査
では示されていたが，2018-19 年においてその差は縮まっている。意見表明回路
として政務三役を有する割合が，経済団体，商工団体，専門家が高く，実際の
接触において与党議員と接触する割合が農業団体，商工団体，専門家で高い傾
向があるものの，その他の点については大きな差はない。特に，幹部官僚を意
見表明回路としたり，実際に接触したりする割合に大きな差はみられない。こ
うした中核的なアクターへの接触機会の平等化は，労働団体や市民団体の接触

割合が増加したことによってではなく，かつてこうしたアクターと密接な関係を築いていた経済団体等の接触が減少したことによって生じている。

　他方で，野党と労働団体や市民団体がひとつのグループを形成しているというパターンは残存している。1980年調査では，野党指導者，労働団体，市民団体が対抗エリートとして行動していたことが指摘されていた。2018-19年調査をみると，労働団体や市民団体は野党指導者を意見表明回路とする割合が高く，実際の接触においても野党議員や野党指導者と接触する割合が高い。野党，労働団体，市民団体による対抗エリートのグループが依然として形成されている。また，1980年調査では民主政治への評価は尋ねていないが，エリートが保守政党リーダー，経済団体・商工団体，官僚，農業団体による現状擁護派と，革新政党リーダー，労働団体，市民団体らによる平等推進派，それ以外の中間派に分かれていることが示されていた（三宅・綿貫・嶋・蒲島 1985）。2018-19年調査でも，現状の政治に対して経済団体，商工団体，農業団体，専門家は相対的に肯定的である一方で，労働団体と市民団体は相対的に否定的であった。現状に肯定的なグループと否定的なグループでネットワークも分かれている構図が存在していることがわかる。

地方の存在感と開放性

　2018-19年調査では，地方政府のアクターへの接触に関する質問も増やした。地方政府の首長，地方議員，自治体幹部職員に接触する団体は多く，ネットワーク内の存在感は相対的に強い。中央政府に接触するか地方政府に接触するかというルートの変化をみると，若干ではあるが地方政府へのルートが増加している。そして，団体分類の違いにより地方政府の首長，地方議員，自治体幹部職員に接触する割合は大きくは異ならない。中央政府レベルでは，薄まりつつも残存していることが確認された二重構造が地方政府レベルではみられないことも明らかとなった。

今後の行政活動のあり方

　2018-19年の官民関係は，1980年と比較して変化した側面もあれば，大きな

変化がみられない側面もある。政官関係や中央地方関係の変化を受けて，民から官への接触先には変化がみられ，政治家や地方政府のアクターの存在感が増している。また，官民間の接触の量も減少している。行政は少ないリソースを補うべく，団体を活用してきたことが指摘されていた（村松 1994）。近年，中央政府における官僚というリソースの不足が大きな注目を集めている。しかし，団体から中央省庁の官僚への接触は減少しており，団体が中央省庁と関係を構築する利点が少なくなっていることが想定される。行政のリソース不足を団体によって補えるという状況ではなくなっている。なお，中央政府におけるネットワークの構図には大きな変化がみられておらず，新たなネットワークも開拓できていない。こうした官民関係の現状もふまえながら，日本の行政活動のあり方についても検討していく必要があるだろう。

第 10 章

「一票の重み」の不平等が政治家に及ぼす影響

今井　亮佑

1　はじめに

　日本国憲法で「平等選挙」の原則が謳われているのはいうまでもない（第14条第1項・第44条）。しかしながら現実には，私たち有権者が投じる一票の価値（重み）が平等であるとはいえないような状況が生じている。一般的な表現でいえば，いわゆる「一票の較差」の問題である。

　投票価値の不平等に対する司法の目は年々厳しさを増しており，衆議院については2009年・12年・14年の選挙に対し，参議院については2010年・13年の選挙に対し，最高裁判所が「違憲状態」との判決を下した。こうした司法の厳しい判断を受けて，定数配分や区割りの見直し，参議院議員選挙における「合区」の導入など，較差是正に向けた取り組みが行われてきた。これらの改革により，たしかに以前に比べれば選挙区間の一票の重みの最大較差が是正されてきてはいる。だが，真の意味での「一人一票」は実現していない。また，国政選挙に比べあまり注目を集めていないものの，都道府県議会議員選挙においても，後に紹介するように，平均で2倍を超える「一票の較差」が生じている。

　有権者が投じる一票の重みが選挙区ごとに異なるということは，視点を変えれば，一票の重みが軽い選挙区選出の議員もいれば重い選挙区選出の議員もい

1　複数の選挙区間で一票の重みに差があることを表す場合は「格差」を，一票の重みが最大の選挙区と最小の選挙区との間の差の程度を表す場合は「較差」を，それぞれ用いる。

るということである。ここでひとつの疑問が浮かぶ。選出選挙区の一票の重みの軽重によって，議員の意識や行動も変わってくるのだろうか。たとえば，一票の重みが軽い選挙区選出の議員ほど，現在の日本社会は不平等であるとみていたり，「一票の較差」を是正すべきであると強く考えていたりするのだろうか。一票の重みが重い選挙区選出の議員ほど，支持者の意向を重視して議員活動を行っているのだろうか。あるいは，一票の重みが重い選挙区選出の議員ほど，政策過程において強い影響力を持っているということはないのだろうか。

　仮に，選出選挙区の一票の重みの軽重によって議員の意識や行動に違いがみられ，しかもそれが，一票の重みが軽い（重い）選挙区の有権者にとって不利（有利）に働く形での差異であったとしよう。その場合，一票の重みの不平等をめぐる問題は，日本国憲法が保障する「法の下の平等」に反するだけにとどまらず，政治的に不平等を増幅させる，由々しき事態ということになる。このため，選出選挙区の一票の重みの軽重が議員の意識と行動に及ぼす影響について，政治学の観点から検証することは，重要な意味を持つ。しかしながら，少なくとも本章執筆の時点では，この論点に関する実証研究の蓄積は十分とはいえないのが実情である[2]。

　本章では，この点での学術的貢献を目指す。具体的には，プロジェクトで実施した 14 道府県議会の議員を対象とした調査の分析を通じ，平等観や「一票の較差」の許容範囲，支持者の意見の尊重度合い，そして政策決定における影響力の認識に関して，一票の重みが軽い選挙区選出の議員と重い選挙区選出の議員との間に有意な差が認められるのか検証する。

2　1980 年調査には，「下の尺度で，1 の意見に対し，7 はその反対の意見を示します。2 から 6 までは二つの意見の間の立場を表しています。各問題ごとに，あなたのお考えに最も近い数字に一つだけ○印をつけてください」という質問があり（問 3），その中に，「1：衆議院議員選挙区の議員定数と人口数の不均衡は選挙権の平等原則に反する」，「7：歴史的・地理的事情による不均衡は極端にすぎねば認めてよい」という形で，「一票の較差」について尋ねた項目がある。しかし三宅・綿貫・嶋・蒲島（1985）では，この質問項目に関する分析は行われていない。

2　背　景

先行研究

　「一票の較差」をめぐる学術的な議論は憲法学の観点から行われることが多く[3]，政治学の観点からの実証研究はあまり発表されていない（cf. 今井 2020; 大村 2020; 粕谷 2015）。そうした中，本章と同様の問題関心に基づき，選挙区ごとに一票の重みに差異があることがもたらす政治的な影響について検証した主な論考として，次の2つが挙げられる。

　堀内・斉藤（2003）は，中選挙区制から小選挙区比例代表並立制への制度改革によって一票の重みの格差が抜本的に是正された点に着目し，①一票の重みが重い選挙区ほど人口一人当たりの補助金額が大きい，②選挙制度改革を通じて一票の重みの格差が是正されたことで補助金配分における格差も是正された，という2つの仮説の検証を試みた。1998年度決算における各市町村に配分された補助金（普通交付税，特別交付税，国庫支出金，およびそれらの総計）の額の対数値を従属変数，人口一人当たり衆議院議員議席数の対数値（＝一票の価値）を独立変数のひとつにとった回帰分析と，その結果に基づくシミュレーションを行い，2つの仮説のいずれも支持されることを確認した。

　小林（2012）も，2005年・09年の衆院選，2004年・07年の参院選について選挙区を単位とした分析を行い，一票の重みが重い選挙区ほど特別交付税が多く配分され，農林水産業費や普通建設事業費が多く支出されるという傾向を見出した。また同論文は，候補者の選挙公約や議員の国会での発言を従属変数にとった分析の結果をもとに，一票の重みの選挙区ごとの格差が，負託される民意や国会活動に歪みをもたらしているとも主張する。

　本章では，国会議員選挙ではなく都道府県議会議員選挙における一票の重みの不平等に着目し，補助金額のような実際の政治的アウトプットではなく議員の意識に及ぼす影響について分析する。このように，選挙区の一票の重みの軽

3　都道府県議選における「一票の較差」について憲法学の観点から検討したものとして赤坂（2015），宍戸（2015）がある。

重がもたらす政治的な影響という論点に先行研究とは異なる視点からアプローチすることで，新たな知見を提示することを目指す。

都道府県議選における一票の重みの不平等の現状

ここで，都道府県議選における一票の重みの不平等の現状を確認しておくことにしよう。一票の重みとは，ある都道府県全体でみた場合の議員一人当たり人口に比べ，各選挙区の議員一人当たり人口がどの程度多い／少ないかで決まるもので，式で表すと，「（都道府県の人口÷総定数）÷（選挙区の人口÷選挙区の定数）」となる。この値が 1 より小さい場合，当該選挙区の議員一人当たり人口が都道府県全体でみた場合の平均的な議員一人当たり人口より多いことを意味し，結果，一票の重みは相対的に軽くなる。逆に 1 より大きい場合は，その選挙区の議員一人当たり人口が都道府県全体でみた場合の平均的な議員一人当たり人口より少ないということであり，一票の重みは相対的に重くなる。本章では，選挙年の 1 月 1 日時点の住民基本台帳人口（日本人住民）をもとに，直近 2 回の都

---

4 たとえば前々回選挙での熊本市第一選挙区の場合，（熊本県の人口（1808418）÷総定数（48））÷（熊本市第一選挙区の人口（510148）÷熊本市第一選挙区の定数（12））= 0.886 となる。なおここでいう「人口」は，「選挙年の 1 月 1 日時点の住民基本台帳人口（日本人住民）」である（脚注 5 参照）。

5 e-Stat（https://www.e-stat.go.jp/）で公開されている「住民基本台帳に基づく人口，人口動態及び世帯数調査」の中の，「【日本人住民】市区町村別人口，人口動態及び世帯数」のデータを筆者が加工して算出した。当然，正確な値を計算するには選挙当日有権者数を用いるのが望ましい。しかしながら，道府県議選では無投票選挙区が多く，無投票選挙区では選挙当日有権者数が発表されないため，選挙当日有権者数を用いると，無投票選挙区も含めた形で各選挙区の一票の重みと選挙区間の最大較差を求めることができない。そこで，無投票選挙区についても人数がわかる同データを用いることにした。なお，茨城県は 2014 年と 2018 年，東京都は 2013 年（3 月 31 日）と 2017 年，沖縄県は 2016 年と 2020 年，その他の 44 道府県は 2015 年と 2019 年の 1 月 1 日時点の住民基本台帳人口（日本人住民）である。東京都については，島嶼部を除き最大較差を計算した。

6 「前々回」は，岩手県は 2015 年 9 月 6 日，宮城県は 2015 年 10 月 25 日，福島県は 2015 年 11 月 15 日，茨城県は 2014 年 12 月 14 日，東京都は 2013 年 6 月 23 日，沖縄県は 2016 年 6 月 5 日，その他の 41 道府県は 2015 年 4 月 12 日投票の選挙を指す。「前回」は，岩手県は 2019 年 9 月 8 日，宮城県は 2019 年 10 月 27 日，福島県は 2019 年 11 月 10 日，茨城県は 2018 年 12 月 9 日，東京都は 2017 年 7 月 2 日，沖縄県は 2020 年 6 月 7 日，その他の 41 道府県は 2019 年 4 月 7 日投票の選挙を指す。なお，本章の分析で用いる「道府県議調査」の対象者は，補選当選者を除き，「前々回」の選挙の当選者である。

表10-1　都道府県議選における「一票の重み」

	前々回		前回	
	選挙区数	選出議員数	選挙区数	選出議員数
0.7未満	24	26	20	25
0.7以上0.8未満	90	158	87	158
0.8以上0.9未満	162	377	155	395
0.9以上1.0未満	248	887	244	840
1.0以上1.1未満	182	505	196	550
1.1以上1.2未満	150	330	136	297
1.2以上1.3未満	83	157	80	157
1.3以上	170	247	172	257

出所：各都道府県選挙管理委員会 HP 掲載の各選挙区の定数に関する情報と，脚注 5 に示した市区町村別人口に関する情報をもとに，筆者作成。

道府県議選における各選挙区の一票の重みを算出した。

　紙幅の関係からすべての情報を提示することはできないが，まずは一票の重みの選挙区間での最大較差からみていこう。

　最大較差が 47 都道府県の中で最小なのは沖縄県で，前々回選挙では 1.25 倍，前回選挙では 1.22 倍にとどまっている。この沖縄県も含めて，最大較差が 2 倍未満の府県は前々回選挙で 21，前回選挙で 20 に上る。他方，最大較差が 3 倍以上の道県も前々回選挙で 4，前回選挙で 5 ある。前々回選挙で 3.75 倍を記録し，その後区割りの変更を行ったものの前回選挙でも 3.23 倍を記録した兵庫県の最大較差が，47 都道府県の中で最大となっている。そして，47 都道府県の最大較差の平均値は，前々回が 2.18 倍，前回が 2.19 倍であった。このことから，都道府県議選における一票の重みの最大較差の現状は，「『一票の較差』の格差」が都道府県間で大きいが，全体として，都道府県議選にもある程度の「一票の較差」が存在する，とまとめることができる。

　一般には，司法判断に際して基準とされる最大較差に注目が集まるが，ここでは別の観点からも格差の現状をみておく。**表 10-1** は，47 都道府県議選の全選挙区（前々回は 1,109，前回は 1,090）について，一票の重みの分布をまとめたものである。

　この表によれば，一票の重みが 0.8 以上 1.2 未満の選挙区の数は，前々回選挙が 742，前回選挙が 731 である。これは，全体の約 3 分の 2 の選挙区の格差は 1.5 倍未満に収まっていることを意味する。その一方で，投じられる一票が，その都道府県の平均的な一票の 80% 未満の重みしか持たないという選挙区が前々回選挙で 114（全体の 10.28%），前回選挙で 107（9.82%）あり，平均的な一票の 1.2 倍以上の重みを持つという選挙区も前々回選挙で 253（22.81%），前回選挙で 252（23.12%）あるのも事実である。やはり，都道府県議選の選挙区間には一票の重みの格差が生じているといえる。

「道府県議調査」の概要

　このように，都道府県議選の選挙区ごとに一票の重みが異なる中で，そうした一票の重みの格差は，議員の意識に何らかの影響を及ぼしているのだろうか。より具体的にいえば，一票の重みが相対的に軽い選挙区選出の議員と重い選挙区選出の議員との間で，平等観などの政治意識に有意な差異が認められるのだろうか。本章では，プロジェクトで実施した調査（「現代日本の平等についての各界リーダー意見アンケート（都道府県議会議員対象）」）の分析を通じて，この論点の検証を探索的に試みる。

　以下「道府県議調査」と称する同調査は，北海道・山形県・福島県・茨城県・千葉県・新潟県・静岡県・大阪府・和歌山県・山口県・高知県・熊本県・大分県・沖縄県の 14 道府県議会の議員を対象に，一般社団法人中央調査社に委託して実施したものである。各道府県議会のウェブサイトを参照して抽出した現職議員 809 名に対し，2018 年 11 月 16 日に調査票を送付し，2019 年 1 月 24 日までの返送を依頼した。有効回収数は 238（29.42%）であった。

　全体の有効回収率が 3 割を下回るのに加えて，道府県ごとの有効回収率や，[7]

7　道府県ごとの有効回収数は以下の通りである（括弧内は有効回収率）。北海道 30（30.93%），山形県 15（34.88%），福島県 18（33.96%），茨城県 16（26.67%），千葉県 26（28.57%），新潟県 20（39.22%），静岡県 30（44.12%），大阪府 8（9.30%），和歌山県 13（32.50%），山口県 10（21.28%），高知県 9（24.32%），熊本県 16（34.04%），大分県 18（42.86%），沖縄県 9（19.15%）。なお，道府県ごとの有効回収率にはこのように差があるものの，最大較差が大きい，あるいは小さい道府県の議員ほど回答する確率が有意に高いという傾向はみられない。

選挙時の党派ごとの有効回収率[8]にも有意な差がみられる。この点に本章の分析の限界があるのは否めない。ただその一方で，本章の分析で鍵を握る一票の重みについては，調査の回答者と非回答者の間に有意な差はない。選出選挙区の一票の重みごとの回答者数は，0.7未満が2名，0.7以上0.8未満が20名，0.8以上0.9未満が35名，0.9以上1.0未満が67名，1.0以上1.1未満が41名，1.1以上1.2未満が27名，1.2以上1.3未満が10名，1.3以上が36名であるが，この分布は，**表10-1**に示した一票の重みごとの選出議員数の分布と概ね一致している。つまり，一票の重みが軽い選挙区，あるいは重い選挙区選出の議員ほど調査に回答する確率が高いというような有意な傾向は認められないのである[9]。このことから，少なくとも選出選挙区の一票の重みという観点では，「道府県議調査」の回答者は代表性を備えているといえよう。

　次節では，この選出選挙区の一票の重みのデータを「道府県議調査」の回答に結合し，一票の重みの軽重が議員の意識に作用しているのか確認する。ここで分析にかけるのは，「現代の日本社会はどの程度平等だと思うか」，「都道府県議選における『一票の較差』はどの程度まで許容されるべきだと思うか」，「（議会で）投票する際，支持者の意見をどの程度尊重するか」，「都道府県の政策決定において自身の影響力はどの程度あると認識しているか」の4つである。これらの意識を従属変数，無投票当選か否か，当選回数，選挙時の党派，選出選挙区の人口密度（対数），そして選出選挙区の一票の重みや自身の道府県の実際の「一票の較差」を独立変数にとった回帰分析を行い[10]，一票の重みが軽い選挙区

8　選挙時の党派ごとの有効回収数は以下の通りである。自民党107（27.44%），民主党／民進党34（39.08%），公明党17（25.37%），共産党21（53.85%），（大阪）維新の会2（4.35%），その他の政党／諸派5（17.24%），無所属（自民党／公明党推薦）1（7.69%），無所属（野党系推薦）15（51.72%），無所属36（33.03%）。なお次節の分析では，「自民党（公認／推薦）」を参照カテゴリとする，「民主党／民進党」「公明党」「共産党」「無所属」「その他」という5つのダミー変数の形で独立変数として投入する（ただし，「一票の較差の許容範囲」に関する分析を除く）。

9　「道府県議調査」への回答の有無を従属変数，選出選挙区の一票の重みを独立変数のひとつにとったロジット分析を行ってみたが，一票の重みの影響は統計的に有意でなかった。

10　無投票当選か否か，当選回数（「7回以上」は「7回」），選挙時の党派については，統一地方選として行われた11道府県は読売新聞（https://www.yomiuri.co.jp/election/local/2015/kaihyou/），福島県は福島民友新聞（https://www.minyu-net.com/news/senkyo/FM20151116-

選出の議員と重い選挙区選出の議員との間で，従属変数にとる意識に有意な差が認められるのか検証する。

3 分析結果

平等認知

「道府県議調査」では，「現在の日本社会は平等であるという人もいれば，そうではないという人もいます。あなたはどう思われますか」という質問で，「総合的に見て」「政治参加の機会という面」「政治がもたらす結果という面」「都市と地方という地域の面」「若年者と高齢者という世代の面」の 5 項目についての平等観を，「0（極端な不平等）」から「10（完全な平等）」までの 10 点満点で尋ねている。このうち，選出選挙区の一票の重みが影響している可能性のある「政治参加の機会」と「政治がもたらす結果」の 2 項目の回答の分布をまとめたのが表 10-2 である。

「政治参加の機会」（上段）については，現代の日本社会では比較的平等に与えられていると道府県議の多くが認識しているようである。「6」から「10」という平等寄りの評価をした回答者が 131 名と，「0」から「4」という不平等寄りの評価をした回答者（65 名）の 2 倍以上を占め，とくに「10（完全な平等）」と評価した議員が 17 名（7.14%）に上る。これと比べると，「政治がもたらす結果」（下段）については不平等であると感じている道府県議が多い。「0」から「4」を選んだ議員（96 名）と「6」から「10」を選んだ議員（98 名）とが拮抗しているのである。

109229.php），茨城県は東京新聞（https://www.tokyo-np.co.jp/ibaraki/2014_election/（2021 年 1 月 18 日時点では閲覧不可）），沖縄県は琉球新報（https://ryukyushimpo.jp/news/entry-292270. html（同日時点では閲覧不可））の情報に基づいて筆者が変数化した。人口密度は，選挙年の 1 月 1 日時点の住民基本台帳人口（日本人住民）を，2015 年国勢調査における選挙区の面積で除し，対数変換した値である。「一票の較差」は，北海道 3.13，山形県 1.75，福島県 1.82，茨城県 2.81，千葉県 2.85，新潟県 2.33，静岡県 2.39，大阪府 1.96，和歌山県 1.69，山口県 2.03，高知県 2.44，熊本県 2.47，大分県 2.07，沖縄県 1.25 である。なお，「一票の較差」を独立変数として投入するのは，「平等観」の分析と「『一票の較差』の許容範囲」の分析のみである。

表10-2　道府県議の「平等認知」

	0	1	2	3	4	5	6	7	8	9	10
機会	3	4	13	30	15	42	23	32	41	18	17
結果	6	10	17	32	31	44	28	33	29	6	2

註：0=極端な不平等 ⇔ 10=完全な平等。
出所：道府県議調査。

表10-3　「平等認知」の分析（最小二乗法）

	政治参加の機会		政治がもたらす結果	
	Coef.	Std. Err.	Coef.	Std. Err.
一票の重み	-0.695	0.700	-0.088	0.628
「一票の較差」	-0.159	0.264	-0.021	0.237
無投票当選	0.947*	0.423	0.081	0.380
惜敗率90%未満	0.906**	0.322	0.280	0.290
当選回数	0.074	0.070	0.102	0.063
民主党／民進党	-1.892***	0.408	-2.161***	0.366
公明党	-0.043	0.550	0.023	0.494
共産党	-4.152***	0.513	-4.059***	0.461
無所属	-0.693†	0.408	-1.017**	0.366
その他	-2.821***	0.475	-2.791***	0.427
人口密度（対数）	0.137	0.099	0.056	0.089
（定数項）	6.317***	1.223	5.408***	1.099
Number of Obs.	238		238	
F (11, 226)	12.34		13.65	
Adj R-squared	0.345		0.370	

註：† $p<.10$, * $p<.05$, ** $p<.01$, *** $p<.001$。
出所：道府県議調査および脚注5・10に示した方法で筆者が作成したデータ。

　選出選挙区の一票の重みの軽重によってこれらの質問に対する回答に違いがあるのかを確認するために行った，回答を従属変数にとった通常の最小二乗法による回帰分析の結果が**表10-3**である。2つの分析のいずれにおいても，選挙時の党派の影響が認められる。すなわち，自民党から立候補した議員に比べ民主党／民進党，共産党から立候補した議員や無所属で出馬した議員のほうが，

「政治参加の機会」や「政治がもたらす結果」が不平等であると認識している[11]。想定の範囲内の，首肯できる結果である。

　このほか，「政治参加の機会」を従属変数にとった分析においてのみ，「無投票当選」「惜敗率：90% 未満」という 2 つの変数の影響も正で有意となっている。これらは「選挙区の接戦度」を表す変数として投入したもので，「惜敗率：90% 以上」を参照カテゴリとするダミー変数である[12]。次点候補の得票数が最下位当選者の得票数の 90% 以上という，比較的接戦の選挙区で勝ち上がった議員は，無投票当選した議員や，惜敗率が 90% 未満という比較的無風の選挙区で当選した議員に比べ，「政治参加の機会」に不平等が存在すると認識しているということである。比較的厳しい選挙を勝ち抜いた議員の目には，無投票や無風の選挙区の有権者に「政治参加の機会」が平等に与えられていないと映っていることを示唆する結果であり，非常に興味深い。

　一方，本章の分析の鍵変数である「一票の重み」と「一票の較差」の影響は，いずれの分析でも統計的に有意ではなかった。一票の重みの軽い選挙区選出の道府県議や，「一票の較差」の大きい道府県の議員ほど，「政治参加の機会」や「政治がもたらす結果」に不平等があると感じているのではないかと想定して分析したが，「道府県議調査」の回答者には，そのような傾向は認められなかった。選出選挙区の一票の重みや，道府県内の選挙区間に存在する「一票の較差」の大きさは，道府県議の平等観に有意な影響を及ぼしていないようである。

---

11 「その他」を除く，選挙時の党派間での差異の詳細は次の通りである。「政治参加の機会」・「政治がもたらす結果」のいずれについても，選挙時の党派が自民党や公明党の議員，無所属の議員に比べ民主党／民進党の議員のほうが，他のすべての議員に比べ共産党の議員のほうが，自民党の議員に比べ無所属の議員のほうが，相対的に不平等だと認識する傾向がある。また，「政治がもたらす結果」については，公明党から出馬した議員に比べ無所属で出馬した議員のほうが，相対的に不平等だと認識する傾向がある。

12 前々回選挙の結果に基づき，調査の回答者の選挙区を「無投票（57 名）」「次点候補の得票数が最下位当選者の得票数の 90% 以上（69 名）」「90% 未満（112 名）」の 3 つにカテゴリ化した。なお，補欠選挙の当選者についても，補欠選挙ではなく前々回選挙の結果を当てはめている。

「一票の較差」の許容範囲

「道府県議調査」の質問項目の中に，「あなたは，衆院選・参院選・(あなたの選挙区のある都道府県の) 都道府県議選のいわゆる一票の格差は，どの程度まで許容されるべきだと思いますか」というものがある。この質問の道府県議選に関する回答の分布は，「1.00 倍」が 35 名 (14.71%)，「2.00 倍未満」が 117 名 (49.16%)，「3.00 倍未満」が 48 名 (20.17%)，「4.00 倍未満」が 7 名 (2.94%)，「5.00 倍未満」が 6 名 (2.52%)，「5.00 倍以上」が 7 名 (2.94%)，無回答が 18 名 (7.56%) であった。自身の道府県の議会議員選挙の選挙区間に一票の重みの格差はあってはならないと厳格に考える議員の割合は 15% 弱にとどまり，約半数の議員は，最大較差が 2 倍未満に収まる限りでは一定の格差が生じるのはやむをえないという態度を示している。その一方で，2 倍以上の最大較差を容認する議員も 3 割弱存在する。

　こうした「一票の較差」の許容範囲に関する選好の違いをもたらす要因を明らかにすることを目的として，「1.00 倍」「2.00 倍未満」「2.00 倍以上 (3.00 倍未満／4.00 倍未満／5.00 倍未満／5.00 倍以上)」のいずれを選択したかを従属変数，自身の選挙区の一票の重みや，自身の道府県の「一票の較差」の大きさを独立変数にとった多項ロジット分析を行った。**表 10-4** がその結果である。

　表からは，まず，自民党から出馬した議員に比べ民主党／民進党あるいは共産党から出馬した議員のほうが，[13]「一票の較差」に厳格な態度を示すという傾向が読み取れる。また，人口密度が小さい過疎地域の選挙区選出の議員ほど，「2.00 倍未満」ではなく「2.00 倍以上」というより大きな較差を許容するという傾向も確認できる。

　一方，自身の選挙区の一票の重みについては，「一票の較差」の許容範囲に関する選好に及ぼす影響が統計的に有意でなかったのに対し，自身の道府県の「一票の較差」の大きさについては，影響が有意であった。すなわち，「一票の較差」が小さい道府県の議員ほど，「2.00 倍未満」ではなく「1.00 倍」を選択す

---

13 共産党から出馬した議員が全員「1.00 倍」もしくは「2.00 倍未満」を選択しているため，この分析では「民主党／民進党」と「共産党」を合わせてひとつのダミー変数として投入した。

表10-4　「『一票の較差』の許容範囲」の分析（多項ロジット分析）

	1.00倍		2.00倍以上	
	Coef.	Std. Err.	Coef.	Std. Err.
一票の重み	0.063	1.200	0.054	0.867
「一票の較差」	-0.946*	0.449	1.282**	0.399
無投票当選	-0.935	0.707	0.221	0.414
当選回数	-0.199	0.125	-0.118	0.096
民主党／民進党，共産党	1.016†	0.573	-1.563**	0.543
公明党	0.548	0.803	-1.366	0.889
無所属	0.603	0.675	-0.786	0.522
その他	1.514*	0.697	-1.266†	0.757
人口密度（対数）	-0.138	0.160	-0.511***	0.142
（定数項）	1.756	2.016	0.200	1.579
Number of Obs.		220		
LR Chi² (18)		74.73		
Pseudo R²		0.171		

註：† p < .10，* p < .05，** p < .01，*** p < .001。参照カテゴリは「2.00倍未満」。
出所：道府県議調査および脚注5・10に示した方法で筆者が作成したデータ。

る確率が有意に高く，「2.00倍以上」を選択する確率が有意に低い。

　分析に基づいて行ったシミュレーションの結果から，自身の道府県の「一票の較差」の大きさが従属変数に及ぼす影響について説明しよう。[14] 選挙を戦って当選した，当選3回の自民党議員が，[15]「一票の較差」が3.00倍の県の議員であると想定した場合にそれぞれの選択肢を選ぶ確率は，「1.00倍」が3.39%，「2.00倍未満」が34.45%，「2.00倍以上」が62.15%になると予測される。それが，「一票の較差」が小さくなるにつれて「2.00倍以上」を選ぶ確率が有意に低下し，1.50倍の県の議員であると想定した場合の予測選択確率は，「1.00倍」が22.50%，「2.00倍未満」が60.37%，「2.00倍以上」が17.13%となる。いわば，自身の道

14　シミュレーションには CLARIFY Version 2.1 を利用した（**表10-5** の分析結果に基づくシミュレーションも同様）。

15　自身の選挙区の一票の重み，人口密度（対数）には，回答者238名の平均値を代入した（**表10-5** の分析結果に基づくシミュレーションも同様）。

府県の「一票の較差」の現状を追認するような形で，許容範囲に関する選好を表明する傾向があるのである。

　この結果は，道府県間に存在する「『一票の較差』の格差」がなかなか縮まらない可能性を示唆する。というのも，現時点で一票の重みの選挙区間の最大較差が大きい道県では，議員が「一票の較差」に比較的寛容であるため，格差の是正に向けて議会があまり積極的に動かないのに対し，最大較差が小さい府県では，議員が「一票の較差」に比較的厳格であるため，格差の是正に向けて議会が積極的に動くと考えられるからである。

支持者の意見の尊重度合い

　一票の重みが軽い選挙区選出の議員は選挙区の支持者の意見を軽視し，逆に重い選挙区選出の議員は重視するというように，選出選挙区の一票の重みの軽重が議員と支持者との関係のあり方を左右するということはあるのだろうか。「道府県議調査」で尋ねた次のような質問に対する回答を用いて，この論点について検討する。

　「ご自身の意見とあなたの支持者の意見が異なった場合，あなたはどのように投票されますか」，「あなたの支持者の意見と所属政党（会派）の意見が異なった場合，あなたはどのように投票されますか」[16]。議会での投票に際し，自分自身の意見，所属政党（会派）の意見，そして支持者の意見のどれに沿って行動すべきと考えるかを問うたこれらの質問への回答の分布は，「支持者の意見にそって投票すべきである」を両方の質問で選んだのが 13 名（5.46%），前者の質問のみで選んだのが 17 名（7.14%），後者の質問のみで選んだのが 52 名（21.85%），いずれの質問でも選ばなかったのが 126 名（52.94%）であった[17]。そこで，「支持者の意見にそって投票すべきである」をいずれの質問でも選ばなかった場合を「0」，

16　選択肢は，前者の質問が「自らの意見にそって投票すべきである」と「支持者の意見にそって投票すべきである」，後者の質問が「支持者の意見にそって投票すべきである」と「所属政党（会派）の意見にそって投票すべきである」である。この他，「所属政党（会派）の意見とご自身の意見とが異なった場合，あなたはどのように投票されますか」という質問も行っている。

17　いずれかの質問で無回答であった 30 名は分析から除外する。

表10-5　「支持者の意見の尊重度合い」「政策決定における影響力」の分析

	支持者の意見の尊重度合い （ロジット分析）		政策決定における影響力 （最小二乗法）	
	Coef.	Std. Err.	Coef.	Std. Err.
一票の重み	-2.050*	0.849	-1.363**	0.467
無投票当選	-0.127	0.403	0.302	0.235
当選回数	0.038	0.084	0.195***	0.050
民主党／民進党	1.162*	0.465	-0.407	0.275
公明党	0.668	0.606	0.143	0.363
共産党	-0.273	0.734	0.251	0.355
無所属	1.775***	0.491	-0.057	0.278
その他	1.179*	0.526	-0.803*	0.324
人口密度（対数）	-0.329**	0.125	-0.081	0.068
（定数項）	3.010*	1.390	5.428***	0.761
	Number of Obs. = 208		Number of Obs. = 227	
	LR Chi^2 (9) = 30.96		F (9, 217) = 4.44	
	Pseudo R^2 = 0.111		Adj R-squared = 0.121	

註：*$p < .05$，**$p < .01$，***$p < .001$。
出所：道府県議調査および脚注5・10に示した方法で筆者が作成したデータ。

少なくとも一方で選んだ場合を「1」とするダミー変数を作成し，これを従属変数とするロジット分析を行う。そしてその分析の独立変数のひとつとして，選出選挙区の一票の重みを投入することで，一票の重みの軽重が議員と支持者との関係のあり方に及ぼす影響を検証する。

　表10-5の左側がその分析結果である。人口密度の小さい過疎地域の選挙区選出の議員ほど，また自民党から出馬した議員に比べ民主党／民進党から出馬した議員や無所属で立候補した議員のほうが，「支持者の意見にそって投票すべきである」と認識している。

　選出選挙区の一票の重みに関しては，予想とは逆の，負の有意な影響が確認された。一票の重みの軽い選挙区選出の議員ほど，議会での投票の際は自分自身の意見や所属政党（会派）の意見よりもむしろ支持者の意見を尊重すべきであると考える傾向がある。この分析についても，結果に基づくシミュレーショ

ンを通じて一票の重みの影響をみてみることにしよう。選挙を戦って当選した，当選 3 回の自民党議員の選挙区の一票の重みが，回答者 238 名の平均プラス 1 標準偏差（1.257）であった場合，「支持者の意見にそって投票すべきである」を選ぶと予測される確率は 19.28% にすぎない。しかし，一票の重みが回答者の平均マイナス 1 標準偏差（0.826）であった場合にこれを選ぶ確率は 36.04% に上ると予測される[18]。このように，少なくとも「道府県議調査」の回答者に関しては，選出選挙区の一票の重みの軽重によって，議会で投票する際に支持者の意向を尊重する度合いに違いがみられるのである。

政策決定における影響力の認識

　最後に分析するのは，選出選挙区の一票の重みと政策決定における影響力の認識との関係である。「道府県議調査」で尋ねた質問の中に，「あなたの都道府県の政策決定において，あなたご自身は，どの程度の影響力を持っているとお考えでしょうか」というものがある。この質問に対する回答の分布は，「1（影響力を持っていない）」が 8 名（3.36%），「2」が 27 名（11.34%），「3」が 43 名（18.07%），「4」が 57 名（23.95%），「5」が 62 名（26.05%），「6」が 20 名（8.40%），「7（影響力を持っている）」が 10 名（4.20%），無回答が 11 名（4.62%）であった。少々「影響力を持っている」側に偏ってはいるが，ほぼ釣り鐘型の分布となっている。

　こうした分布を示す，政策決定において自分がどの程度の影響力を持っているかに関する主観的認識に対し，選出選挙区の一票の重みは何らかの形で作用しているのだろうか。この点を解明するために行った，上記の質問に対する回答を従属変数，選出選挙区の一票の重みを独立変数のひとつにとった，通常の最小二乗法による回帰分析の結果が**表 10-5** の右側である。当選回数の多い議員ほど影響力を持っていると認識しているという，当然予想される傾向を確認できる。その一方で，民主党／民進党や共産党から出馬した議員，無所属で立候補した議員に比べ自民党から出馬した議員のほうが，政策決定において強い影響力を持つと主観的に認識しているわけではなさそうである。

---

18 両者の間の 16.76 ポイントの差は 5% 水準で統計的に有意である。

　選出選挙区の一票の重みは，従属変数に対し負の有意な影響を及ぼしている。すなわち，一票の重みが軽い選挙区選出の議員ほど，政策過程における自身の影響力は強いと認識する傾向があることが明らかとなった。この結果が含意することについて次節で論じて，本章を閉じることにしたい。

4　おわりに

　有権者が投じる一票の重みに選挙区間で格差がある中で，一票の重みの軽い選挙区選出の議員と重い選挙区選出の議員の間に，意識や行動の違いがみられるのか。本章ではこうした問題関心から，14 道府県議会の議員を対象として実施した調査の分析を行った。その結果は次の 4 点に要約できる。

① 「政治参加の機会」や「政治がもたらす結果」についての平等観に関しては，選出選挙区の一票の重みの軽重による差異は確認されなかった。一票の重みの軽重にかかわらず，「政治参加の機会」については比較的平等であると認識している道府県議が多いが，それに比べて「政治がもたらす結果」については不平等であると感じている道府県議が多い。

② 　自身の道府県の議会議員選挙の「一票の較差」はどの程度まで許容されるべきかについての意見にも，選出選挙区の一票の重みは影響していなかった。その一方で，自身の道府県の実際の「一票の較差」の大きさは有意に影響していた。すなわち，一票の重みの選挙区間での最大較差が小さい府県の議員ほど「一票の較差」に厳格な態度を示し，逆に最大較差が大きい道県の議員ほど寛容な態度を示す傾向がみられた。

③ 　一票の重みが重い選挙区選出の議員に比べ軽い選挙区選出の議員のほうが，議会での投票に際し「支持者の意見にそって投票すべきである」と認識しているという有意な傾向が確認された。

④ 　一票の重みが重い選挙区選出の議員に比べ軽い選挙区選出の議員のほうが，政策過程における自身の影響力は強いと認識する有意な傾向が認められた。

　このうち③と④の分析結果はとくに重要な意味を持つと考える。

　仮に，一票の重みが重い選挙区選出の議員ほど支持者の意見を尊重して行動しているという結果や，一票の重みが重い選挙区選出の議員ほど政策過程における自身の影響力は強いと認識しているという結果が得られたとする。その場合，一票の重みが軽い選挙区の有権者は，自分たちが投じる一票の価値が相対的に低められているだけでなく，政治エリートとの関係のあり方や，政策過程に及ぼす影響力の大きさにおいても，相対的に不利な立場に置かれていることになる。

　しかし実際に得られたのは，一票の重みがむしろ軽い選挙区選出の議員に，支持者の意見を尊重して行動する，政策過程における自身の影響力は強いと認識しているといった傾向がみられるという結果であった。この結果から，少なくとも「道府県議調査」に回答した，一票の重みが軽い選挙区選出の議員に関しては，自身の選挙区の有権者が投じる一票の価値が相対的に低められているというデメリットを補う形で議員活動を行っている，という解釈を引き出せるのではなかろうか。

第 11 章

経済的平等に関する応答性

──エリートと有権者の考えは一致しているのか──

山本　英弘

1　はじめに

経済的不平等をめぐる争点

　所得や財産といった経済的資源の不平等は，今日の最も重要な課題のひとつ
である。日本においても，とりわけ 1990 年代後半から大きな問題として認識さ
れるようになり，格差や不平等，あるいは貧困に関する研究成果が相次いで公
表されたほか（橘木 1998; 佐藤 2000; 大竹 2005; 白波瀬 2009 など），これらについての言
説も耳目を集めるようになった。それとともに，不平等に対して政策としてど
のように対処すべきかが争点として大きく取り上げられるようになった。

　不平等は経済政策や社会保障政策と深く関わる争点である。これに対しては，
不平等の拡大を是正するために政府が積極的に介入すべきという社会民主主義
的な立場と，ある程度の不平等の拡大は容認しつつ，政府の介入を抑制し市場
競争原理を徹底するという新自由主義的な立場に大別することができる。

　第二次世界大戦後，福祉レジームによる差異はありながらも，多くの国で経
済成長を背景に社会保障等の充実が図られ，経済的な平等に向かいつつあった。
日本においても，雇用の保障とともに，累進課税などによる所得再分配，国民
皆保険や国民皆年金などの社会保障，地域開発による地域間格差の是正などを
通して平等化が進められていった。このように不平等の是正に対して政府が積
極的に介入することに対しては一定の合意があり，実態はともあれ日本社会が

平等であるという認識は広く共有されていた（村上 1984）。

　1970 年代以降，大規模な経済成長が終焉し，財政難により福祉国家が行き詰まりをみせる中で，経済的自由主義を標榜し，政府による市場や社会への介入を小さくする諸政策が大きな影響を及ぼすようになった。冷戦が終結し，グローバル市場における国際的な経済競争が激化するのに伴い，こうした動きはますます加速し，各国で社会支出の抑制，規制緩和，民営化などの諸政策が進められていった（Harvey 2005; Steger and Roy 2010）。

　日本においても軌を一にして，こうした新自由主義的な政策が登場し，とりわけ 2000 年代前半の小泉政権による構造改革にその特徴が顕著にみられた。その後も，程度の差はあれ，諸々の規制緩和，自由貿易交渉，社会保障分野における自立支援など，こうした政策の方向は継続しているといえるだろう。このような市場競争を重視し，個人の自立を促す政策は一方で，非正規雇用者の増大や，経済的な不平等の拡大に寄与したと論じられている（坂井・岩永編 2011）。

　エリート調査の実施時点（2018 年）の安倍政権は，アベノミクスの名の下に，財政出動や金融政策に積極的であり，同時に規制緩和や市場の自由化を通して経済の活性化を図った。しかし，企業の業績を回復させ，それを雇用や賃金に波及させるという政策は，大企業の利益を増大させたものの実質的な賃金上昇には至っていないと指摘されている（服部 2016）。つまり，高所得者がより有利なように格差が拡大しつつある。

エリートの政策応答性

　このような経済的不平等をめぐる政策対応は，どの程度，有権者の意思を反映したものなのだろうか。有権者によって選出される議員ばかりでなく，官僚，利益団体のリーダーを含め政治的エリートの意向は，政策形成を左右する重要な要因である。そして，有権者の態度とエリートの態度がどの程度一致しているのかは，民主主義社会における政策応答性という観点から非常に重要な問題である（Pitkin 1967=2017; 谷口 2020）。もし両者の態度に開きが大きく，そのために有権者の多くが望まない政策が形成されるのであれば，政治的エリートが民意に対して適切に応答していないことを示唆する。これでは，民主主義が有効に

機能しているとはいえないだろう[1]。

　しかしながら，先行研究に基づくと，政治的エリートと有権者の政策選好は必ずしも一致するわけではない[2]（Page and Barabas 2000; Page and Bouton 2007）。欧米の実証的な研究からは，教育や収入などの社会経済的地位が高い層やビジネスグループなどの影響力の大きな団体にとって有利なように政策が形成されているというバイアスが示されている（Gilens 2012; Gilens and Page 2014; Bartels 2016; Schakel 2019）。

　不平等をめぐる政策については，このような選好の不一致はとりわけ深刻な問題である。なぜなら，政策が豊かな層の意見により応答的であり，これらの人々に有利な政策を実施すれば，貧しい人々はますます不利に追い込まれるからである。その結果として不平等はますます拡大する。

　ところが，最近の調査結果によると，階級的地位が高いほど自己責任を支持し，格差を容認するという点で新自由主義志向であり，さらに自民党を支持する傾向がみられている（橋本 2020）。また，株・債権や所有資産において比較的高額の資本所有者が現状追認として自民党を支持する傾向もみられている（田辺 2020）。前述のように，安倍政権の経済政策が高所得者に有利な傾向にあることと合わせて考えると，日本では社会経済的地位の高い人々に対してより応答的である傾向が示唆される。

本章の目的

　そこで本章では，2018-19 年エリート調査と 2019 年有権者調査を用いて，エリートと一般有権者との経済的平等に関する意見の整合性を検討する。それぞれの調査では，経済的平等の現状認知，平等に関する社会観，政策選好などに

1　一般有権者が十分な知識をもたず，誤った政策選好を表明している可能性もあるため，エリートが有権者に従うことが正しいとは限らない。しかし，その場合でもエリートが十分な情報を与えていないために有権者が誤った選好をもつと考えられるため，民主主義の機能としては問題がないとはいえない（Page and Barabas 2000）。

2　一方で，両者が類似していることを示す研究結果もみられる（Sheffer et al. 2018）。そのため，安易な一般化は避け，政治的なコンテクストやエリートと有権者それぞれの属性などに配慮して，考察する必要がある。

ついて共通の質問を設けている。これらを比較することで，エリートと有権者との平等観の一致の程度を検討する。さらに，どのようなエリートがどのような有権者に応答しているのか，その対応関係についても確認する。これらをふまえて，経済政策における民意の反映について議論する。

2　経済的平等に関する変数

　本章の分析においては，エリート調査と有権者調査で共通する質問を合併したデータを用いて，エリートと有権者の比較分析を行う。どちらも分析に用いる変数に欠損値がある場合はリストワイズ処理している。

エリートの分類

　分析に先立って，本章で使用する変数を紹介しておこう。政治的エリートについては，政治家（保守），政治家（中道），政治家（革新），官僚（自治体職員含む），経済団体（商工団体含む），農業団体，労働団体，学者・文化人，専門家，マスコミ，市民団体の 11 に分類している[3]。政治家については，所属政党によって選好が異なると考えられるため 3 つに分割した。ここで保守は与党である自民党と公明党，および日本維新の会を含めている[4]。中道は，民主党から分裂した立憲民主党と国民民主党である。革新は従来から左派的な主張を行っている社会民主党と日本共産党である。

有権者の諸属性

　有権者の側は基本的な社会的属性として，性別（男性／女性），年齢（若年層：18

3　エリートの社会的属性も政策選好に影響を及ぼしうるし，有権者の分布との相違は記述的代表という観点から重要である（Carnes 2013）。**第 2 章**でも示したように，2018 年エリート調査では，男性（87.0%）と大卒以上（76.0%）が多く，有権者全体の分布とは大きく異なる。しかし，平等に関する政策選好には属性による大きな差がみられなかったため，本章の分析には取り上げない。

4　公明党は政策選好としては中道であるが，長年自民党と連立して与党であるため，自民党と同じ分類にした。

表11-1　有権者調査の分布

	度数	%			度数	%
性別			職業			
男性	297	50.2	専門・管理		107	19.0
女性	295	49.8	正規雇用		186	33.0
			非正規雇用		50	8.9
年代			無職		220	39.1
若年層：18〜39歳	142	23.9				
中年層：40〜64歳	225	37.9	政治意識			
高年層：65歳以上	227	38.2	高応答群		148	24.5
			低応答群		118	19.6
居住地			疎外群		337	55.9
政令指定都市	184	30.5				
市部	337	55.9	支持政党			
町村部	82	13.6	保守		285	47.5
			中道		75	12.5
学歴			革新		21	3.5
低学歴：大卒未満	267	44.7	支持なし		219	36.5
高学歴：大卒以上	330	55.3				
収入						
低収入：400万円未満	217	37.1				
中収入：400〜1,000万円	244	41.7				
高収入：1,000万円以上	42	7.2				
回答なし	82	14.0				

出所：有権者調査より筆者作成。

〜39歳／中年層：40〜64歳／高年層：65歳以上），居住地（政令指定都市，その他の市部，町村部）を取り上げる。また，社会経済的地位を表すものとして，教育（高学歴：大卒以上／低学歴：大卒未満），世帯収入（低収入：400万円未満／中収入：400〜1,000万円／高収入：1,000万円以上／回答なし），職業（専門・管理・経営／正規労働／非正規労働／無職）を用いる。

このほか，政治意識，支持政党についても分析において検討する。政治意識

に関しては，政治への関心（「ふだんから国の政治に関心を払っている」），内的有効性感覚（「政治や政府は複雑なので，自分には何をやっているのかよく理解できない」など），外的有効性感覚（「国会議員は大ざっぱに言って，当選したらすぐ国民のことを考えなくなる」など）などの 8 つの質問を設けている（有権者調査 問 10）。これら 5 点尺度の質問を量的変数とみなし，ward 法でクラスター分析を行った結果，デンドログラムにおける距離が十分に大きく，解釈も妥当な 3 つのクラスターを抽出した。それらは，①政治への関心や内的有効性感覚が高く，外的有効性感覚も高い「高応答群」，②政治への関心は高いものの外的有効性感覚が低い「低応答群」，③政治への関心も外的有効性感覚もともに低い「疎外群」である。

　ふだんの支持政党（有権者調査 問 8）については，エリートにおける政治家の所属政党に応じて，保守（自民党，公明党，日本維新の会），中道（立憲民主党，国民民主党），革新（日本共産党，社会民主党）に分類するとともに，支持政党なしも加えている。

　表 11-1 は，有権者の属性ごとの分布を示している。

平等観に関する変数

　平等に対する考えについては，平等の現状認知，社会全般に対する考え，平等に対する考え，具体的な政策選好について検討していく[5]。まず，平等の現状認知については，現代日本における収入と雇用における平等の程度を 11 点尺度で尋ねた質問を用いる。平等に関する社会観として，「何ごとも努力次第である」，「力のあるものと力がないものがいるのはしかたがない」を取り上げる。平等に関する規範意識については，「高齢者や障がい者を除き，すべての人は社会福祉給付をあてにしないで生活しなければならない」，「政府は富裕層と貧困層との間の収入格差を大幅に縮めるように努力しなければならない」，さらに，「これからの日本は，自由競争を阻害しても，貧富の差の少ない平等社会を目指すべきだ」と「貧富の差が生じても，自由に競争できる社会を目指すべきだ」との

5　平等認知については，エリート調査の問 1，有権者調査の問 2 を用いている。それ以外の平等観の諸変数は，エリート調査の問 4 ～ 6，有権者調査の問 9 ～ 11 の中から必要な変数を用いている。

表11-2　平等観の分布

		最小値	最大値	平均値		t値
				エリート	市民	
平等認知	収入	0	10	4.22 (1.88)	3.54 (1.77)	7.32 **
	雇用	0	10	4.57 (1.99)	4.05 (1.91)	5.20 **
社会観	力のあるものと力がないものがいるのはしかたがない	1	5	3.15 (1.13)	3.35 (1.07)	-3.43 **
	何ごとも努力次第である	1	4	2.75 (0.78)	2.89 (0.81)	-3.37 **
平等観	高齢者や障がい者を除き，すべての人は社会福祉給付をあてにしないで生活しなければならない	1	4	2.28 (0.87)	2.48 (0.88)	-4.51 **
	これからの日本は，自由競争を阻害しても，貧富の差の少ない平等社会を目指すべきだ	1	7	4.13 (1.41)	3.91 (1.43)	3.03 **
	政府は富裕層と貧困層との間の収入格差を大幅に縮めるように努力しなければならない	1	4	3.08 (0.76)	3.00 (0.74)	2.06 *
政策選好	所得や資産の多い人に対する課税を強化すべきだ	1	5	3.73 (1.07)	3.93 (0.99)	-3.85 **
	労働力の需給調整のために非正規労働者が増大するのはやむをえない	1	5	2.45 (1.08)	2.64 (1.06)	-3.62 **
	仕事の内容が同じならば，正社員であるかどうかとは関係なく，給料も同じにすべきだ	1	5	3.58 (1.16)	3.78 (1.18)	-3.37 **

註：*p < .05, **p < .01, 括弧内は標準偏差。
出所：エリート調査・有権者調査の合併データより筆者作成。

間を選択する質問を設けた（平等志向のほうが高得点）。最後に，不平等是正政策について，「仕事の内容が同じならば，正社員であるかどうかとは関係なく，給料も同じにすべきだ」，「労働力の需給調整のために非正規労働者が増大するのはやむをえない」，「所得や資産の多い人に対する課税を強化すべきだ」を用いる。

　以上の諸変数の記述統計量の最小値，最大値，エリートと有権者ごとの平均値と標準偏差については**表11-2**に示している。平等認知については，収入，雇用ともにエリートの平均値のほうが大きい。すなわち，より平等だと認知している。もっとも，平均値は3〜4程度であり，全体的に不平等だと認知されている。

　社会観については，「何ごとも努力次第である」，「力のあるものと力がないものがいるのはしかたがない」ともに有権者の平均値のほうが高い。有権者のほ

うが，機会が開かれており，それゆえに格差があっても仕方がないと考える傾向にある。続いて平等観については，エリートのほうが社会福祉からの自立に否定的である一方で，競争より平等および，格差是正の努力に対して肯定的である。ここから，より平等を志向していることがわかる。最後に，平等化に関する政策選好については，有権者のほうが非正規労働の増加を容認する一方で，同一労働同一賃金や累進課税といった形での不平等の是正を求めている。

　以上の結果から，エリートのほうが相対的に現状を平等だと認知する一方で，不平等や格差の是正を志向している。しかし，個別の政策では有権者よりも肯定的な回答が少ない。具体的な政策については様々な利害調整が生じるためなのかもしれない。もっとも，後の分析でも示すように，エリートの分類によって意見が大きく異なるため，全体として捉えることは妥当ではないともいえる。

　これに対して，有権者のほうが不平等や格差について容認する傾向があるものの，具体的な政策においては不平等の是正を志向している。こうした傾向は，既存の調査においても，規制緩和を支持しつつも再分配を志向するという有権者の態度として確認することができる（斎藤 2011; 丸山 2011; 濱田 2013）。つまり，一般の有権者は現実としての格差社会は受け入れつつも，その補償を求めていると考えることができる。

3　エリートと有権者の平等観の整合性

平等観の因子分析

　まず，上記の平等観に関する諸変数を用いて探索的因子分析（最尤法，プロマックス回転）を行い，平等に関する意識構造を検討する。分析からは，固有値 1 以上を基準とすると，3 つの因子が析出された（**表 11-3**）。

　第 1 因子から，格差是正の努力，競争より平等，累進課税の強化，同一労働同一賃金のそれぞれに対する影響（因子負荷量）が相対的に大きく，「力のあるものとないものがいるのはしかたがない」という態度への影響がマイナスである。ここから，力の優劣による差を認めず，格差を減らして平等化を目指す志向が読み取れる。そこで，第 1 因子を「平等化志向－格差容認」と命名する。

表11-3　平等観の因子分析（最尤法，プロマックス回転）

		平等化志向−格差容認	平等認知	自立志向−再分配志向
因子負荷量	収入	0.035	**0.945**	0.047
	雇用	-0.007	**0.752**	-0.098
	努力次第	0.123	-0.044	**0.457**
	力のある者とない者	**-0.418**	0.032	0.273
	格差是正の努力	**0.883**	-0.006	0.139
	社会福祉からの自立	0.050	-0.014	**0.548**
	競争より平等	**0.561**	0.015	-0.216
	同一労働同一賃金	**0.377**	0.038	-0.032
	非正規労働の増大	-0.244	0.024	**0.382**
	累進課税の強化	**0.629**	0.025	0.155
固有値		3.624	1.172	1.039
寄与率（%）		36.238	11.720	10.393
因子間相関	平等志向	1.000	-0.489	-0.676
	平等認知		1.000	0.490
	自立志向			1.000

註：太字は因子負荷量が 0.3 以上。
出所：エリート調査・有権者調査の合併データより筆者作成。

　第 2 因子については，収入と雇用に関する平等の現状に対してのみ影響が大きい。そのため，平等に関する考えではなく現状の認知を表すものだと考えられる。そこで，この因子を「平等認知」と命名する。

　第 3 因子は，努力次第，社会福祉からの自立，非正規労働の増大に対する影響が大きい。つまり，努力によってどうにかなるくらいに機会が開かれているのだから，非正規労働であっても地位を改善する可能性はあるし，個人は社会福祉に頼るべきではないという立場だと考えられる。そこで，この因子を「自立志向−再分配志向」と命名する。

　斜交回転（プロマックス回転）であるため，3 つの因子の相関をみておこう。「平等認知」因子との相関をみると，「平等化志向−格差容認」因子は -0.489 であり，「自立志向−再分配志向」因子は 0.490 である。つまり，現状を平等だとみなすほど格差を容認し，自立を志向する傾向にある（あるいは，現状が不平等だと考える

ほど平等化を志向する）。また，「平等化志向－格差容認」因子と「自立志向－再分
配志向」因子の間には -0.676 という高い負の相関がみられる。すなわち，平等
化を志向するほど，自立よりも再分配を志向している。

平等化志向と平等認知の分布

　続いて，第3節で示したエリートと有権者それぞれの比較を行う。**図 11-1** と
図 11-2 は，平等観の各因子を軸にとり，カテゴリごとに因子得点の平均値をプ
ロットした散布図である。●はエリート，□は有権者を表す。

　図 11-1 は横軸に「平等化志向－格差容認」因子，縦軸に「平等認知」因子を
とっている。因子間の相関係数で確認した通り，現状を不平等だと認知するほ
ど平等化志向が強いという直線的な関係がみてとれる。平等認知についてはエ
リートほど上部に位置し，現状を平等だとみなしている。

　個別の分類ごとにみていこう。左上に位置するのが，経済団体，官僚である。
保守政党の政治家はやや位置が異なるが，基本的な傾向は同じである。このよ
うに政策形成に主に関与し，影響力の大きい諸アクターほど現状を比較的平等
だと認知し，格差を容認するような政策を志向する。

　これに対して，対極の右下には労働団体と市民団体が位置している。これら
のアクターは現状を不平等だと認知し，平等化を志向しているのである。さら
に革新政党の政治家は「平等化志向－格差容認」因子の平均値が 1.63，「平等認
知」因子の平均値が -0.84 であり，この図から大きく外れた右下の位置にある。
中道政党の政治家は右上の象限に位置しており，相対的に現状の不平等度を大
きく認知しているわけではないが，平等化を志向している。

　以上から，新自由主義的な自立志向と社会民主主義的な平等化志向という図
式で，政策形成の主流となるエリートと対抗エリートとの対立構造が確認でき
る。もっとも，**第8章**でも確認したように，与党（ここでの保守），官僚，経済団
体の政治的影響力が大きい一方で，野党，労働団体，市民団体の影響力はおし
なべて小さいことから，両者は決して拮抗しているわけではない。

　有権者については，全体的に差異が大きくはない。性別，年齢，居住地，学
歴，職業には顕著な差が見出せない。しかし，高収入（1,000万円以上），専門・

図11-1　平等観因子得点の散布図

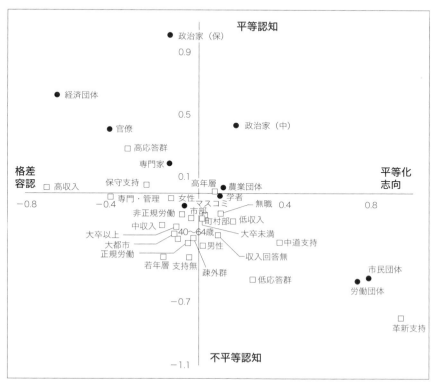

註：横軸＝「平等化志向－格差容認」因子，縦軸＝「平等認知」因子。
出所：エリート調査・有権者調査の合併データより筆者作成。

管理職，政治関心が高く外的有効性感覚が高い高応答群が，相対的に現状を平等だと認知するとともに格差を容認する傾向がある。すなわち，保守政党，官僚，経済団体と同様の傾向を示しているのである。その意味では，社会経済的地位が高い層に対してより政策形成の主流となるエリートの応答性が高いといえる。**表 11-1** に示しているように，高収入層は 7.2%，専門・管理職は 19.0%，高応答群は 24.5% と，高階層の人々はサンプル全体に占める割合が小さい。したがって，少数の有力者に応答的であるという点で，日本の民主主義のバイアスが認められる。

　一方で，有権者の側で右下に位置しているのは低応答群である。すなわち，政治に対する関心や内的有効性感覚は高いものの，外的有効性感覚が低い人々である。これらの人々は対抗エリートと類似した政策選好をもつものの，これらのアクターの影響力は小さく，やはり政策的応答が得られていない。

平等化志向と自立志向の分布

　続いて**図 11-2** は，横軸に同じく「平等化志向－格差容認」因子，縦軸に「自立志向－再分配志向」因子をとっている。平等化志向が高いほど自立志向が低い，言い換えれば，格差を容認するほど自立志向が高いという直線的な関係が明確である。

　エリートの側では，左上には経済団体と官僚が占めており，保守政党の政治家も相対的に左上に位置している。有権者の側ではやはり高年収，専門・管理職，高応答群といった高階層者が類似した位置にある。これらのことから，政治的影響力の大きいアクターと社会経済的地位の高い有権者の政策選好が一致し，格差を容認しつつ，社会保障などからの自立を求めていることがわかる。

　これと対極の右下には，平等化と再分配を志向するアクターが位置づけられる。図では，労働団体と市民団体が他のエリート・アクターと大きくかけ離れた位置にあることがみてとれる。革新政党政治家の平均値は「平等化志向－格差容認」因子が 1.63，「自立志向－再分配志向」因子が -1.63 であり，この図からさらに大きく外れている。有権者の側で最も近い位置にあるのは革新政党支持者であるが，これは 3.5%（**表 11-1** 参照）とごく少数の人々である。それ以外の属性の人々との乖離は大きく，対抗エリートは有権者の声をうまく代弁あるいは糾合していない。政治的影響力が小さいことも併せて考えると，対抗エリートは極端に平等化を志向する少数の勢力だといえるだろう。

　以上の結果から，保守政党の政治家，官僚，経済団体を中心とする政策形成の中核となる諸アクターと社会経済的地位の高い有権者の選好が一致し，格差の容認と社会保障からの自立が志向されていることがわかる。その一方で，平等化を志向するのは勢力の減退した革新政党，労働団体，市民団体に限られ，多くの有権者の意見とも合致していないようである。

図11-2　平等観因子得点の散布図

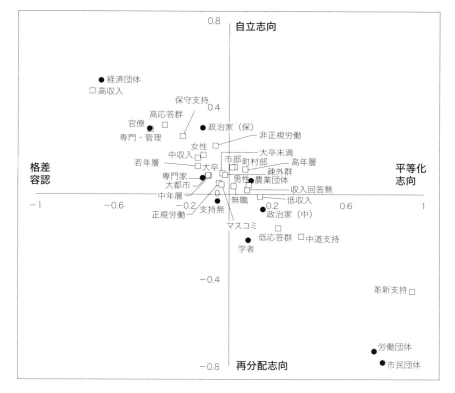

註：横軸＝「平等化志向－格差容認」因子，縦軸＝「自立志向－再分配志向」因子。
出所：エリート調査・有権者調査の合併データより筆者作成。

4　おわりに

　本章では，平等に関する政策選好という点から，エリートによる有権者の代表性や政策応答性について検討してきた。エリートと有権者の平等観を比較したところ，以下の結果が得られた。

　第1に，全般的にエリートのほうが現状を平等だと認知している。特に，自民党などの保守系政治家，官僚，経済団体のような政策形成のメインエリート

にその傾向がみられる。有権者の側では，社会経済的地位が高い人々において同様の傾向を示している。

　第2に，平等の現状認知と平等価値との間に強い関連がみられ，平等だと認知するほど，格差を容認し，個人の自立を志向する。また，平等化志向と再分配志向（あるいは，格差容認と自立志向）との相関関係も強い。

　第3に，保守政党政治家（与党を含む），官僚，経済団体のような政策形成の主流エリートと，収入や職業的地位において高階層である市民との間の平等観の一致がみられる。これらの人々は現状を平等だと認知する傾向にあり，格差を容認し，個人の自立を志向する。その一方で，革新政党政治家・労働団体・市民団体は格差是正や再分配志向が強いのだが，有権者の選好ともかけ離れているため，ミスマッチが生じている。さらにいえば，政治的影響力が小さいために，平等化志向は実質的な政策にあまり反映されない。

　以上の結果から，現代の日本では，ある程度の格差を容認しつつ，人々の自立を促す政策選好が，政策形成の主流エリートと社会経済的地位の高い人々との間で共有されている。その意味で，人口分布では少数である階層的地位の高い人々に対して，より政策応答的であるといえる。この点は，アメリカを中心に蓄積されてきた先行研究と同様の結果であり（Gilens 2012; Gilens and Page 2014; Bartels 2016; Schakel 2019），日本においても政策応答性に階層格差がみられる[6]。

　政策が豊かな層の意見により応答的であり，これらの人々に有利な政策を実施すれば，貧しい人々はますます不利に追い込まれるおそれがある。ここで確認したように，日本では主流エリートと高階層の有権者が，格差を容認しつつ再分配からの自立を求める志向性を有している。そのことが現実の政策として，雇用労働の柔軟化（非正規労働の増大），社会保障の削減，消費税の増税と法人税の減税といった形で現れていると考えられる。つまり，経済的不平等に対して政策的対応が求められるにもかかわらず，実際の政治過程はむしろ不平等の再生産に寄与している可能性が示唆される。そして，これに対するオルタナティ

6　ただし，先行研究では有権者の選好と実際に決定した政策との整合性を分析対象としているのに対して，ここでは有権者とエリートとの政策選好の比較を行っている。実際の政策にどのように反映されているのかは今後の課題である。

ブを提示する勢力が非常に弱い。このようなギャップは，政治への不信や不満
につながり，ひいては平等という根幹的な価値を掘り崩しうるおそれがある。
　さて，本章の分析はあくまでエリートと有権者との平等観の一致度を確認し
たにすぎない。それではなぜ，主流エリートと高階層者との同盟がこれほど明
確になったのか，その相互作用プロセスを詳細に検討し，メカニズムを明らか
にする必要がある。また，先行研究に示されているように，政策応答性の不平
等は日本だけの問題ではない。国際比較分析も視野に入れたさらなる検討も重
要な課題である。

第**12**章

有権者の応答性認識にみる政治的平等

——男性，高齢者，農村部に偏る政治——

濱本 真輔

1 はじめに

　社会経済的不平等が拡大するとともに，格差に対する認識も強まっている。
日本において極端な資産集中は弱いものの，中間層が衰退し，低所得層にシフ
トダウンしたことにより，格差が生じている。再分配後の所得でみたジニ係数
は 2000 年代以降，ほぼ横ばいに推移しているが，当初所得のジニ係数は上昇し，
OECD 諸国の中でも所得格差はやや高いほうに位置する（みずほ総合研究所 2017）。
また，1990 年代後半以降，格差の拡大以上に人々の「不平等感の爆発」（佐藤
2006）があり，より認識されるようになったとみられる。さらに，格差への注目
が経済的不平等から教育や健康等，様々な側面へと広がってきた（橘木 2016）。
　社会経済的不平等は政治過程を通じて変換される。民主主義における平等は
参加だけではなく応答も含まれる（Dahl 1971=1981; Pitkin 1967=2017）。ただし，代表
制民主主義がどのような人々に応答するのかによって，社会経済的不平等が政
治過程を通じて是正されることもあるが，逆に是認もしくは拡大する可能性も
ある。そのため，平等認知と政治的有効性感覚，応答性認識の関連性を扱う。
　本章では 2 つの有権者調査に依拠し，次の問いを検討する。第 1 に，有権者
の平等認知には属性等による差があるのか。第 2 に，有権者は自己の影響力，
エリートの応答性をどのように捉え，いかなる応答を求めているのか。第 3 に，
応答面での政治的平等はどのような状態にあるのか。これらを通じて，政治が

204

誰に応答しているのかを示し，社会経済的不平等と政治的平等との関係を明らかにする。

　本章の構成は次の通りである。第 2 節では政治意識研究と代表制研究から応答性を検討する。第 3 節では平等認知と影響力評価，政治的有効性感覚，応答性認識を記述する。第 4 節では知見をまとめ，その含意を述べる。

2　応答性認識

政治的有効性感覚

　政府やエリートと有権者の関係について，政治意識研究では政治的有効性感覚（疎外意識）から論じられてきた。政治的有効性感覚とは，「個人の政治的行動が政治過程に影響を与えている，もしくは与えることができるという感覚」（Campbell et al. 1954: 187）とされる（以下，有効性感覚）。同感覚は政治参加を導く要因として，潜在的な政治参加の可能性を測定する指標としての役割もある。

　有効性感覚はその幅が広いこともあり，その後は細分化が提起され，測定の妥当性が検証されている（金 2014）。その中で，個人の能力に焦点をおく内的有効性感覚と政治システムの応答性に焦点をおく外的有効性感覚に区別する必要性が提起された。外的有効性感覚は市民の要求に対する政治アクターや政治システムの応答性に関する信念である[1]。

　日本では「国会議員は大ざっぱにいって，当選したらすぐ国民のことを考えなくなる」への意見を尋ねる形で，JABISS 調査からその後の JES 調査まで継続して調査されている。同項目の傾向としては，1990 年代以降に認識が悪化し，政治不信の高まり，応答性の低下がみられる（善教 2013）。

応答性の対象，内容，方向性

　応答性は代表制研究でも取り上げられている[2]。政府や政治エリートが有権者

1　信頼研究としての発展は，善教（2013）で操作的定義が詳細に検討されている。
2　政策応答性に関するレビューとして，大村（2012），Golder and Ferland（2018）を参照。分配政治，利益誘導政治に関するレビューとして，中村（2015）を参照。

に応答しているのかどうか，応答している場合は誰にどのように応答しているのか，それらを左右する要因は何かが論じられている。特に，政府や議員が世論や多数派，支持基盤のいずれに応答しているのか，どのような人々への応答が高いのかが問われる。

　日本でも，政府や政治エリートが応答的であるのか，誰への応答性が高いのかが議論されているが，見解の相違もある。マクロ政体の観点から政府は政策ムードに応答的であった（大村 2012）。他方，自民党の応答性は支持基盤との票と利益の交換にあり（小林 1997; 斉藤 2010），世論よりも地域や団体の利益，政策領域によってはイデオロギーに応答する議員像が示されてきた（猪口・岩井 1987）。

　1990 年代以降に限定した場合も，見解の相違がある。選挙制度改革によって，平均的な有権者の支持を目指した競争に変化したと捉える見方の一方で（Rosenbluth and Thies 2010=2012），二大政党が収斂しないだけでなく，政権喪失後に左右両極に寄る動きが観察された。自民党は 2005 年から 2012 年にかけて大きく右傾化し，2012 年以降も有権者から大きく離れた状態にあり，政策応答性を低下させている。また，民主党は 2012 年以降に同党投票者と議員の位置は近いものの，中道や穏健右派の有権者が離れ，左傾化した（谷口 2020）。このように，政府や議員の応答先が国民世論か与党支持者や団体加入者であるのか，平均的な有権者か支持層やイデオロギーの明確な有権者であるのかについて，見解の相違がある。

　政治意識研究，代表制研究の双方から応答性の低下が指摘されている。ただし，応答性が低い場合にも 2 つの注意が必要である。

　まず，応答性には複数の内容があり，政策以外の側面が求められ，それで補われている可能性である。応答性については政策応答性とともに，サービス応答性，分配応答性，象徴的応答性がある（Eulau and Karps 1977）。たとえば，アメリカでは所得格差と議員の応答性が連動しており，議員が高所得層に応答する傾向がある（Gilens 2012）。ただ，有権者が求める応答性に違いがあり，政策応答性への需要は一定の属性や地域で高い傾向にある。政策応答性を求めるのは白人や高所得層の傾向があり，黒人や低所得層ではサービス応答性を求める傾向がある（Harden 2016）。つまり，議員の応答性にバイアスがある場合も，それは

議員が選挙区の需要に応じた振る舞いをしている可能性があり，有権者の求める応答性の内容も検討する必要がある。

　次に，有権者は議員や政府が世論に応答することを重視しているかどうかである（Bowler 2017）。有権者は世論への応答を強く求めているのか，それとも世論に対して自律的であることを許容しているのか。それによって望ましい民主主義像は異なるが，有権者の属性等によって，求める応答性やその評価は異なっているかもしれない。このように，有権者の望む応答の内容と方向性も考慮する必要がある。

　また，平等を実証的に論じるにあたっては，何らかのカテゴリから捉えることになる。本章では，先行研究やこれまでの各章で示されてきたカテゴリに依拠し，社会経済的地位（学歴，職業，年収），年齢，性別，都市規模，団体所属，政党支持（与党支持），イデオロギーという複数の観点から平等認知や応答性を検討する。それらにより，どのような層が不平等と認識し，それが政治的平等といかなる関係にあるのかを明らかにする。

3　誰に応答しているのか

平等認知

　有権者は現状を平等であると捉えているのだろうか。2019 年有権者調査（問 2）では，12 の側面について平等認知を尋ねた。**表 12-1** は，全体の平均値とカテゴリ別の平均値の差の検定結果である。

　表をみると，有権者は多くの面で不平等と捉えている。回答は中間を 5 としており，政治参加機会が 5 を超えているものの，それ以外の面ではすべて不平等に偏っている。米軍基地，都市と地方，収入の順に不平等が大きいと認識されており，その中では教育機会が比較的平等と認識されている。

　また，平等認知にはカテゴリによる一貫した差がみられる。性別，年齢，団体所属による差は多くの面で一貫している。性別からみると，男性はすべての側面で女性よりもやや平等と捉えている。また，年齢は教育機会から都市と地方の 10 側面で有意な差があり，高齢なほど，やや平等とみている。団体に加入

表12-1　平等認知とカテゴリ別の差

	平均値	性別	年齢	都市規模	学歴	正社員	年収	団体所属
政治参加機会	5.01	＋＋＋			＋＋		＋＋＋	＋＋＋
教育機会	4.85	＋＋＋	＋＋＋	－－				＋＋
総合	4.31	＋＋＋	＋＋＋				＋＋	＋＋＋
性別	4.14	＋＋＋	＋＋＋		－－－	－－	－	＋＋
雇用	3.99	＋＋＋	＋＋＋					＋＋＋
社会保障	3.99	＋＋＋	＋＋＋			－－		＋＋＋
外国人	3.97	＋＋＋	＋＋		－－		－－－	
若者／高齢者	3.88	＋＋＋	＋＋＋	－－		－－－	－－－	＋＋＋
政治的結果	3.67	＋＋＋	＋＋＋				＋＋＋	＋＋＋
収入	3.50	＋＋＋	＋＋＋				＋＋	＋＋
都市／地方	3.43	＋	＋＋＋				－－－	
米軍基地	3.29	＋＋＋		－－				

註：＋＋＋は1％水準，＋＋は5％水準，＋は10％水準で有意。＋は増加方向，－は減少傾向。性別は女性，答えたくないが0，男性が1。都市規模は町村が1，21大都市が4。年齢は20代までが1，80代以上が7。学歴は中学が1，大学・大学院が4。年収は200万円未満が1，1,000万円以上が6。正社員，団体所属は該当者が1，非該当者は0。
出所：2019年有権者調査。

している人は未加入者よりも平等と回答している。また，年収による差もあり，政治参加機会や政治的結果の両面で年収の高い人は平等と回答しているものの，年収の低い人は不平等と捉えている。

　エリートと有権者の比較は**第3章**の通りであるが，認知の順序は比較的似ている。平等な順からみると，政治参加機会，教育，総合評価と続き，都市と地方，米軍基地が最後になる点では同じである。性別と外国人に関する順位の差はあるものの，平等な側面の順序は比較的近い。

影響力評価，政治的有効性感覚

　次に，有権者はアクターの影響力をどのように評価しているのだろうか。2018年有権者ウェブ調査（問7）では図中の14のアクターが国の政策決定にどの程度の影響力があるか，またもつべき影響力を尋ねた。**図12-1**は，その平均値を影響力の強い順に並べており，値が小さいほど影響力があると評価されている。

図12-1　影響力の評価（平均値）

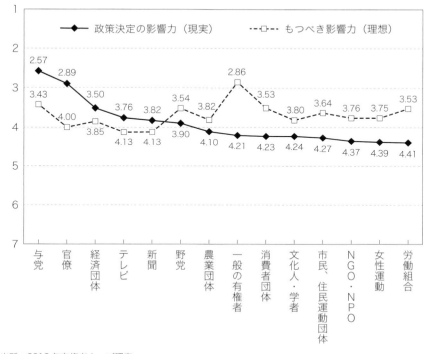

出所：2018 年有権者ウェブ調査。

　図をみると，与党，官僚，経済団体，テレビ，新聞の順に影響力があると評価されている。エリート調査の結果は**第 8 章**で検討されているが，上位のアクターはエリートと同様な認識である。また，もつべき影響力に比べて現実の影響力が上回っているのも，前述の 5 アクターである。エリートとの大きな違いは野党の評価であり，エリートでは野党が最下位であるものの，有権者では野党はメディアに次いで影響力があるとみられている。また，もつべき影響力では一般の有権者が最も高く，現実との落差も大きい。

　有権者はどの程度，政治的有効性感覚を保持しているのだろうか。2019 年の有権者調査（問 10 ③）では「自分のようなふつうの市民には，政府のすることに対して，それを左右する力はない」として，5 段階で尋ねた。**表 12-2** は，回

表12-2　政治的有効性感覚とカテゴリ別の差

A．集計結果

	そう思う	どちらかといえばそう思う	どちらともいえない	どちらかといえばそう思わない	そう思わない	N
普通の市民に政治を左右する力はない	33.3	34.8	17.6	9.4	4.9	799

B．カテゴリ別の有意差

	性別	年齢	都市規模	学歴	年収	正社員	団体所属
普通の市民に政治を左右する力はない							

	与党支持	イデオロギー	革新系	保守系	急進	強度
普通の市民に政治を左右する力はない	+	－ － －	＋＋＋	－ －	－ － －	－ － －

註：与党支持は該当者が1，非該当者は0。イデオロギーは1＝最も革新，7＝最も保守。保守イデオロギーは5（やや保守）〜7（最も保守）を1，それ以外を0。革新イデオロギーは1（最も革新）〜3（やや革新）を1，それ以外を0。急進は両極の1，2，6，7を1，それ以外を0。強度は中間選択肢からの距離であり，両極になるほど数値が高い。
出所：2019年有権者調査。

　答とカテゴリ別の差の検定結果である。
　表からは，次の3点がうかがえる。第1に，有効性感覚は全体として低い。市民が政治を左右する力はないという意見に対して，68.1%の回答者が「そう思う」「どちらかといえばそう思う」を選択している。
　第2に，有効性感覚に対して，属性ごとの有意な差はみられない。実際の投票参加では年齢による差が顕著であるものの，有効性感覚の点では差があるとまではいえない。
　第3に，与党支持やイデオロギーとの関係では有効性感覚に差がみられる。与党支持者はそうでない人々よりも，有効性感覚がやや高い。イデオロギーについて，調査では「1. 最も革新」から「7. 最も保守」で回答を求めた。そのうえで，様々な応答の形を検討するため，複数の区分を設けている（詳細は表の下部を参照されたい）。保守イデオロギーの人は有効性感覚が低く，革新イデオロギーの人は有効性感覚がやや高い。また，急進的なイデオロギーや強度の強い，明確な立場の人ほど，有効性感覚が低い。
　保革の間で関係が逆になっている背景には，革新イデオロギー層の中に有効

性感覚の高い人々が存在しているためである。保守イデオロギー層では有効性感覚の高い人々が相対的に少なく，有効性感覚の低いほうに偏っているため，革新側でやや高い傾向にある。JES IV 調査では「自分には政府のすることに……」として異なるワーディングで調査されている。同調査でも革新イデオロギー層で有効性感覚が高い傾向にあり，今回の結果はワーディングの影響や本調査に特異なものではないと考えられる。

応答性認識

　有権者は政治家と官僚に応答性がどの程度あると捉えているのか。2019 年有権者調査（問 10 ⑥, ⑦）では政治家と官僚の応答性について 5 段階で尋ねた。**表 12-3** は，回答とカテゴリごとの差の検定結果である。

　表からは，政治家と官僚への低い応答性認識がうかがえる。政治家には 74.3%，官僚には 78.7% の回答者が「そう思う」「どちらかといえばそう思う」を選択している。また，政治家と官僚の応答性認識には，0.68 の強い相関がみられる。政治家の応答性について，JES 調査の結果をみると，同様な割合は 1996 年に 54%，2007 年に 71%，2013 年に 69% であり，厳しい状態が続いている。

　カテゴリによる差をみると，議員の応答性については，年齢と団体への所属による差がある。年齢が高いほど，また団体に所属している人は，そうではない人よりも応答性がやや高い。政党支持やイデオロギーによる差をみると，与党支持者，保守的なイデオロギーの有権者は応答性がやや高い。

　応答性の低さが明らかであるが，求める応答性の内容や方向性から低さが許容されているかもしれない。次に，有権者が政策以外の応答性を求めているかどうかを検討する。2019 年有権者調査（問 7）では，3 つの活動を挙げたうえで，順位を尋ねた。選択肢の A は政策応答性，B はサービス応答性，C は配分応答性に該当する。**表 12-4** は回答とカテゴリごとの差の検定結果である。

　政策応答性を第 1 位とする回答が 82.4% を占めた。個人的に有権者を助けることは 10.7%，選挙区への補助金や計画をもたらすことは 6.9% であった。測定

3　応答の内容については ANES の設問文と選択肢を考慮した。

表12-3　議員，官僚の応答性認識とカテゴリ別の差

A. 集計結果

	そう思う	どちらかといえばそう思う	どちらともいえない	どちらかといえばそう思わない	そう思わない	N
国会議員は当選したら国民のことを考えなくなる	36.2	38.1	17.3	6.0	2.4	798
官僚はふつうの市民の考えに注意を払っていない	38.1	40.6	15.0	4.3	2.0	798

B. カテゴリ別の有意差

	性別	年齢	都市規模	学歴	年収	正社員	団体所属
応答性（議員）		＋＋					＋＋＋
応答性（官僚）		＋＋					

	与党支持	イデオロギー	革新系	保守系	急進	強度
応答性（議員）	＋＋＋	＋＋＋	－ －	＋＋	－	
応答性（官僚）	＋＋＋	＋＋	－	＋＋	－ －	－ －

出所：2019 年有権者調査。

表12-4　応答性の内容，方向性とカテゴリ別の差

A. 応答の内容

	1位	2位	3位
有権者の意見を学ぶこと（政策）	82.4	13.9	4.2
個人的な問題を抱える有権者を助けること（サービス）	10.7	41.8	47.3
選挙区に補助金等をもたらすこと（配分）	6.9	44.4	48.6
N	782	764	764

B. 応答の方向性

	人々に合わせるべき	2	3	中間	5	6	政府は貫くべき	N
応答の方向性	13.4	12.4	25.3	35.2	9.1	3.0	1.6	739

C. カテゴリ別の有意差

	性別	年齢	都市規模	学歴	年収	正社員	団体所属
応答の方向性	＋＋				＋＋		

	与党支持	イデオロギー	革新系	保守系	急進	強度
応答の方向性	＋＋＋		－ －	＋＋＋		

出所：2019 年有権者調査。

に課題は残るものの、この結果からは前述までの低い応答性の解釈として、有権者が政策応答性以外の側面を重視している可能性はかなり低い。

次に、有権者が世論への応答を求めていない可能性を検討する。有権者は政府の応答性のあり方について、どのような形を求めているのか。2019年有権者調査（問4③）では多数の人々に合わせるのかどうか、2つの意見を提示し、4を中間として回答を求めた。

表をみると、政府が人々に応答する形が半数を占めた。「人々に合わせるべき」は、3までを合計すると51.1%の回答者が選択し、中間は35.2%、政府は一貫するべきは13.7%である。カテゴリ別の差をみると、男性、年収の高い層では政府は一貫するべきとの回答がやや多い。また、与党支持者、保守イデオロギーの人も人々に合わせるべきとの回答がやや少ない。応答性の低さの解釈として、有権者が世論への応答を求めていない可能性は低い。

政治がもたらす結果の平等

最後に、人々は政治のもたらす結果を平等であるとみているのだろうか。平等認知の中には政治がもたらす結果の平等を尋ねた項目があり、これは応答面での政治的平等を端的に捉えるものである。**表12-5** は、政治的結果に対する平等認知の重回帰分析結果である。独立変数は前述までの政治社会経済的カテゴリと有効性感覚、応答性認識である。

まず、社会経済的カテゴリに基づくモデルⅠをみると、性別、年齢、都市規模が有意な変数である。男性のほうが政治のもたらす結果をより平等であると捉え、また年齢も上がるにつれて、平等とする傾向にある。都市規模は大きくなるにつれて、大都市地域の住民ほど政治的結果が不平等であるとみる傾向にある。年齢と都市規模については意識項目を含めたモデルⅡ、Ⅲにおいても有意な変数であり、世代間格差や都市と農村の格差がうかがえる。戦後の日本では社会経済的に不利な農村部での積極的な参加により、資源が都市部から農村部に再分配され、高度成長とともに不平等度がそれほど拡大しなかったとされる（蒲島1988）。1990年代前後に日本型政治参加格差構造は崩れたものの（蒲島・境家2020）、少なくとも有権者の平等認知、応答面のうえでは、農村バイアスが

表12-5　政治的結果に対する平等認知の重回帰分析

	モデルⅠ			モデルⅡ			モデルⅢ		
	非標準化係数	標準誤差	標準化係数	非標準化係数	標準誤差	標準化係数	非標準化係数	標準誤差	標準化係数
性別	.278	.141	.072 **	.225	.142	.058	.176	.131	.045
年齢	.025	.005	.236 ***	.025	.005	.220 ***	.021	.004	.186 ***
学歴	.022	.074	.011	.087	.076	.044	-.020	.070	-.010
年収	.045	.043	.040	.024	.044	.021	.027	.041	.023
正社員	.270	.175	.064	.200	.179	.047	.198	.164	.046
都市規模	-.114	.067	-.061 *	-.120	.069	-.064 *	-.115	.063	-.061 *
団体加入	.192	.145	.048	.164	.149	.040	.064	.138	.016
イデオロギー				.167	.062	.099 ***	.148	.058	.088 **
与党支持				1.141	.148	.289 ***	.827	.139	.210 ***
有効性感覚							.096	.060	.057
応答性認識							.383	.039	.355 ***
定数	2.092	.402	***	.853	.509	*	-.059	.483	
調整済み決定係数		.060			.169			.300	
N		741			657			654	

註：*** は 1% 水準，** は 5% 水準，* は 10% 水準。有効性感覚は同設問への回答（1～5）。応答性認識は政治家と官僚への設問の回答の合計値（2～10）であり，数値が高いほうが応答している。
出所：2019 年有権者調査。

残存しているのかもしれない。

　次に，モデルⅡをみると，イデオロギーと与党支持も有意な変数である。イデオロギーが保守的な人ほど，政治的結果が平等であり，与党支持者も政治的結果が平等であるとみる傾向にある。

　最後に，有効性感覚と応答性認識を含めたモデルⅢをみると，応答性認識が有意な変数である。有効性感覚と応答性認識はそれぞれ政治的結果の平等に近い変数であると考えられるが，政治家や官僚の応答性があると感じている人ほど，政治的結果としても平等であると認識している。

4　おわりに

　本章では，3 つの問いを検討してきた。まず，有権者の平等認知には属性等による差があるのか。次に，有権者は自己の影響力，エリートの応答性をどのように捉え，どのような応答を求めているのか。最後に，応答面での政治的平

等はどのような状態にあるのかをみてきた。

　分析からは，次の3点が得られた。第1に，有権者の平等認知には属性等の差が認められる。特に，性別，年齢，団体所属による一貫した差が顕著であり，男性，高齢世代，団体加入者ほど現状を平等であると認知している。ジェンダー，世代間，団体所属等，日本政治で指摘されてきた参加や代表レベルの政治的格差と概ね一致する結果である。

　第2に，有効性感覚と応答性認識のどちらもかなり低く，政策応答性や人々への応答を求める傾向が強い。また，影響力評価では一般有権者の現実の影響力ともつべき影響力の落差も大きく，有権者の影響力が高まることが求められている。このように，有効性感覚と応答性認識の低さという点では同じであった。ただ，有効性感覚と応答性認識の違いもあり[4]，有効性感覚については属性による差はみられず，全体的に低い中での平等という状態に近い。他方，応答性認識では年齢や団体所属による差がみられた。また，与党支持やイデオロギーとの関係はあるものの，有効性感覚の中でも，保守的な人々は有効性感覚が低く，革新的な人々のほうがやや高い。他方，応答性認識ではイデオロギーとの関係が逆であり，保守系では応答性認識が高く，革新系ではそれが低い。

　第3に，政治のもたらす結果の平等について，男性，高齢世代，農村部，与党支持，保守イデオロギーを有する人は平等であると認知する傾向にある。日本の応答面での政治的平等はイデオロギーの中間や急進派などの両極の人々への応答がやや低く，男性，高齢世代，農村部，与党支持者，やや保守的な人への応答を軸にする形でのバイアスがある。

　有権者の平等認知と応答性認識をみると，社会経済的不平等と政治的不平等が同じ属性，カテゴリの人々に重なる傾向がある。女性，若年層をはじめ，社会経済的不平等を認知している人々ほど，応答面での政治的不平等もある。社会経済的不平等と応答面の政治的不平等が連動する経路の探究は今後の課題であるものの，参加や代表という要求次元だけでなく，応答次元の平等がいかに確保されるのかを検討する必要性もある。

4　外的有効性感覚と応答性認識の分離を提示している研究（Esaiasson et al. 2015）もある。

現代日本のエリートの平等観の諸相と
権力構造・ネットワーク・応答性

竹中 佳彦

本書の**序**や**第1章**で示した研究の目的は，①エリート・対抗エリートの「平等観」や政策選好がどのように変化したか，②エリート・対抗エリートが，何を考え，市民から表出される利益をどのくらい政策に反映させているのか，③現代日本のエリートと対抗エリートがどのようなものであり，政策決定に対する影響力構造や政策ネットワークがどのように変容したのか，であった。そこでまず本書の目的に沿って，本書で分析した結果をまとめておこう。次に**第1章**で，本書のもとになるエリート調査が平等をめぐる規範理論と接点を持つことに言及したが，本書の各章では十分に論じられていない点について検討しておきたい。最後に本研究の分析から得られた含意と今後の課題について述べる。

1　結論：本書の問いに対する知見

エリートの平等観や政策選好の変化：平等価値の3次元構造と不平等認知の増大

本書の第1の目的は，国会議員に限られない幅広いエリートの平等観や格差是正策への政策選好の変化を解明することであった。

まず**第7章**の分析から，平等価値を総合的にみると，「経済的平等」，「女性・外国人に対する平等」，「女性クオータ制による平等」という3つの次元からなる構造が見出された。エリート・グループ内部のばらつきはみられるものの，主流エリートを構成するグループは平等志向が弱く，対抗エリートに属するグ

ループは平等志向が強いという傾向が確認された。

　エリートの平等観の変化については，**第4章**の分析により，1980年から2018-19年にかけて，多くのエリート・グループによって経済的不平等が拡大していると認識されていることが明らかになった。また収入や財産の面だけでなく，**第3章**の分析から，外国人や性別の面でも現状が不平等であるとの認識が増えてきていることがわかった。

　とくにジェンダー平等については，**第5章**の分析により，保守政党，経済団体・商工団体，農業団体などが，女性が働くことについては賛成するようになったが，男女間にそれほど極端な不平等はないと認識し，女性の雇用割当制の導入についても消極的な賛成にとどまっていることが明らかにされた。

エリートと有権者の認識：主流エリートと社会的地位の高い有権者の選好の一致

　本書の第2の目的は，多様な社会経済的格差をエリートや有権者がどのように位置づけているか，有権者とエリートの間でその認識や価値の乖離は広がっているかを解明することである。

　第3章などで示したように，エリートも有権者も，政治参加の機会について，日本の現状を平等だと捉えている。しかし雇用，社会保障，政治がもたらす結果，世代，収入，男性と女性，外国人の取り扱い，都市と地方，在日米軍基地負担について，エリート，有権者のいずれも，現状を不平等だと認識している。性別と外国人，在日米軍基地負担を除き，有権者のほうがエリートよりも現状を不平等だと捉えており，総合的にみても，エリートは現状をそれほど不平等だとは認識していないのに対して，有権者は現状を不平等だと認識している。

　保守政党の政治家は，都市と地方の面を除くすべてで現状を平等だと捉えており，**表終-1**に示すように，政治における結果，雇用，教育の機会，収入，社会保障，政治参加の機会などで有権者の平等認知度と隔たりがある。官僚も，政治参加の機会，社会保障，政治における結果，雇用，収入で有権者の平等認知度と隔たりがある。有権者が平等化を求めている面についてエリートとの平等認知度に隔たりがあると，有権者は応答性を感じられないであろう。

　第6章の分析によって，若年層は，世代間の社会保障の受益と負担のバラン

表終-1　官僚・保守政治家・経済団体と有権者との平等認知度の差

	有権者	保守政治家		官僚・自治体職員		経済団体・商工団体	
	平均	平均	差	平均	差	平均	差
政治的結果	3.67	6.15	2.48	5.04	1.37	5.01	1.34
雇用	3.99	6.42	2.43	5.23	1.24	5.53	1.54
教育機会	4.85	7.13	2.28	5.84	0.99	6.00	1.15
収入	3.50	5.62	2.12	4.67	1.17	5.10	1.60
社会保障	3.99	6.00	2.01	5.39	1.40	5.17	1.18
政治参加機会	5.01	6.93	1.92	6.62	1.61	6.30	1.29
米軍基地	3.29	5.04	1.75	3.58	0.29	3.80	0.51
若者／高齢者	3.88	5.31	1.43	4.57	0.69	4.52	0.64
外国人	3.97	5.33	1.36	4.36	0.39	4.36	0.39
性別	4.14	5.29	1.15	4.58	0.44	4.83	0.69
都市／地方	3.43	4.45	1.02	3.97	0.54	3.97	0.54
総合	4.31	6.53	2.22	5.87	1.56	5.88	1.57

註：網かけは，平均値が不平等（5.0 未満）のものである。
出所：2018-19 年エリート調査，2019 年有権者調査。

スを客観的に把握しているものの，政治過程と結びつけてみておらず，シルバー民主主義的な捉え方をしていないのに対して，エリートは，世代間にさほど不平等があるとは認知しておらず，同世代の有権者よりも高齢者の認知に近いことが示された。ただし年金制度をめぐる政策選好には世代間対立がなく，エリートが高齢者の意向を反映するシルバー民主主義にはなっていなかった。

　他方，**第 11 章**の分析から，富裕層に偏った金権民主主義とまではいえないにしても，政策形成の主流エリートと，収入や職業的地位の高い有権者との平等観が一致していることが明らかになった。革新政治家・労働団体・市民団体などの対抗エリートの選好は，有権者の選好と乖離しており，政治的影響力も小さいため，平等化は政策に反映されにくい。

影響力構造と政策ネットワーク：集権化とネットワークの稀薄化

　本書の第 3 の目的は，影響力構造，政策ネットワークを解明することである。
　マスメディアを含む影響力構造については，**第 8 章**で明らかにした。「官邸主導」になっているかどうかは，本書のもととなっているエリート調査のアク

ターの影響力の設問に「官邸」を含んでいないため，直接，明らかにすること
はできない。ただ，最も影響力が高いアクターが与党であることは，「官邸主
導」化していることを推測させる。

　与党，官僚，経済団体からなる権力核は持続する一方，野党，労働組合，市民
団体の影響力は低く，対抗エリートが弱化している。マスメディアは，2018-19
年でも，市民団体など影響力の小さい諸アクターの利益を媒介し，政治過程を
多元化する機能はあるが，影響力は低下しているうえ分極化傾向を示し，アク
セス可能な団体も減少しており，政治的格差を是正する機能を失ってきている。

　官僚制への働きかけについては，第9章で検討し，団体エリートが，意見表
明するために官庁の局長級以上に接触することが少なくなってきており，政策
ネットワークが稀薄化していることを示した。国会議員，閣僚，幹部官僚とい
う権力の中核への接触機会も，1980年に比べると，経済団体等が減ったために，
平等化してきているが，第11章の分析では，官僚や保守政党政治家，経済団
体など，政策形成の中核のアクターの選好と社会経済的地位の高い有権者の選
好が一致していることが明らかにされた。

　第10章による道府県議の分析からは，一票の重みが軽い選挙区の議員は，支
持者の意見に沿って議会で投票すべきだと認識し，政策過程における自分の影
響力が強いと捉えていることが明らかとなった。

　第12章の分析によると，有権者は，官僚も政治家も応答性が低いと考えて
いる。官僚の応答性が高いと感じている人は，与党支持者，保守的な人，高年
層である。官僚は，以前はどちらかといえば中立的であったが，今日，その選
好は保守政党支持者の選好と近く，官僚制は党派性を強めているといえるかも
しれない。

2　規範理論との接点をめぐって

　第1章で，エリート調査が平等をめぐる規範理論と接点を持っていることに
言及した。本書の各章では十分に論じられなかった2点について論じておこう。

平等をめぐる規範理論との接点①：「運の平等主義」

　まず「運の平等主義」が，現代日本社会で一定の支持を受けているかという点についてである。「運の平等主義」は，自らが選択した結果として生じた不平等は許容できても，個人の選択が及ばないことによって生み出された不平等は許容されないという考え方である。この考え方に立てば，国家による強制的な富の再配分による「結果の平等」ではなく，「機会の平等」が保障されれば，あとは個人の自己責任だということになるだろう。

　現代日本人は，「すべての人がよい教育を受け能力を伸ばす機会を平等に得られるようにする」（機会の平等）と，「学歴と能力に関わりなく，すべての人に比較的平等な収入を保障する」（結果の平等）とのいずれを望ましいと思っているだろうか。機会の平等への賛成が1，結果の平等への賛成が7の7点尺度で尋ねた結果を，1980年エリート調査（N=1,910），2018-19年エリート調査（問11⑭，N=1,177），2019年有権者調査（問4⑤，N=772）について示したのが**図終-1**である。[1]エリートは，1〜3の機会の平等に賛成する人が83.8%を占め，圧倒的に「結果の平等」よりも「機会の平等」を支持している。1980年のエリート調査では「機会の平等」に賛成する人は77.1%（N=1,910）だったので，「機会の平等」への支持はやや増えている。有権者も，エリートほどではないが，66.1%が「機会の平等」を支持している。

　「高齢者や障がい者を除き，すべての人は社会福祉給付をあてにしないで生活しなければならない」という自助努力に対する賛否は，強く賛成，やや賛成，やや反対，強く反対の4点尺度で尋ねられているが，その結果を示したのが**図終-2**である。1980年エリート調査では，強く賛成とやや賛成を合わせた賛成意見は54.2%（N=1,931）と多かった（三宅・綿貫・嶋・蒲島1985）。これに対して2018-19年エリート調査（問10②，N=1,024）では，やや反対36.1%，強く反対22.8%を合わせると58.9%となり，反対意見が半数を上回っており，エリートでは自助努力への反対意見が増えている。ただし強く賛成6.4%，やや賛成34.7%を合わ

1　**図終-1・図終-2・図終-3**は，1980年と2018-19年のエリートを比較しているので，対象者を揃えるために，1980年エリート調査は全体から学生および部落解放運動を除き，2018-19年エリート調査は専門家団体を除いて値を算出した。

図終-1　機会の平等と結果の平等

	機会の平等	2	3	中間	5	6	結果の平等
1980年	35.1	25.9	16.1	13.5	3.9	3.5	2.0
2018-19年	34.6	28.6	20.6	10.9	2.5	1.4	1.4
有権者	26.2	19.6	20.3	20.6	6.2	3.6	3.5

出所：1980年エリート調査，2018-19年エリート調査，2019年有権者調査。

せた賛成意見は41.1％と賛成意見も少なくはない。2019年有権者調査（問6②，*N*=747）は，強く賛成が10.6％，やや賛成が41.5％，やや反対が32.5％，強く反対が15.4％であり，有権者では賛成意見が反対意見をやや上回っている。

　現代日本では，どちらかといえば，「運の平等主義」から平等が判定されているようである。ただ，関係論的アプローチが重視する不平等を生み出す制度的構造に関する意見もみてみよう。

　「貧困の主な原因は社会制度にある」に賛成する意見を1，「貧困はほとんどの場合その人の責任である」という意見に賛成する意見を7とし，2つの意見の間の立場を2〜6とする設問に対する回答の分布を示したのが**図終-3**である。

図終-2　自助努力

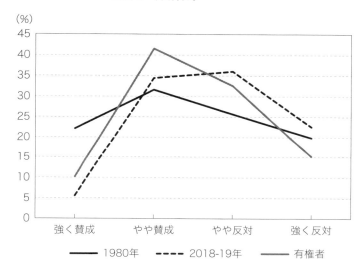

	強く賛成	やや賛成	やや反対	強く反対
1980年	22.4	31.8	25.7	20.0
2018-19年	6.4	34.7	36.1	22.8
有権者	10.6	41.5	32.5	15.4

出所：1980 年エリート調査，2018-19 年エリート調査，2019 年有権者調査。

1980 年エリート調査では中間の意見が 32.1%，個人の責任とする意見が 30.0%，社会制度の責任とする意見が 37.8% であった (N=1,942)。2018-19 年エリート調査 (問 11 ④，N=1,030) の中間の意見は 28.7%，個人の責任とする意見が 24.0%，社会制度の責任とする意見が 46.9% で，社会制度の責任だと考える人が増えている。自助努力を支持しないエリートが増えていることと符合する結果である。有権者調査には同じ質問を設けなかったので，日本人全体がそうなのかどうかはわからないが，日本のエリートは，全体としては，貧困の責任が個人のみに帰せられるとは考えていないようである。

　現代日本のエリートは，**第 1 章**で示唆した通り，「運の平等主義」から平等を判定しているようだが，貧困が制度にも由来すると捉えている。**第 3 章**や**第 5**

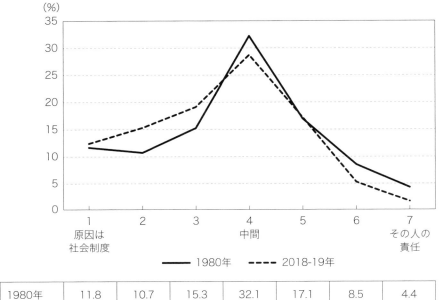

図終-3　貧困の主な原因

1980年	11.8	10.7	15.3	32.1	17.1	8.5	4.4
2018-19年	12.4	15.3	19.2	28.7	17.3	5.3	1.7

出所：1980年エリート調査，2018-19年エリート調査。

章で示したようにジェンダーや外国人に対する不平等があると認識する人も相対的に多いので，エリートは，社会主義的な結果の平等を求めているわけではなく，その意味では「運の平等主義」を支持しているが，社会制度によって機会の平等が十分に保障されているとは認識していないようだ。

平等をめぐる規範理論との接点②：社会的・経済的平等と政治的平等

　第1章で，社会的・経済的平等が政治的平等の条件になるのか，その逆なのかが論じられていることを紹介した。社会的・経済的な格差が，政治参加の機会の格差を生み出し，それが政策に与える影響力の違いとなり，政治のもたらす結果に格差をもたらし，経済的・社会的な格差を維持・拡大させる循環があ

表終-2　有権者の政治参加の機会の平等認知の重回帰分析

	非標準化係数	標準誤差	標準化係数	p
性別	.482	.188	.104	.011 *
年齢	.124	.057	.092	.030 *
学歴	.283	.096	.123	.003 **
年収	.042	.069	.026	.544
非正規労働者	.036	.272	.005	.896
団体加入	.178	.213	.034	.404
イデオロギー	.177	.082	.089	.032 *
与党支持	.943	.197	.200	.000 ***
定数	2.205	.554		.000 ***
調整済み決定係数		.084		
N		586		

註：$^*p < .05$，$^{**}p < .01$，$^{***}p < .001$。
出所：2019 年有権者調査。

ると仮定してみよう。

　本書では，**第 12 章**で，社会的・経済的な属性が政治のもたらす結果の平等にどのような影響を及ぼしているかを分析した。それによると，男性，高年層，農村地域居住者，与党支持者，保守的な人ほど，政治のもたらす結果が平等であるという認識を持っている。これらの社会的な属性を持つ人，与党支持者，保守的な人は，現在行われている政策の結果を自分たちに不平等をもたらしていないと捉えており，現状の政治に満足しているように思われる。

　社会的・経済的な属性が政治参加の機会の平等にどのような影響を与えているのかを本書で単独に取り上げて分析した章はない。そこで 2019 年有権者調査のデータに基づいて，政治参加の機会の平等の認知（有権者調査 問 2 ②）を従属変数とする重回帰分析を行った。その結果を示したのが**表終 -2** である。独立変数は，性別，年齢，学歴，年収，非正規労働者，団体加入，イデオロギー，与党支持である[2]。

2　独立変数は以下のようにコードした。性別（0：女性，答えたくない，1：男性），年齢（1：30 歳未満，2：30 〜 39 歳，3：40 〜 49 歳，4：50 〜 59 歳，5：60 〜 69 歳，6：70 歳以上），

分析の結果，政治参加の機会の平等に有意に影響を与えているのは，与党支持と学歴，性別，年齢，イデオロギーであった。つまり与党支持者や高学歴層，男性，高年層，保守的な人は，政治参加の機会が平等だと認識している。ただし決定係数は小さいので，社会的・経済的属性が，政治参加の機会の平等の認識に大きな影響を及ぼしているわけではないようである。

　エリートについて，社会的・経済的な属性が，政治参加の機会の平等認知（問1②），政治における結果の平等認知（問1③），総合的な平等認知（問1①），日本の民主政治の現状評価（問12）にどのような影響を及ぼしているのか，重回帰分析を行った。独立変数は，性別，年齢，学歴，収入の平等認知，イデオロギー，政策への影響力評価である。[3]エリート調査では，収入を尋ねていないので，代理変数として収入の平等認知を投入した。政策への影響力評価の変数は，エリート・グループの政策に対する影響力評価の平均値を個々のエリートの所属グループに代入して作成した。[4]

　その結果を示したのが，**表終 -3** である。平等認知には，いずれも収入の平等認知が最も大きな影響を及ぼしており，政策への影響力評価，イデオロギーも影響を与えている。そのほかの社会的属性の影響力はあまり大きくないが，政治参加の機会については男性エリートが平等だと認識し，政治における結果や

　学歴（1：中学校，2：高校，3：高専・短大・専修学校，4：大学，5：大学院），年収（1：200万円未満，2：200万円〜400万円未満，3：400万円〜600万円未満，4：600万円〜800万円未満，5：800万円〜1,000万円未満，6：1,000万円以上），非正規労働者（0：経営者・役員，正社員・正職員，自営業主・自由業者，家族従業者，主婦／主夫，学生，その他の無職，1：非正規労働者），団体加入（1：後援会，農林漁業団体，労働団体，商工団体，宗教団体，NPO・市民活動団体のいずれかに加入，0：前記団体のいずれにも非加入），イデオロギー（1：最も革新的〜7：最も保守的），与党支持（1：自民支持，公明支持，0：それ以外の政党支持，支持なし）。

3　独立変数は以下のようにコードした。性別（0：女性，答えたくない，1：男性），年齢（1：30歳未満，2：30〜39歳，3：40〜49歳，4：50〜59歳，5：60〜69歳，6：70歳以上），学歴（1：就学せず〜新制中学等，2：新制高校等，3：高専・短大・専修学校，4：大学，5：大学院），イデオロギー（1：最も革新的〜7：最も保守的），与党支持（1：自民党・公明党支持，0：それ以外）。

4　政策への影響力評価は，野党に3.04，女性団体に3.19，認定NPO法人に3.21，市民団体・脱原発団体に3.43，労働団体に3.44，学者・文化人に3.77，農業団体に4.12，新聞社に4.73，放送局に4.87，経済団体・商工団体に5.28，官僚・自治体職員に5.70，与党に6.29を代入した。

表終-3　エリートの平等認知の重回帰分析

	政治参加の機会の平等認知				政治における結果の平等認知				総合的な平等認知				民主政治の現状評価				収入の平等認知			
	非標準化係数	標準誤差	標準化係数	p	非標準化係数	標準誤差	標準化係数	p	非標準化係数	標準誤差	標準化係数	p	非標準化係数	標準誤差	標準化係数	p	非標準化係数	標準誤差	標準化係数	p
性別	.701	.190	.101	.000 ***	.180	.133	.030	.177	.109	.124	.018	.379	.987	1.664	.016	.553	.488	.162	.089	.003 **
年齢	-.049	.061	-.020	.425	.120	.043	.058	.005 **	.165	.040	.081	.000 ***	.416	.537	.020	.439	.032	.053	.017	.541
学歴	.029	.063	.012	.647	.031	.044	.015	.483	-.011	.041	-.005	.798	-.231	.555	-.011	.677	.058	.054	.030	.288
収入の平等認知	.478	.036	.376	.000 ***	.625	.025	.571	.000 ***	.672	.023	.621	.000 ***	3.674	.314	.335	.000 ***				
イデオロギー	.254	.054	.139	.000 ***	.230	.038	.146	.000 ***	.244	.035	.157	.000 ***	4.013	.475	.255	.000 ***	.305	.046	.213	.000 ***
政策への影響力評価	.320	.066	.150	.000 ***	.309	.046	.169	.000 ***	.249	.043	.138	.000 ***	3.042	.580	.166	.000 ***	.445	.055	.266	.000 ***
定数	.650	.479		.175	-1.381	.336		.000 ***	-.661	.312		.035 *	6.690	4.194		.111	.142	.411		.729
調整済み決定係数	.329				.555				.607				.357				.202			
N	1,061				1,061				1,061				988				1,061			

註：$^*p < .05$，$^{**}p < .01$，$^{***}p < .001$。
出所：2018-19 年エリート調査。

総合では年齢が高いエリートが平等だと認識しているところは興味深い。日本の民主政治の現状評価も，収入の平等認知，イデオロギー，政策への影響力評価が影響を及ぼしている。

　現代日本社会が収入面で平等だと認識していることが，収入の多さを意味するわけではないという指摘はありうるだろう。**表終 -3** は，収入の平等認知について，社会的属性，イデオロギー，政策への影響力評価を独立変数とする重回帰分析の結果も示している。収入の平等認知に対しても，政策への影響力評価，イデオロギーの影響力が大きく，性別の影響力も有意である。つまり政策への影響力が大きいエリートや保守的なエリートが，日本社会の現状を，収入面で平等であると認識し，政治参加の機会や政治における結果も平等だと捉え，民主政治の現状を肯定的に評価していることがわかる。

3　含意と今後の課題

本書の研究から得られた含意

　現代日本のエリートは，40 年前に比べて，全体として，経済や外国人，ジェンダーなどの面で現状が不平等化していると認識している。経済面に関しては，格差が広がっていると認識されているためか，多くのエリート・グループが，社

会福祉に対する支持を増大させている。しかし雇用保障に対する支持は減っている。

　保守的なエリートは，再分配に積極的ではない。また女性の労働の平等化を支持するようになってきている。それは，決してフェミニズムの浸透によるものでも，「右傾化」によるものでもなく，女性労働力の需要の高まりという経済的な要請を受けてのものである。保守政治家は，他のエリートや有権者と異なり，ほとんどあらゆる面において日本の現状を平等的であると認識している。政治家は，収入面の不平等という認識が強くとも，格差是正に賛成という意見にはならず，平等認知が平等価値や政策選好と関連していない。

　全般的には，エリートの平等認知や平等価値は，保革イデオロギーといまだに結びついているが，その結びつきはだいぶ弱くなってきている。当然のことながら，保革イデオロギーの拘束力の低下と関係があるだろう。エリート・グループ間のイデオロギー対立も，存在しているが，弱まってきている。これも，日本の脱イデオロギー化傾向を反映していると思われる。だが現状の政治に否定的な労働団体や市民団体は，野党との接触が高く，対抗エリート・グループは，40年前と同じように存在している。それは，エリートと対抗エリートという「55年体制」的構図の制度的遺産といってもよいだろう。

　団体のエリートが官庁の局長級以上に接触することは少なくなっており，政策ネットワークは稀薄化している。国会議員，閣僚，幹部官僚という権力の中核への接触機会は，1980年に比べると，経済団体等が減ったために，平等化してきている。これは，経済的自由主義が進んできたことと無関係ではなかろう。経済団体は，グローバル経済に対応し，政治・行政から自律的に活動するようになった。農業団体は，農業人口が大きく減少して組織としての力が低下していたところに押し寄せた経済的自由主義の波に抗しきれず，政府に働きかけても十分な保護を得られなかったことから，2000年代後半には民主党に頼る動きをみせ，ますます政府からの保護を得られなくなっている。従来，権力の中核に近かった団体が接触しなくなってきていることが，様々な団体の接触機会の平等化につながっている。

　しかし多くの団体が平等に権力の中核にアクセスできるようになったという

ことは，必ずしもすべての人の選好を吸い上げるような政治になっているということではない。有権者の中では，与党支持者，保守的な人，高年層が，政治家や官僚の応答性が高いと捉え，団体に所属している人も政治家の応答性が高いと考えている。保守的政治家や官僚，経済団体などの政策形成の中核のアクターの選好は，社会経済的地位の高い有権者の選好と一致している。このように政策形成の中核にいるエリートは，社会経済的地位が高い一部の有権者の選好を反映している。

　40年前には，マスメディアが，権力の核外に位置する市民団体や女性団体，労働団体などの選好を政治システムに注入する「レファレント・プルーラリズム」が機能していたといわれた。「レファレント・プルーラリズム」は，問題に直面したときに信頼している人の意見を参考にするという準拠力（referent power）からつくられた用語であるが，マスメディアの影響力は低下し，分極化の傾向がみられ，アクセス可能な団体も減少しており，マスメディアを介した利益表出回路は有効ではなくなりつつある。「レファレント・プルーラリズム」では，マスメディアが，権力の核外の弱小なアクター・新興アクターの選好に共鳴して政治システムに増幅するという機能を果たしていたが，SNSの隆盛に象徴されるように，マスメディアに対する不信感の増大はその準拠力を失わせている。団体から様々な主張（＝音）はなされていても，それが防音室で阻まれていて権力の中核に届かない「サウンドプルーフ・プルーラリズム」と表現した所以である。

今後の研究課題

　本書は，40年ぶりにエリート調査を行うことによって，1980年と2018-19年との2時点の比較を行うことができた。その点では成功したといえる。しかしエリートを対象に郵送で調査をすることの困難さを事前に想定していたので，必要最低限の質問に絞らざるをえず，2時点の比較を重視したため，今日的な問題，たとえば「官邸主導」やインターネットの重要性などに関する設問を盛り込むことができなかった。この点では物足りなさは残る。また2時点の分析といっても，40年の空白は長すぎて，2時点のスナップショットを合わせて，そ

の間を推測している感じであることも否定できない。したがって継続的な調査を行うことができれば，エリートとその平等観について継続と変化を明確に捉えることができるだろう。また他の手法による調査・実験などによって相互補完的な研究を行うことも可能になるであろう。

　本書では，現代日本で保守層と革新層における平等観と政策志向の対立が残存する一方で，社会に存在する価値が十分に政治的エリートに反映されていない可能性が示唆された。したがって今後は，エリートと市民の平等をめぐる政策観が，どのような要因によって形成されるのか，そして政策観が実際の政策にどのように帰結しているのかを解明することが大きな研究課題である。

　他方，本書では，「平等観」を明らかにしたにすぎない。現実社会における政治的不平等の実態はどうなっているのか，あるいは政治的不平等がなぜ生じるのかについても，もうひとつの大きな課題である[5]。

5　山本英弘筑波大学准教授が研究代表者となっている科学研究費補助金・基盤研究（A）「機会と結果の政治的不平等に関する総合的実証研究：政治的不平等生成メカニズムの解明」（課題番号 20H00061）では，この点について研究を進めている。

［付　録］

エリート調査の実施方法

一般社団法人 輿論科学協会

　本書の分析データの中核は，2018 年に一般社団法人輿論科学協会に委託して実施した調査である。2018 年度に一般社団法人中央調査社に委託して実施した国会議員・地方議員の追加調査，2019 年度に株式会社日本リサーチセンターに委託して実施した国会議員・地方議員の補充調査，同年度に実施した日本生産性本部の会員団体役員への調査については，輿論科学協会の調査を補充するものであり，サンプリングについて特記すべきことはないので，ここでは，輿論科学協会の調査のサンプリングに限って掲載しておく。（竹中記）

1　調査対象者

調査対象者は，**表 1** の各グループの各界リーダーで，合計 7,656 名である。

表1　調査対象者

グループ	サンプル数（人）		調査対象者
① 政党・政治家	1,184	N　706 L　478	衆参両院の国会議員 首長，地方議会議員
② 官僚・自治体職員	600	N　300 L　300	中央省庁幹部職員 地方自治体幹部職員
③ 経済団体	1,370	1,370	経団連会員企業の代表者
④ 労働団体	600	N　300 L　300	労働組合幹部職員 労働組合地方組織の幹部職員
⑤ 農業団体	612	N　312 L　300	農協全国連合会または県連合会の幹部 単位農協の組合長
⑥ 商工団体	600	N　300 L　300	全国組織の商工団体幹部 商工会議所の幹部
⑦ 市民団体・NPO	600	-	市民運動団体・認定 NPO 法人・婦人団体の幹部
⑧ 専門家	870	-	医療・法曹等専門家団体の幹部
⑨ 学者・文化人	600	-	国公私立大学教員，作家等の文化人
⑩ マスコミ	620	N　310 L　310	全国紙・全国放送局の幹部 地方紙・地方放送局の幹部
合計	7,656		

註：N は全国組織のリーダー（ナショナル・リーダー），L は地方組織のリーダー（ローカル・リーダー）。

2 回収結果

返送総数は 1,256 件，無効票 44 件，有効回収数は 1,212 件，回収率 15.8% である。

回答者グループ別の回収結果は，**表 2** のようになっており，ナショナルとローカルに層化したグループは，いずれもローカルの回収率がナショナルを上まわっている。

表2 回収状況

回答者グループ	サンプル数		有効回収数	回収率
① 政党・政治家	N 706（国会議員） L 478		24 113	3.4% 23.6%
	148（首長） 330（地方議員）		24 89	16.2% 27.0%
② 官僚・自治体職員	N 300 L 300		46 67	15.3% 22.3%
③ 経済団体	1,370		42	3.1%
④ 労働団体	N 300 L 300		68 70	22.7% 23.3%
⑤ 農業団体	N 312 L 300		17 59	5.4% 19.7%
⑥ 商工団体	N 300 L 300		56 87	18.7% 29.0%
⑦ 市民団体・NPO 婦人団体	300（200・100） 300		83 67	27.7% 22.3%
⑧ 専門家	870		157	18.0%
⑨ 学者・ 文化人	450 150		97 48	21.6% 32.0%
⑩ マスコミ	N 310 L 310		48 63	15.5% 20.3%
合計	7,656		1,212	15.8%

3 調査対象者のサンプリング方法

調査対象者は，①政党・政治家，③経済団体（全数調査），⑧専門家を除き原則として各グループ 600 名ずつを抽出した（**表 1**）。

各グループは，ナショナルとローカルの 2 つに層化し，300 名ずつを抽出した。ナショナル・リーダーは，主に全国規模の組織リーダー，ローカル・リーダーは主に地方組織のリーダーである。⑦市民団体・NPO グループ，⑧専門家グループ，⑨学者・文

化人グループについては，ナショナル・ローカルの層化は行っていない。

（1）　調査地域とする 14 道府県・100 市のサンプリング

調査地域とする道府県は，次の 14 道府県である。

北海道，山形県，福島県，茨城県，千葉県，新潟県，静岡県，大阪府，和歌山県，山口県，高知県，熊本県，大分県，沖縄県。

調査地域とする 100 市を市部人口のウエイトにより，これら 14 道府県に配分した。各道府県で，商工会議所のある市の中から，配分した数の市を系統抽出した。抽出された 100 市は，**表 3** の通りである。

表3　14道府県から抽出された100市

都道府県	市部人口 （人）	人口 比率	市の 数	抽出する 市の数	抽出された市名
1 北海道	4,342,874	12.2%	35	12	札幌市，小樽市，室蘭市，夕張市，網走市，苫小牧市，江別市，紋別市，名寄市，砂川市，深川市，登別市
2 山形県	876,403	2.5%	13	2	山形市，酒田市
3 福島県	1,514,544	4.2%	13	4	福島市，郡山市，喜多方市，二本松市
4 茨城県	2,622,938	7.3%	32	7	水戸市，日立市，土浦市，石岡市，結城市，ひたちなか市，筑西市
5 千葉県	5,947,307	16.7%	37	17	千葉市，銚子市，市川市，船橋市，木更津市，松戸市，野田市，茂原市，佐倉市，東金市，習志野市，柏市，流山市，八千代市，君津市，浦安市，香取市
6 新潟県	2,186,957	6.1%	20	6	新潟市，三条市，新発田市，村上市，糸魚川市，五泉市
7 静岡県	3,432,729	9.6%	23	10	静岡市，浜松市，熱海市，三島市，伊東市，島田市，磐田市，焼津市，藤枝市，袋井市
8 大阪府	8,450,944	23.7%	33	24	大阪市都島区，大阪市西区，大阪市天王寺区，大阪市北区，大阪市中央区，堺市，岸和田市，豊中市，池田市，吹田市，泉大津市，高槻市，貝塚市，枚方市，茨木市，八尾市，泉佐野市，松原市，大東市，和泉市，箕面市，門真市，高石市，東大阪市
9 和歌山県	756,422	2.1%	9	2	和歌山市，有田市
10 山口県	1,323,941	3.7%	13	4	山口市，下松市，長門市，山陽小野田市
11 高知県	587,408	1.6%	11	2	高知市，宿毛市
12 熊本県	1,429,743	4.0%	14	4	熊本市，人吉市，水俣市，山鹿市
13 大分県	1,101,307	3.1%	14	3	大分市，津久見市，宇佐市
14 沖縄県	1,125,405	3.2%	11	3	那覇市，宮古島市，沖縄市
合計	35,698,922	100.0%	278	100	

註：市部人口は 2018 年 1 月 1 日現在住民基本台帳人口（日本人住民）による。

(2) 各界リーダーのサンプリング

各グループの調査対象者のサンプリングは，以下のように行った。

① 政党・政治家

国会議員，首長，地方議会議員の3つのグループについて，下記の方法で抽出した。

政治家種別	抽出数	サンプリング方法	送付先
国会議員	706名	衆参両院の議員全数	議員宿舎
首長	148名	47都道府県知事，100市区（大阪は市長・5区長）	都道府県・市区
地方議会議員	330名	14道府県・96市の合計110議会から各3名を無作為抽出した。	議員事務所（不明時は議会事務局）

② 官僚・自治体職員

種別	N/L	抽出数	サンプリング方法	送付先
官僚	N	300名	「職員録 平成30年版（上）」を抽出台帳として，各府省の課長以上から300名を系統抽出した。	府省
自治体職員	L	300名	「職員録 平成30年版（下）」を用い，100市の総務部長，財務部長，福祉部長をそれぞれ抽出した。大阪市については，市の部長クラス10名と5区の各副区長5名の合計15名を抽出した。	市役所

③ 経済団体

経団連企業会員1,370社の全数調査とした。調査対象者は企業の代表者で，企業あてに送付した。

④ 労働団体

ナショナルリーダーは，連合47組合，全労連18組合，全労協51組合・組織に「平成29年労働組合基礎調査」（厚生労働省）の労働組合員数ウエイトにより，連合傘下の労働組合に269名，全労連に30名，全労協に1名を割り当てた。

ローカルリーダーは，ナショナルセンターの各地方組織に1名以上を配分し，連合47地方組織に243名，全労連47地方組織に47名，全労協10地方組織に10名を割り当てた。

種別	N/L	抽出数	サンプリング方法	送付先
労働組合幹部	N	300 名	「平成 30 年 3 月 全国主要労働組合名簿」を抽出台帳として，各組合役員名簿の会長・副会長・事務局長・執行委員より，組合員数に応じた抽出割当数を満たすよう，上位の職から順に抽出した。	組合
	L	300 名	「平成 30 年 3 月 全国主要労働組合名簿」を抽出台帳として，連合 47 地方組織の会長・副会長・事務局長・副事務局長・執行委員の 5 名（組合員数上位の県は 6 名）を抽出した。全労連 47 地方組織の議長，全労協 10 地方組織の議長を抽出した。	組合

⑤ 農業団体

種別	N/L	抽出数	サンプリング方法	送付先
農業団体幹部	N	312 名 (139)	(12 全国連合会)「都道府県農業協同組合名鑑（平成 30 年版）」を抽出台帳として，全国農業協同組合中央会，全国農業協同組合連合会，全国共済農業協同組合連合会，全国新聞情報農業協同組合連合会，全国厚生農業協同組合連合会，全国開拓農業協同組合連合会，全国畜産農業協同組合連合会，全国酪農業協同組合連合会，日本文化厚生農業協同組合連合会，日本養鶏農業協同組合連合会，日本園芸農業協同組合連合会，日本椎茸農業協同組合連合会の理事以上 139 名を抽出した。	連合会
		(173)	(県連合会)「都道府県農業協同組合名鑑（平成 30 年版）」を抽出台帳として，都道府県中央会，経済連，県信連，共済連の会長・代表理事・本部長等の代表各 1 名，合計 173 名を抽出した。	
	L	300 名	14 道府県の第一次産業就業人口（平成 27 年国勢調査）ウエイトにより，各県に 300 名を割り付け，「都道府県農業協同組合名鑑（平成 30 年版）」を抽出台帳として，単位農協の組合長を系統抽出した。	組合

⑥ 商工団体

種別	N/L	抽出数	サンプリング方法	送付先
商工団体幹部	N	300 名	①全国中小企業団体中央会，②全国商工会連合会，③日本商工会議所の会長・副会長・専務理事各 3 名を抽出した。①の会員で全国を活動範囲とする 2 号3 号会員から 291 団体を無作為抽出し，代表者を調査対象とした。各団体 HP の閲覧により幹部氏名・団体住所を取得した。	団体
	L	300 名	2 (1) で調査地域とした 100 市の商工会議所の会頭・副会頭・専務理事各 3 名を抽出した。各商工会議所HP の閲覧により幹部氏名・団体住所を取得した。	商工会議所または勤務先企業

⑦ 市民団体・NPO

ナショナル・ローカルの層化は行わず，市民団体 200 名・認定 NPO 法人 100 名・婦人団体 300 名の抽出数を割り当てた。

種別	N/L	抽出数	サンプリング方法	送付先
市民団体	-	200 名	（1980 年調査のサンプリング名簿に掲載の団体） ・「朝日年鑑 1980 別巻名簿／統計資料編」に掲載の市民運動・消費者運動団体の現在の活動状況をウェブ検索で調べ，活動が確認された 37 団体を抽出した。 （現在の団体名簿に掲載の団体） ・「全国各種団体名鑑 2017」に掲載の社会運動団体から 86 団体を抽出した。 （脱原発活動団体） ・2011 年の震災・原発事故以降に活動が活発化した団体を，ウェブ検索等により 77 団体抽出した。	団体
認定 NPO 法人	-	100 名	認定 NPO 法人 1,027 団体から 100 団体を無作為抽出した。活動内容から，本調査の協力依頼先には適さないと思われる団体は対象から除いた。内閣府 NPO HP の閲覧により団体名・代表者・団体住所を取得した。	団体
婦人団体	-	300 名	「全国組織女性団体名簿 2018 年版」（公益財団法人市川房枝記念会女性と政治センター）を抽出台帳として，300 名を系統抽出した。2018 年 10 月公開のウェブ版を利用した。	団体

⑧ 専門家

10 の専門家団体の幹部を抽出した。各専門家団体の HP 閲覧によって幹部氏名，連絡先を取得した。ナショナル・ローカルの層化は行っていない。

専門家種別	抽出数	サンプリング方法	送付先
医師	100 名	日本医師会の会長・副会長・常任理事，各都道府県医師会の会長・副会長を抽出した。	医師会または勤務先医院
歯科医師	50 名	日本歯科医師会の会長・副会長・専務理事，各都道府県歯科医師会の会長を抽出した。	歯科医師会または勤務先歯科医院
薬剤師	50 名	日本薬剤師会の会長・副会長・専務理事，各都道府県薬剤師会の会長を抽出した。	各薬剤師会
看護師	50 名	日本看護協会の会長・副会長・専務理事，各都道府県看護協会の会長を抽出した。	各看護協会

裁判官	200 名	法律情報ウェブサイト「e-hoki」の裁判官検索で一覧を作成し判事・判事補を系統抽出した。	裁判所
弁護士	203 名	日本弁護士連合会の会長・副会長・事務総長と，52 弁護士会の会長・副会長 3 名を抽出した。判明しない場合などの場合は，内部委員会委員長などの役職者を抽出した。	弁護士会または勤務先事務所
税理士	58 名	日本税理士会連合会の会長・専務理事 2 名，15 税理士会の会長・副会長，税理士会支部連合会・県連合会の会長を抽出した。	税理士会または勤務先事務所
公認会計士	56 名	日本公認会計士協会の会長・副会長・専務理事，16 地域会の会長・副会長，地域会 12 県部長・10 県部会長を抽出した。	公認会計士協会または勤務先事務所
司法書士	53 名	日本司法書士会連合会の会長・副会長・専務理事，全国 50 司法書士会の会長を抽出した。	司法書士会または勤務先事務所
社会保険労務士	50 名	全国社会保険労務士会連合会の会長・副会長・専務理事，各都道府県社会保険労務士会の会長を抽出した。	社会保険労務士会または勤務先事務所
合計	870 名		

註：裁判官と弁護士は，50 名に法曹分析用の 150 名を追加抽出し合計 200 名とした。

⑨ 学者・文化人

　ナショナル・ローカルの層化は行わず，学者 450 名・文化人 150 名の抽出数を割り当てた（1980 年調査を踏襲）。学者は，国立，公立，私立大学で層化を行った。国立大学 86 校，公立大学 89 校，私立大学連盟加盟 124 校の教授・准教授人数を積み上げ，教員数ウエイトにより国立大学 236 名，公立大学 51 名，私立大学 163 名を割り当てた。教員数は，2018 年 7 月のサンプリング実施時点で大学 HP の掲載データを用いた。

大学種別	教員数	教員数比率	抽出人数
国立大学	39,091 名	52.4%	236 名
公立大学	8,446 名	11.3%	51 名
私立大学	27,065 名	36.3%	163 名
合計	74,602 名	100.0%	450 名

註：教員数は教授・准教授の数。任期付教員は除く。

種別	N/L	抽出数	サンプリング方法	送付先
学者	-	450 名	国立と公立はすべての大学，私立は私立大学連盟加盟 124 校から，教員数に比例した教授・准教授を無作為抽出した。国立大学は「職員録 平成 30 年版（上）」を抽出台帳に用いた。公立大学と私立大学は，各大学 HP 掲載の学部・学科別教員数データと，教員名一覧を利用して系統抽出した。	大学
文化人	-	150 名	「文藝年鑑 2018」を抽出台帳として，連絡先住所が掲載されている作家，評論家等の文化人 150 名を系統抽出した。	自宅等

⑩ マスコミ

ナショナル・ローカルの層化に加えて，新聞社・放送局による層化を行った。放送局については，民放と NHK のサンプル比率を 3 対 1 とし，民放 120 名・NHK40 名をナショナル・ローカルとも割り当てた（1980 年調査を踏襲）。

種別	N/L	抽出数	サンプリング方法	送付先
新聞社	N	150 名	朝日・毎日・読売・日経・産経各紙，共同通信，時事通信各社の編集・報道・論説部門の部長以上を「日本新聞年鑑」から無作為抽出した。	新聞社
	L	150 名	ブロック紙・県紙の編集・報道・論説部門の部長以上を「日本新聞年鑑」から無作為抽出した。	新聞社
放送局	N	160 名	日本テレビ・TBS テレビ・フジテレビ・テレビ朝日の報道部門・解説部門の部長・次長以上を「日本マスコミ総覧」，各局 HP 等の閲覧により 120 名抽出した。「NHK 年鑑」，NHK の HP 閲覧により 40 名抽出した。	放送局
	L	160 名	民放地方放送局の報道部門・解説部門の部長・次長以上を「日本マスコミ総覧」，各局 HP 等の閲覧により 120 名抽出した。「NHK 年鑑」，NHK の HP 閲覧により地方放送局長 40 名を抽出した。	放送局

4 サンプリングに利用した抽出台帳・ウェブサイト

① 政党・政治家

◦ 「職員録 平成 30 年版（上）」（国立印刷局，2018 年）

◦ 衆議院 [http://www.shugiin.go.jp/internet/index.nsf/html/index.htm]

◦ 参議院 [http://www.sangiin.go.jp/]

- 　　全国知事会［http://www.nga.gr.jp/］
- 　　全国市長会［http://www.mayors.or.jp/］

② 官僚・自治体職員
- 　「職員録 平成 30 年版（上）（下）」（国立印刷局，2018 年）

③ 経済団体
- 　　日本経済団体連合会［http://www.keidanren.or.jp/］

④ 労働団体
- 　「全国主要労働組合名簿：系統表・組織表・役員名簿」（厚生労働省労使関係担当
　　参事官室，2018 年）

⑤ 農業団体
- 　「都道府県農業協同組合名鑑（平成 30 年版）」（日本農業新聞，2018 年）

⑥ 商工団体
- 　　全国中小企業団体中央会［https://www.chuokai.or.jp/index.aspx］
- 　　全国商工会連合会［http://www.shokokai.or.jp/］
- 　　日本商工会議所［https://www.jcci.or.jp/］

⑦ 市民団体・NPO
- 　「朝日年鑑 1980 別巻 名簿／統計資料編」（朝日新聞社，1980 年）
- 　「全国各種団体名鑑 2017」（原書房，2016 年）
- 　　内閣府 NPO［https://www.npo-homepage.go.jp/］
- 　（公財）市川房枝記念会女性と政治センター［https://www.ichikawa-fusae.or.jp/］
- 　「全国組織女性団体名簿 2018 年版」（市川房枝記念会女性と政治センター，2018
　　年）

⑧ 専門家

○　法律情報サイト・裁判官検索［http://www.e-hoki.com/judge/］

⑨ 学者・文化人

○　「職員録 平成 30 年版（上）」（国立印刷局，2018 年）

○　私立大学連盟［http://www.shidairen.or.jp/university］

○　「文藝年鑑 2018」（新潮社，2018 年）

⑩ マスコミ

○　「日本新聞年鑑」（日本新聞協会，2017 年）

○　「日本マスコミ総覧」（文化通信社，2018 年）

○　「ＮＨＫ年鑑 2017」（NHK 放送文化研究所，2017 年）

社会的平等についての各界リーダー意見アンケート票

2018 年 10 月
社会的平等観研究会

問 1　現在の日本社会は平等であるという人もいれば、そうではないという人もいます。あなたはどう思われますか。完全な平等を 10 点とし、極端な不平等を 0 点として、下記のいくつかの面のそれぞれの平等の度合いを点数にして、当てはまる数字に○をつけてください。

	極端な不平等				中間					完全な平等
①総合的に見て現代日本社会はどのくらい平等だと思いますか	0	1	2	3	4	5	6	7	8	9	10
②政治参加の機会という面では	0	1	2	3	4	5	6	7	8	9	10
③政治がもたらす結果という面では	0	1	2	3	4	5	6	7	8	9	10
④収入という面では	0	1	2	3	4	5	6	7	8	9	10
⑤財産という面では	0	1	2	3	4	5	6	7	8	9	10
⑥雇用という面では	0	1	2	3	4	5	6	7	8	9	10
⑦男性と女性の区別（差別）という面では	0	1	2	3	4	5	6	7	8	9	10
⑧外国人（在日朝鮮人・韓国人を含む）の取り扱いという面では	0	1	2	3	4	5	6	7	8	9	10
⑨都市と地方という地域の面では	0	1	2	3	4	5	6	7	8	9	10
⑩若年者と高齢者という世代の面では	0	1	2	3	4	5	6	7	8	9	10
⑪在日米軍基地負担の面では	0	1	2	3	4	5	6	7	8	9	10
⑫社会保障という面では	0	1	2	3	4	5	6	7	8	9	10
⑬税制という面では	0	1	2	3	4	5	6	7	8	9	10
⑭教育の機会という面では	0	1	2	3	4	5	6	7	8	9	10

問 2　あなたは現在どの政党を支持していますか。当てはまる数字 1 つに○をつけてください。

1	自由民主党	**5**	日本共産党	**9**	その他の政党
2	立憲民主党	**6**	日本維新の会		（　　　　　　　）
3	国民民主党	**7**	自由党	**10**	支持政党なし
4	公明党	**8**	社会民主党		

1

問3　政治に影響力のある人物や政党に対して、人々はいろいろな感情をもっています。そこで、そのような感情を測定してみようという温度計をつくってみました。次にあげる人物や政党に対する感情をおうかがいします。特に好意も反感も持たないときには 50 度としてください。もし好意的な気持ちがあれば、その強さに応じて 50 度から 100 度のどこかの数値でお答えください。また、もし反感を感じていれば、やはりその強さに応じて 0 度から 50 度のどこかの数値でお答えください。
　　　「わからない」という場合は「888」と記入してください。

①自由民主党……………………	度	⑤日本共産党……………………	度
②立憲民主党……………………	度	⑥日本維新の会…………………	度
③国民民主党……………………	度	⑦安倍晋三………………………	度
④公明党…………………………	度	⑧枝野幸男………………………	度

問4　下の尺度でいうと、あなたご自身や以下の組織・団体の政治的見解はどれに近いでしょう。当てはまる数字に○をつけてください。

	最も 革新的	かなり 革新的	やや 革新的	中間	やや 保守的	かなり 保守的	最も 保守的	わからない
①あなたご自身	1	2	3	4	5	6	7	9
②自由民主党	1	2	3	4	5	6	7	9
③立憲民主党	1	2	3	4	5	6	7	9
④国民民主党	1	2	3	4	5	6	7	9
⑤公明党	1	2	3	4	5	6	7	9
⑥日本共産党	1	2	3	4	5	6	7	9
⑦日本維新の会	1	2	3	4	5	6	7	9
⑧読売新聞	1	2	3	4	5	6	7	9
⑨朝日新聞	1	2	3	4	5	6	7	9
⑩日本経済新聞	1	2	3	4	5	6	7	9
⑪NHK	1	2	3	4	5	6	7	9

問5　あなたが日本の国全体の問題について意見を公にしたいと思った場合、個人的によく知っていて、接触できる人が下記の中にいますか。いくつでも数字に○をつけてください。

1	国会議員 （党名　　　　　　　）	5	官庁の局長級以上の人	10	全国テレビ放送記者
2	閣僚	6	地方自治体の首長	11	地方テレビ放送記者
3	副大臣・政務官	7	地方議員	12	その他 （　　　　　　　　　）
4	野党の指導者	8	全国紙新聞記者	13	接触できる人はいない
		9	地方紙新聞記者		

2

問 6　下記の諸グループは、（ア）我々の生活、（イ）国の政策決定に、それぞれどの程度影響力をもっていると思いますか。また、それらの団体は全体としてどの程度の影響力をもつべきだと思いますか。

下に書きました「非常に影響力あり」を 1 とし、「ほとんどなし」を 7 とする尺度にあてはめると何点にあたりますか。それぞれの欄に点数を記入してください。

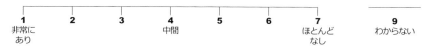

	（ア）我々の生活		（イ）政策決定	
	現実の影響力	持つべき影響力	現実の影響力	持つべき影響力
①労働組合				
②農業団体				
③経営者団体				
④新聞社				
⑤テレビ				
⑥一般の有権者				
⑦文化人・学者				
⑧消費者団体				
⑨市民運動・住民運動団体				
⑩NPO・NGO				
⑪女性運動団体				
⑫官僚				
⑬与党				
⑭野党				

問 7　過去 5 年ほどの間に、次の活動をどの程度なさいましたか。当てはまる数字に○をつけてください。

	一月に 1 回以上	年に数回	年に 1 回くらい	していない
①公開の集会で演説する	1	2	3	4
②ラジオやテレビに出演する	1	2	3	4
③新聞や雑誌に寄稿する	1	2	3	4
④国会議員と会談する	1	2	3	4
⑤政務三役と会談する	1	2	3	4
⑥地方自治体の首長と会談する	1	2	3	4
⑦地方議員と会談する	1	2	3	4
⑧官庁の局長級以上の人と会談する	1	2	3	4
⑨地方自治体の幹部と会談する	1	2	3	4

3

問8 過去5年ほどの間に何か希望を述べたりするために政治家等と接触したことがありますか。
（もしあるなら）その接触の結果はどうでしたか。当てはまる数字に○をつけてください。

	概して成功	どちらの ときもある	概して不成功	接触した ことはない
①与党の国会議員	1	2	3	4
②野党の国会議員	1	2	3	4
③政務三役	1	2	3	4
④野党の指導者	1	2	3	4
⑤官庁の局長級以上の人	1	2	3	4
⑥地方自治体の首長	1	2	3	4
⑦地方議員	1	2	3	4
⑧地方自治体の幹部	1	2	3	4

問9 次に挙げる意見について、あなたは賛成ですか、それとも反対ですか。それぞれの項目について、当てはまる数字に○をつけてください。

	賛成	どちらかといえば賛成	どちらともいえない	どちらかといえば反対	反対
①日本の防衛力はもっと強化するべきだ	1	2	3	4	5
②日米安保体制は現在よりもっと強化すべきだ	1	2	3	4	5
③沖縄の負担は過重であっても、戦略的な重要性からして米軍専用施設が集中する現状はやむを得ない	1	2	3	4	5
④女性の国会議員を増やすため、割当制を導入すべきだ	1	2	3	4	5
⑤公務員や公営企業の労働者のストライキ権を認めるべきだ	1	2	3	4	5
⑥仕事の内容が同じならば、正社員であるかどうかとは関係なく、給料も同じにすべきだ	1	2	3	4	5
⑦労働力の需給調整のために非正規労働者が増大するのはやむを得ない	1	2	3	4	5
⑧所得や資産の多い人に対する課税を強化すべきだ	1	2	3	4	5
⑨女性の地方議員を増やすため、割当制を導入すべきだ	1	2	3	4	5
⑩東京一極集中は改められるべきだ	1	2	3	4	5
⑪原子力規制委員会の審査に合格した原子力発電所は運転を再開すべきだ	1	2	3	4	5
⑫夫婦が望む場合には、結婚後も夫婦がそれぞれ結婚前の名字を称することを、法律で認めるべきだ	1	2	3	4	5
⑬外国人労働者の受け入れを進めるべきだ	1	2	3	4	5
⑭世の中に、力のある者と力のない者がいるのは当然だ	1	2	3	4	5
⑮企業に課す法人税率を引き下げるべきだ	1	2	3	4	5

問 10 次に掲げる意見について、強く賛成か、やや賛成か、やや反対か、強く反対か、当てはまる数字にそれぞれ〇をつけてください。

	強く賛成	やや賛成	やや反対	強く反対	意見なし
①政府は富裕層と貧困層との間の収入格差を大幅に縮めるように努力しなければならない	1	2	3	4	9
②高齢者や障がい者を除き、すべての人は社会福祉給付をあてにしないで生活しなければならない	1	2	3	4	9
③永年一定の地域に住んでいる外国人にも、地方自治体での選挙権を与えるべきである	1	2	3	4	9
④職場での採用や昇進は学歴ではなく、実力に対する評価に基づいて行われるべきである	1	2	3	4	9
⑤政府が私企業の活動を抑えない方が国の経済はうまくいく	1	2	3	4	9
⑥人間のもって生まれた能力にはそれほど優劣はないと思う	1	2	3	4	9
⑦何ごとも努力次第である	1	2	3	4	9
⑧公共サービスは政府よりも、民間の企業や団体（NPO や自治会、社会団体等）が提供するべきである	1	2	3	4	9
⑨政府の意思決定プロセスに、民間の企業や団体（NPO や自治会、社会団体等）が参加するべきである	1	2	3	4	9
⑩一般的に、男性の方が女性より政治の指導者として適している	1	2	3	4	9
⑪夫は外で働き、妻は家庭を守るべきである	1	2	3	4	9

問 11 下の尺度で、1 の意見に対し、7 はその反対の意見を示します。2 から 6 までは 2 つの意見の間の立場を表しています。問題ごとに、あなたのお考えに最も近い数字に〇をつけてください。

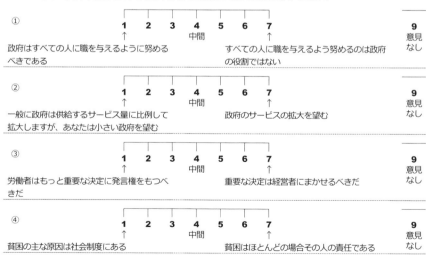

① 政府はすべての人に職を与えるように努めるべきである ← 1 2 3 4(中間) 5 6 7 → すべての人に職を与えるよう努めるのは政府の役割ではない　9 意見なし

② 一般に政府は供給するサービス量に比例して拡大しますが、あなたは小さい政府を望む ← 1 2 3 4(中間) 5 6 7 → 政府のサービスの拡大を望む　9 意見なし

③ 労働者はもっと重要な決定に発言権をもつべきだ ← 1 2 3 4(中間) 5 6 7 → 重要な決定は経営者にまかせるべきだ　9 意見なし

④ 貧困の主な原因は社会制度にある ← 1 2 3 4(中間) 5 6 7 → 貧困はほとんどの場合その人の責任である　9 意見なし

5

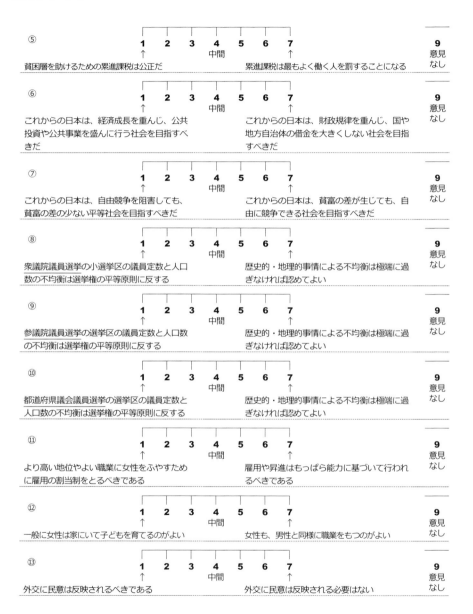

⑤

| | 1 | 2 | 3 | 4 中間 | 5 | 6 | 7 | | 9 意見なし |

貧困層を助けるための累進課税は公正だ　　　　　　累進課税は最もよく働く人を罰することになる

⑥

| | 1 | 2 | 3 | 4 中間 | 5 | 6 | 7 | | 9 意見なし |

これからの日本は、経済成長を重んじ、公共投資や公共事業を盛んに行う社会を目指すべきだ　　これからの日本は、財政規律を重んじ、国や地方自治体の借金を大きくしない社会を目指すべきだ

⑦

| | 1 | 2 | 3 | 4 中間 | 5 | 6 | 7 | | 9 意見なし |

これからの日本は、自由競争を阻害しても、貧富の差の少ない平等社会を目指すべきだ　　これからの日本は、貧富の差が生じても、自由に競争できる社会を目指すべきだ

⑧

| | 1 | 2 | 3 | 4 中間 | 5 | 6 | 7 | | 9 意見なし |

衆議院議員選挙の小選挙区の議員定数と人口数の不均衡は選挙権の平等原則に反する　　歴史的・地理的事情による不均衡は極端に過ぎなければ認めてよい

⑨

| | 1 | 2 | 3 | 4 中間 | 5 | 6 | 7 | | 9 意見なし |

参議院議員選挙の選挙区の議員定数と人口数の不均衡は選挙権の平等原則に反する　　歴史的・地理的事情による不均衡は極端に過ぎなければ認めてよい

⑩

| | 1 | 2 | 3 | 4 中間 | 5 | 6 | 7 | | 9 意見なし |

都道府県議会議員選挙の選挙区の議員定数と人口数の不均衡は選挙権の平等原則に反する　　歴史的・地理的事情による不均衡は極端に過ぎなければ認めてよい

⑪

| | 1 | 2 | 3 | 4 中間 | 5 | 6 | 7 | | 9 意見なし |

より高い地位やよい職業に女性をふやすために雇用の割当制をとるべきである　　雇用や昇進はもっぱら能力に基づいて行われるべきである

⑫

| | 1 | 2 | 3 | 4 中間 | 5 | 6 | 7 | | 9 意見なし |

一般に女性は家にいて子どもを育てるのがよい　　女性も、男性と同様に職業をもつのがよい

⑬

| | 1 | 2 | 3 | 4 中間 | 5 | 6 | 7 | | 9 意見なし |

外交に民意は反映されるべきである　　外交に民意は反映される必要はない

6

ここに不平等を是正する上で2つの方法があります。あなたはどちらがよいと思いますか。

⑭

1	2	3	4	5	6	7
↑			中間			↑

9
意見
なし

機会の平等：すべての人がよい教育を受け能
力を伸ばす機会を平等に得られるようにする

結果の平等：学歴と能力に関わりなく、すべ
ての人に比較的平等な収入を保障する

問12　日本の民主政治を100点満点で採点したら、現状は何点だと思いますか。　　　　　　　　点

問13　次にあげる問題について、それぞれA、Bのような意見があります。
　　　　あなたの意見はどちらに近いですか。（1）から（7）のそれぞれについて、当てはまる数字に〇をつけてく
　　　　ださい。

（1）福祉と負担について、次のA、Bのような意見があります。

意見	A	増税をしてでも、福祉などの公共サービスを充実させるべきである
	B	福祉などの公共サービスが低下しても、税負担を軽減すべきである

1　Aに近い　　　　**2**　どちらかといえばA　　　　**3**　どちらかといえばB　　　　**4**　Bに近い

（2）憲法改正について、次のA、Bのような意見があります。

意見	A	今の憲法は時代に合わなくなっているので、早い時期に改憲した方がよい
	B	今の憲法は大筋として立派な憲法であるから、現在は改憲しない方がよい

1　Aに近い　　　　**2**　どちらかといえばA　　　　**3**　どちらかといえばB　　　　**4**　Bに近い

（3）国と地方自治体の関係について、次のA、Bのような意見があります。

意見	A	競争力の弱い地域を助けるためには、国が補助金などを配分するのは当然である
	B	国の補助金などを減らして、地方の自由な競争による活力のある社会を目指すべきである

1　Aに近い　　　　**2**　どちらかといえばA　　　　**3**　どちらかといえばB　　　　**4**　Bに近い

（4）公的年金制度を維持するための方法について、次のA、Bのような意見があります。

意見	A	将来的に安定した財源を確保するために、保険料率を上げるべきである
	B	全ての世代が同じように負担するために、消費税率を上げるべきである

1　Aに近い　　　　**2**　どちらかといえばA　　　　**3**　どちらかといえばB　　　　**4**　Bに近い

（5）経済の自由化について、次のA、Bのような意見があります。

意見	A	国内産業を保護すべきである
	B	貿易や投資の自由化を進めるべきである

1　Aに近い　　　　**2**　どちらかといえばA　　　　**3**　どちらかといえばB　　　　**4**　Bに近い

7

(6) 社会保障の給付について、次のA、Bのような意見があります。

| 意見 | A | 社会保障の給付は、所得や財産の少ない人に限定すべきだ |
| | B | 社会保障の給付は、所得や財産に関係なく同じ条件ですべての人が受け取れるようにすべきだ |

1 Aに近い　　**2** どちらかといえばA　　**3** どちらかといえばB　　**4** Bに近い

(7) 社会保障の給付について、次のA、Bのような意見があります。

| 意見 | A | 社会保障の給付は、保険料などの納付とは無関係に、それが必要となる度合いに応じて受け取れるようにすべきだ |
| | B | 社会保障の給付は、保険料などの納付の実績に応じて、受け取れるようにすべきだ |

1 Aに近い　　**2** どちらかといえばA　　**3** どちらかといえばB　　**4** Bに近い

F1　あなたのお生まれになった年は　　　西暦　　　　　　　　年

F2　あなたの性別は　　**1** 男性　　**2** 女性　　**3** 答えたくない

F3　中学校を卒業したとき、あなたはどこにお住まいでしたか。都道府県名と市区町村名を具体的にお答えください。海外の場合には、国名をお答えください。

_____

F4　あなたとあなたのご両親の最終学歴はどれにあたりますか。当てはまる数字に○をつけてください。

	就学 しなかった	新制中学 旧制小学校 高等小学校	新制高校 旧制中学	高専・短大 専修学校	大学 （旧制高校）	大学院 （旧制大学）
①あなた	1	2	3	4	5	6
②あなたのお父様	1	2	3	4	5	6
③あなたのお母様	1	2	3	4	5	6

SQ1　差し支えがなければ、あなたの最終学歴の学校名を記入してください。　　　_____

F5　あなたが15歳くらいのときの、①お父様のお仕事、②お母様のお仕事を下のリストから選び、数字を記入してください。

　　　①お父様のお仕事：_____　　②お母様のお仕事：_____

1 農林水産業	**6** 事務職	**11** 分類不能
2 自営商工業	**7** 販売・サービス・労務職	**12** 死去
3 自由業	**8** その他の有職者	**13** わからない
4 管理職	**9** 主婦／主夫	**14** 答えたくない
5 専門技術職	**10** その他の無職	

ご協力ありがとうございました

8

社会的平等についてのアンケート

2019 年 11 月
調査企画：社会的平等観研究会
（代表　筑波大学教授　竹中佳彦）
調査実施：一般社団法人　中央調査社

問 1　今年（2019 年）7 月の参議院選挙の比例区で、あなたはどちらの政党、または政党の候補者に投票しましか。
当てはまる数字 1 つに○をつけてください。

1　自由民主党　　　　　**4**　公明党　　　　　　**7**　その他の政党
2　立憲民主党　　　　　**5**　日本共産党　　　　　（　　　　　　　　　）
3　国民民主党　　　　　**6**　日本維新の会　　　**8**　投票していない

問 2　現在の日本社会は平等であるという人もいれば、そうではないという人もいます。あなたはどう思われますか。
下記のいくつかの面のそれぞれの平等の度合いを点数にして、当てはまる数字に○をつけてください。

	極端な不平等な				中間				完全な平等	
①総合的に見て現代日本社会は	0	1	2	3	4	5	6	7	8	9	10
②政治参加の機会という面では	0	1	2	3	4	5	6	7	8	9	10
③政治がもたらす結果という面では	0	1	2	3	4	5	6	7	8	9	10
④収入という面では	0	1	2	3	4	5	6	7	8	9	10
⑤雇用という面では	0	1	2	3	4	5	6	7	8	9	10
⑥男性と女性の区別（差別）という面では	0	1	2	3	4	5	6	7	8	9	10
⑦外国人（在日朝鮮人・韓国人を含む）の取り扱いという面では	0	1	2	3	4	5	6	7	8	9	10
⑧都市と地方という地域の面では	0	1	2	3	4	5	6	7	8	9	10
⑨若年者と高齢者という世代の面では	0	1	2	3	4	5	6	7	8	9	10
⑩在日米軍基地負担の面では	0	1	2	3	4	5	6	7	8	9	10
⑪社会保障という面では	0	1	2	3	4	5	6	7	8	9	10
⑫教育の機会という面では	0	1	2	3	4	5	6	7	8	9	10

問 3　次にあげる問題について、それぞれ A、B のような意見があります。あなたの意見はどちらに近いですか。当てはまる数字に○をつけてください。

(1)　　A　増税をしてでも、福祉などの公共サービスを充実させるべきである
　　　　B　福祉などの公共サービスが低下しても、税負担を軽減すべきである

　　1　A に近い　　　**2**　どちらかといえば A　　　**3**　どちらかといえば B　　　**4**　B に近い

(2)　　A　公的年金制度の将来的に安定した財源を確保するために、保険料率を上げるべきである
　　　　B　公的年金制度については、全ての世代が同じように負担するために、消費税率を上げるべきである

　　1　A に近い　　　**2**　どちらかといえば A　　　**3**　どちらかといえば B　　　**4**　B に近い

1

問4 下の尺度で、1の意見に対し、7はその反対の意見を示します。2から6までは2つの意見の間の立場を表しています。問題ごとに、あなたのお考えに最も近い数字に○をつけてください。

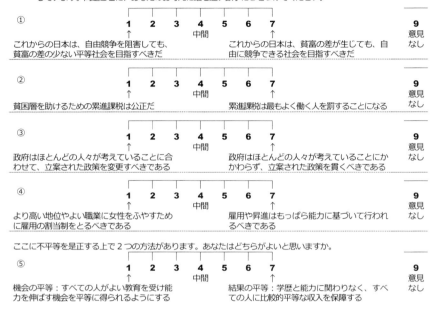

①
1 2 3 4 5 6 7
中間
これからの日本は、自由競争を阻害しても、貧富の差の少ない平等社会を目指すべきだ　　これからの日本は、貧富の差が生じても、自由に競争できる社会を目指すべきだ
9 意見なし

②
1 2 3 4 5 6 7
中間
貧困層を助けるための累進課税は公正だ　　累進課税は最もよく働く人を罰することになる
9 意見なし

③
1 2 3 4 5 6 7
中間
政府はほとんどの人々が考えていることに合わせて、立案された政策を変更すべきである　　政府はほとんどの人々が考えていることにかかわらず、立案された政策を貫くべきである
9 意見なし

④
1 2 3 4 5 6 7
中間
より高い地位やよい職業に女性をふやすために雇用の割当制をとるべきである　　雇用や昇進はもっぱら能力に基づいて行われるべきである
9 意見なし

ここに不平等を是正する上で2つの方法があります。あなたはどちらがよいと思いますか。

⑤
1 2 3 4 5 6 7
中間
機会の平等：すべての人がよい教育を受け能力を伸ばす機会を平等に得られるようにする　　結果の平等：学歴と能力に関わりなく、すべての人に比較的平等な収入を保障する
9 意見なし

問5 次にあげる意見について、あなたは賛成ですか、反対ですか。当てはまる数字にそれぞれ○をつけてください。

	賛成	どちらかといえば賛成	どちらともいえない	どちらかといえば反対	反対
①日本の防衛力はもっと強化するべきだ	1	2	3	4	5
②日米安保体制は現在よりもっと強化すべきだ	1	2	3	4	5
③沖縄の負担は過重であっても、戦略的な重要性からして米軍専用施設が集中する現状はやむを得ない	1	2	3	4	5
④女性の国会議員を増やすため、割当制を導入すべきだ	1	2	3	4	5
⑤公務員や公営企業の労働者のストライキ権を認めるべきだ	1	2	3	4	5
⑥仕事の内容が同じならば、正社員であるかどうかとは関係なく、給料も同じにすべきだ	1	2	3	4	5
⑦労働力の需給調整のために非正規労働者が増大するのはやむを得ない	1	2	3	4	5
⑧所得や資産の多い人に対する課税を強化すべきだ	1	2	3	4	5
⑨東京一極集中は改められるべきだ	1	2	3	4	5
⑩夫婦が望む場合には、結婚後も夫婦がそれぞれ結婚前の名字を称することを、法律で認めるべきだ	1	2	3	4	5
⑪外国人労働者の受け入れを進めるべきだ	1	2	3	4	5
⑫世の中に、力のある者と力のない者がいるのは当然だ	1	2	3	4	5

2

問6 次にあげる意見について、あなたは賛成ですか、反対ですか。当てはまる数字にそれぞれ〇をつけてください。

		強く賛成	やや賛成	やや反対	強く反対	意見なし
①	政府は富裕層と貧困層との間の収入格差を大幅に縮めるように努力しなければならない	1	2	3	4	9
②	高齢者や障がい者を除き、すべての人は社会福祉給付をあてにしないで生活しなければならない	1	2	3	4	9
③	永年一定の地域に住んでいる外国人にも、地方自治体での選挙権を与えるべきである	1	2	3	4	9
④	職場での採用や昇進は学歴ではなく、実力に対する評価に基づいて行われるべきである	1	2	3	4	9
⑤	政府が私企業の活動を抑えない方が国の経済はうまくいく	1	2	3	4	9
⑥	人間のもって生まれた能力にはそれほど優劣はないと思う	1	2	3	4	9
⑦	何ごとも努力次第である	1	2	3	4	9
⑧	公共サービスは政府よりも民間の企業や団体（NPOや自治会、社会団体等）が提供するべきである	1	2	3	4	9
⑨	政府の意思決定プロセスに民間の企業や団体（NPOや自治会、社会団体等）が参加するべきである	1	2	3	4	9
⑩	夫は外で働き、妻は家庭を守るべきである	1	2	3	4	9

問7 次にあげる活動は、議員にとってどれほど重要だと思いますか。重要な順に1位〜3位まで順位をつけて、当てはまる文字（A,B,C）を記入してください。

　　　A 有権者の意見をより代表するために、有権者の意見を学ぶこと
　　　B 省庁や役所との関係で個人的な問題を抱えている有権者を助けること
　　　C 選挙区に補助金や計画をもたらすこと

1位	2位	3位

問8 参議院選挙で何党に投票したかは別にして、ふだんあなたは何党を支持していますか。当てはまる数字1つに〇をつけてください。

1	自由民主党	4	公明党	7	その他の政党
2	立憲民主党	5	日本共産党		（　　　　　　　）
3	国民民主党	6	日本維新の会	8	支持政党なし

問9 下の尺度でいうと、あなたご自身や以下の組織・団体の政治的見解はどれに近いでしょうか。当てはまる数字にそれぞれ〇をつけてください。

		最も革新的	かなり革新的	やや革新的	中間	やや保守的	かなり保守的	最も保守的	わからない
①	あなたご自身	1	2	3	4	5	6	7	9
②	自由民主党	1	2	3	4	5	6	7	9
③	立憲民主党	1	2	3	4	5	6	7	9
④	国民民主党	1	2	3	4	5	6	7	9
⑤	公明党	1	2	3	4	5	6	7	9
⑥	日本共産党	1	2	3	4	5	6	7	9
⑦	日本維新の会	1	2	3	4	5	6	7	9
⑧	読売新聞	1	2	3	4	5	6	7	9
⑨	朝日新聞	1	2	3	4	5	6	7	9
⑩	日本経済新聞	1	2	3	4	5	6	7	9
⑪	NHK	1	2	3	4	5	6	7	9

3

問10　次にあげる意見について、当てはまる数字にそれぞれ〇をつけてください。

	そう思う	どちらかといえばそう思う	どちらともいえない	どちらかといえばそう思わない	そう思わない
① ふだんから国の政治に関心を払っている	1	2	3	4	5
② 現在の日本では民主主義がうまく機能していない	1	2	3	4	5
③ 自分のようなふつうの市民には、政府のすることに対して、それを左右する力はない	1	2	3	4	5
④ 政治や政府は複雑なので、自分には何をやっているのかよく理解できない	1	2	3	4	5
⑤ ほとんどの政治家は自分の得になることばかりを考えて政治にかかわっている	1	2	3	4	5
⑥ 国会議員は大ざっぱに言って、当選したらすぐ国民のことを考えなくなる	1	2	3	4	5
⑦ 政府の官僚は自分のようなふつうの市民が何を考えているのかにあまり注意を払っていない	1	2	3	4	5
⑧ 団体が政治にはたらきかけることで、多様な意見が政治的決定に反映される	1	2	3	4	5

F1　あなたのお生まれになった年は　　　　西暦　　　　　　　　　　年

F2　あなたの性別は　　　**1** 男性　　　**2** 女性　　　**3** 答えたくない

F3　あなたは現在、結婚されていますか。当てはまる数字1つに〇をつけてください。
1 未婚　　　　　　**2** 既婚　　　　　　**3** 離別　　　　　　**4** 死別

F4　あなたの最終学歴はどれにあたりますか。当てはまる数字1つに〇をつけてください。
1 中学校　　　　　　　**3** 高専・短大・専修学校　　　**5** 大学院
2 高校　　　　　　　　**4** 大学　　　　　　　　　　　**6** その他（　　　　　　　　）

F5　あなたの現在の働き方に最も近い数字1つに〇をつけてください。
1 経営者・役員　　　**4** 自営業主・自由業者　　　**7** 主婦／主夫　　　**10** わからない・答えたくない
2 正社員・正職員　　**5** 家族従業者　　　　　　　**8** 学生
3 非正規労働者　　　**6** その他の有職　　　　　　　**9** その他の無職

F6　【F5で1〜6とお答えの方におうかがいします】あなたのお仕事の内容に最も近い数字1つに〇をつけてください。
1 専門・技術職　　　**3** 事務職　　　　　　**5** 労務職　　　　　　**7** わからない・答えたくない
2 管理職　　　　　　**4** 販売・サービス職　**6** その他（　　　　　　　　　　　）

F7　昨年（2018年）1年間の収入はご家族全部あわせると、およそどのくらいになりますか（ボーナスや臨時収入を含む、税込み）。最も近い数字1つに〇をつけてください。
1 200万円未満　　　　　　**4** 600万円〜800万円未満　　　**7** わからない
2 200万円〜400万円未満　**5** 800万円〜1000万円未満　　**8** 答えたくない
3 400万円〜600万円未満　**6** 1000万円以上

F8　あなたは次にあげる団体・組織に加入していますか。当てはまるものすべてに〇をつけてください。
1 政治家の後援会　　　　　**5** 商工業関係の経済団体　　　**9** その他（　　　　　　　　）
2 自治会・町内会　　　　　**6** 宗教団体　　　　　　　　　**10** どれにも加入していない
3 農協・その他の農林漁業団体　**7** NPO・市民活動団体
4 労働組合　　　　　　　　**8** 趣味のサークル・スポーツ団体

4

参考文献一覧

【和文】

赤坂正浩，2015，『世紀転換期の憲法論』信山社．

浅倉むつ子・萩原久美子・神尾真知子・井上久美枝・連合総合生活開発研究所，2018，『労働運動を切り拓く——女性たちによる闘いの軌跡』旬報社．

飯尾潤，1998，「日本における官民関係の位相」『公共政策（日本公共政策学会年報）』1998 年号（CD-ROM 版），1-10 頁．

飯尾潤・黒田貴志，2005，「政治家における世代と政党間競争」北岡伸一・田中愛治編『年金改革の政治経済学』東洋経済新報社，165-199 頁．

石田雄，1961，『現代組織論』岩波書店．

伊藤大一，1980，『現代日本官僚制の分析』東京大学出版会．

伊藤理史，2017，「日本人の政治的疎外意識」『フォーラム現代社会学』16 号，15-27 頁．

猪口孝，1983，『現代日本政治経済の構図』東洋経済新報社．

猪口孝・岩井奉信，1987，『族議員の研究』日本経済新聞社．

今井亮佑，2020，「『一票の較差』問題に対する有権者の認識」『選挙研究』35 巻 2 号，71-85 頁．

今田高俊，1989，『社会階層と政治』東京大学出版会．

岩本美砂子，1997，「女のいない政治過程——日本の 55 年体制下における政策決定過程を中心に」『女性学』5 号，8-39 頁．

岩本美砂子，2007，「日本における女性政策ナショナルマシナリーの分析——『無私・無謬の官僚』神話と女性政策マシナリーの困難」『三重大学法経論叢』24 巻 2 号，1-40 頁．

上村敏之・足立泰美，2015，『税と社会保障負担の経済分析』日本経済評論社．

打越綾子，2005，「地方分権改革と地方政治の流動化」『成城法学』74 号，166-142 頁．

内田満，1986，『シルバー・デモクラシー——高齢社会の政治学』有斐閣．

内田満・岩渕勝好，1999，『エイジングの政治学』早稲田大学出版部．

衛藤幹子，2017，『政治学の批判的構想——ジェンダーからの接近』法政大学出版局．

遠藤晶久，2018，「世代で異なる政治対立」日本政治学会報告論文．

遠藤晶久，2019，「少子高齢化社会における社会保障政策選好と世代間対立」大曽根寛・森田慎二郎・金川めぐみ・小西啓文編『福祉社会へのアプローチ 上』成文堂，131-147 頁．

遠藤晶久／ウィリー・ジョウ，2019，『イデオロギーと日本政治——世代で異なる「保守」と「革新」』新泉社．

大倉沙江・山本英弘・竹中佳彦，2021，「外国人に対するエリートの態度とその変化」日本選挙学会報告.

大沢真理，2020，『企業中心社会を超えて——現代日本を「ジェンダー」で読む』岩波書店.

太田清，2000，「国際比較からみた日本の所得格差」『日本労働研究雑誌』480 号，33-40 頁.

大嶽秀夫，1999，『日本政治の対立軸——93 年以降の政界再編の中で』中央公論新社.

大嶽秀夫，2017，『フェミニストたちの政治史——参政権，リブ，平等法』東京大学出版会.

大竹文雄，2005，『日本の不平等——格差社会の幻想と未来』日本経済新聞社.

大竹文雄・小原美紀，2010，「所得格差」樋口美雄編『労働市場と所得分配』慶應義塾大学出版会，253-285 頁.

大西裕，2006，「官僚のプロフィールと役割意識」村松岐夫・久米郁男編『日本政治変動の 30 年——政治家・官僚・団体調査に見る構造変容』東洋経済新報社，181-198 頁.

大野太郎・小玉高大・松本龍太郎，2018，「税・社会保険料における再分配効果の変化の要因分解——制度変更要因の抽出」『フィナンシャル・レビュー』134 号，206-223 頁.

大村華子，2012，『日本のマクロ政体——現代日本における政治代表の動態分析』木鐸社.

大村華子，2020，「選挙制度と統治のデザイン——政治学の視点から」駒村圭吾・待鳥聡史編『統治のデザイン——日本の「憲法改正」を考えるために』弘文堂，59-84 頁.

小塩隆士，2009，「社会保障と税制による再分配効果」国立社会保障・人口問題研究所編『社会保障財源の効果分析』東京大学出版会，147-170 頁.

小塩隆士・浦川邦夫，2008，「2000 年代前半の貧困化傾向と再分配政策」『季刊社会保障研究』43 巻 4 号，278-290 頁.

風間規男，2011，「公的ガバナンスと政策ネットワーク」新川達郎編『公的ガバナンスの動態研究——政府の作動様式の変容』ミネルヴァ書房，113-148 頁.

粕谷祐子，2015，「『一票の格差』をめぐる規範理論と実証分析——日本での議論は何が問題なのか」日本政治学会編『年報政治学 2015-I 政治理論と実証研究の対話』木鐸社，90-117 頁.

蒲島郁夫，1985a，「所得の不平等」三宅一郎・綿貫譲治・嶋澄・蒲島郁夫『平等をめぐるエリートと対抗エリート』創文社，115-132 頁.

蒲島郁夫，1985b，「影響力の階層構造」三宅一郎・綿貫譲治・嶋澄・蒲島郁夫『平等をめぐるエリートと対抗エリート』創文社，133-172 頁.

蒲島郁夫，1986，「マスメディアと政治——もう 1 つの多元主義」『中央公論』101 巻

2 号，110-130 頁.

蒲島郁夫，1988，『政治参加』東京大学出版会.

蒲島郁夫，1990，「マス・メディアと政治」『レヴァイアサン』7 号，7-29 頁.

蒲島郁夫，2004，『戦後政治の軌跡——自民党システムの形成と変容』岩波書店.

蒲島郁夫・竹中佳彦，1996，『現代日本人のイデオロギー』東京大学出版会.

蒲島郁夫・竹中佳彦，2012，『イデオロギー』東京大学出版会.

蒲島郁夫・境家史郎，2020，『政治参加論』東京大学出版会.

川人貞史・山元一編，2007，『政治参画とジェンダー』東北大学出版会.

苅谷剛彦，2001，『階層化日本と教育危機』有信堂高文社.

北村行伸・宮崎毅，2013，『税制改革のミクロ実証分析——家計経済からみた所得税・消費税』岩波書店.

北村亘，2006，「中央官庁の地方自治観」村松岐夫・久米郁男編『日本政治変動の30 年——政治家・官僚・団体調査に見る構造変容』東洋経済新報社，199-222 頁.

北村亘，2010，「地方分権改革と基礎自治体の財政認識」『阪大法学』60 巻 3 号，525-546 頁.

北村亘，2019，「文部科学省の格差是正志向と地方自治観」青木栄一編『文部科学省の解剖』東信堂，53-74 頁.

木下武男，1996，「女性・女性の運動」渡辺治編『現代日本社会論』労働旬報社，592-615 頁.

木部尚志，2015，『平等の政治理論——"品位ある平等"にむけて』風行社.

金兌希，2014，「日本における政治的有効性感覚指標の再検討」『法学政治学論究』100 号，121-154 頁.

久保慶明，2016，「団体－行政関係の継続と変化——利益代表の交代，議会政治への応答と中立」辻中豊編『政治変動期の圧力団体』有斐閣，127-158 頁.

久保慶明，2020，「地域間格差をめぐるエリートの平等観」『選挙研究』36 巻 2 号，53-67 頁.

久保慶明・辻中豊，2013，「政治過程における利益団体の動向」日本選挙学会 2013年度総会・研究会報告論文.

久米郁男，2006，「利益団体政治の変容」村松岐夫・久米郁男編『日本政治変動の30 年——政治家・官僚・団体調査に見る構造変容』東洋経済新報社，259-276 頁.

古坂正人，2007，「政策ネットワーク論」縣公一郎・藤井浩司編『コレーク政策研究』成文堂，109-142 頁.

小林哲郎，2016，「マスメディアが世論形成に果たす役割とその揺らぎ」『放送メディア研究』13 号，105-128 頁.

小林良彰，1997，『現代日本の政治過程——日本型民主主義の計量分析』東京大学出版会.

小林良彰，2012，「議員定数不均衡による民主主義の機能不全——民意負託，国会審議，

政策形成の歪み」『選挙研究』28 巻 2 号，15-25 頁.

斉藤淳，2010，『自民党長期政権の政治経済学』勁草書房.

齋藤純一，2017，『不平等を考える——政治理論入門』筑摩書房.

斉藤正美，2017，「結婚，家族をめぐる保守の動き」塚田穂高編『徹底検証日本の右傾化』筑摩書房，202-221 頁.

斎藤友里子，2011，「『新自由主義の受容』は何により促されたか——市場化と価値意識」斎藤友里子・三隅一人編『現代の階層社会 3 流動化のなかの社会意識』東京大学出版会，189-203 頁.

坂井素思・岩永雅也編，2011，『格差社会と新自由主義』放送大学振興協会.

境家史郎，2013，「戦後日本人の政治参加——『投票参加の平等性』論を再考する」日本政治学会編『年報政治学 2013-I 宗教と政治』木鐸社，236-255 頁.

佐藤誠三郎・松崎哲久，1986，『自民党政権』中央公論社.

佐藤俊樹，2000，『不平等社会日本』中央公論新社.

佐藤俊樹，2006，「爆発する不平等感」白波瀬佐和子編『変化する社会の不平等』東京大学出版会，17-46 頁.

佐藤康仁，2019，「世代間格差」佐藤康仁・熊沢由美編『新版 格差社会論』同文舘出版，57-81 頁.

宍戸常寿，2015，「地方議会における一票の較差に関する覚書」岡田信弘・笹田栄司・長谷部恭男編『憲法の基底と憲法論』信山社，413-438 頁.

島澤諭，2017，『シルバー民主主義の政治経済学——世代間対立克服への戦略』日本経済新聞出版社.

清水真人，2005，『官邸主導——小泉純一郎の革命』日本経済新聞社.

ジョウ，ウィリー／遠藤晶久／竹中佳彦，2018，「左－右イデオロギー理解の国際比較」『レヴァイアサン』63 号，10-29 頁.

白波瀬佐和子，2009，『日本の不平等を考える——少子高齢社会の国際比較』東京大学出版会.

進藤久美子，2004，『ジェンダーで読む日本政治——歴史と政策』有斐閣.

菅原琢，2004，「日本政治における農村バイアス」『日本政治研究』1 巻 1 号，53-86 頁.

鈴木彩加，2019，『女性たちの保守運動——右傾化する日本のジェンダー』人文書院.

鈴木亘，2012，『年金問題は解決できる！——積立方式移行による抜本改革』日本経済新聞出版社.

砂原庸介，2017，『分裂と統合の日本政治——統治機構改革と政党システムの変容』千倉書房.

瀬地山角，2014，「安倍首相，『女性活用』ってホンキですか——第 2 次安倍改造内閣は『男女共同参画』の基本を壊す？」『東洋経済オンライン』2014 年 9 月 18 日，https://toyokeizai.net/articles/-/48114.

善教将大，2013，『日本における政治への信頼と不信』木鐸社.

善教将大, 2019, 「市民社会への参加の衰退?」後房雄・坂本治也編『現代日本の市民社会――サードセクター調査による実証分析』法律文化社, 239-251 頁.

曽我謙悟, 2006, 「中央省庁の政策形成スタイル」村松岐夫・久米郁男編『日本政治変動の 30 年――政治家・官僚・団体調査に見る構造変容』東洋経済新報社, 159-180 頁.

曽我謙悟, 2013, 『行政学』有斐閣.

武川正吾, 2007, 『連帯と承認――グローバル化と個人化のなかの福祉国家』東京大学出版会.

武川正吾, 2012, 「2000 年代の社会意識の変化」武川正吾・白波瀬佐和子編『格差社会の福祉と意識』東京大学出版会, 11-32 頁.

武川正吾・白波瀬佐和子編, 2012, 『格差社会の福祉と意識』東京大学出版会.

竹中治堅, 2006, 『首相支配――日本政治の変貌』中央公論新社.

竹中治堅, 2017, 「政権交代は何を変えたのか」竹中治堅編『二つの政権交代――政策は変わったのか』勁草書房, 1-21 頁.

竹中治堅編, 2017, 『二つの政権交代――政策は変わったのか』勁草書房.

竹中佳彦, 2016, 「マスメディアと圧力政治――メディア多元主義の現況」辻中豊編『政治変動期の圧力団体』有斐閣, 159-181 頁.

竹中佳彦・遠藤晶久, 2020, 「エリートのイデオロギーと平等観」日本政治学会編『年報政治学 2020-I 「対立」をいかに摑むか』筑摩書房, 13-33 頁.

竹ノ下弘久, 2013, 『仕事と不平等の社会学』弘文堂.

橘木俊詔, 1998, 『日本の経済格差――所得と資産から考える』岩波書店.

橘木俊詔, 2016, 『21 世紀日本の格差』岩波書店.

橘木俊詔・松浦司, 2009, 『学歴格差の経済学』勁草書房.

建林正彦, 2004, 『議員行動の政治経済学――自民党支配の制度分析』有斐閣.

建林正彦, 2006, 「政党内部組織と政党間交渉過程の変容」村松岐夫・久米郁男編『日本政治変動の 30 年――政治家・官僚・団体調査に見る構造変容』東洋経済新報社, 67-94 頁.

建林正彦, 2017, 『政党政治の制度分析』千倉書房.

田中愛治・三村憲弘, 2006, 「国民意識における平等と政治――政治経済対立軸の継続と変化」日本政治学会編『年報政治学 2006-I 平等と政治』木鐸社, 117-147 頁.

田辺俊介, 2020, 「希望と満足は政治を動かしたか?――社会・政治意識と政治状況の相互作用の解明」石田浩・有田伸・藤原翔編『人生の歩みを追跡する――東大社研パネル調査でみる現代日本社会』勁草書房, 219-238 頁.

谷口将紀, 2020, 『現代日本の代表制民主政治――有権者と政治家』東京大学出版会.

千葉涼, 2020, 「日本の全国紙による安倍政権に関する報道の多様性」『選挙研究』36 巻 2 号, 126-138 頁.

辻由希, 2012, 『家族主義福祉レジームの再編とジェンダー政治』ミネルヴァ書房.

辻中豊, 2012, 『政治学入門——公的決定の構造・アクター・状況』放送大学教育振興会.

辻中豊, 2016, 「圧力団体調査の継承と発展」辻中豊編『政治変動期の圧力団体』有斐閣, 1-11 頁.

辻中豊・森裕城編, 2010, 『現代社会集団の政治機能』木鐸社.

寺島実郎, 2017, 『シルバー・デモクラシー——戦後世代の覚悟と責任』岩波書店.

戸川和成, 2019, 「団体－地方政府関係の位相を探る——地方分権改革は地方政治をめぐる団体世界をどのように変えたのか」辻中豊編『第四次団体の基礎構造に関する調査（日本・社会団体調査）』筑波大学, 150-177 頁.

中北浩爾, 2015, 「労働政治の変容と第二次安倍政権」『労働調査』（労働調査協議会）2015 年 6 月号, 10-13 頁.

中野晃一, 2015, 『右傾化する日本政治』岩波書店.

中村悦大, 2015, 「分配政治のモデル (1) 操作の対象」『愛媛法学会雑誌』42 巻 1 号, 101-124 頁.

西澤由隆, 2018, 「『失われた 20 年』と政治的格差——『福祉か減税か』に関するパズルをめぐって」『同志社法学』69 巻 7 号, 59-91 頁.

西田亮介, 2015, 『メディアと自民党』角川書店.

橋本健二, 2020, 『アンダークラス 2030 ——置き去りにされる「氷河期世代」』毎日新聞出版.

橋本良明, 2016, 「この 20 年間でのテレビ視聴 vs. ネット利用」橋本良明編『日本人の情報行動 2015』東京大学出版会, 183-195 頁.

服部茂幸, 2016, 「アベノミクスとは何だったのか」中野晃一編『徹底検証 安倍政治』岩波書店, 88-96 頁.

濱田国佑, 2013, 「新自由主義改革に対する意識構造の世代間差異——2005 年 SSM 調査データの分析から」『現代社会学研究』26 号, 1-17 頁.

濱本真輔, 2016, 「団体－政党関係の構造変化——希薄化と一党優位の後退」辻中豊編『政治変動期の圧力団体』有斐閣, 101-125 頁.

濱本真輔, 2018, 『現代日本の政党政治——選挙制度改革は何をもたらしたのか』有斐閣.

濱本真輔, 2019, 「政策過程における議員行動」『阪大法学』69 巻 3・4 号, 727-763 頁.

早川誠, 2014, 『代表制という思想』風行社.

林香里・田中瑛, 2020, 「政治システムとの強いリンクがもたらした構造的『右傾化』」小熊英二・樋口直人編『日本は「右傾化」したのか』慶應義塾大学出版会, 121-154 頁.

原純輔・盛山和夫, 1999, 『社会階層——豊かさの中の不平等』東京大学出版会.

樋口美雄・萩原里紗, 2017, 『大学への教育投資と世代間所得移転』勁草書房.

ピケティ, トマ, 2014, 山形浩生・守岡桜・森本正史訳『21 世紀の資本』みすず書房.

広瀬巌, 2016, 齊藤拓訳『平等主義の哲学——ロールズから健康の分配まで』勁草書房.

フレイザー, ナンシー／アクセル・ホネット, 2012, 加藤泰史監訳『再分配か承認か？ ──政治・哲学論争』法政大学出版局.

堀内勇作・斉藤淳, 2003,「選挙制度改革に伴う議員定数配分格差の是正と補助金配分格差の是正」『レヴァイアサン』第 32 号, 29-49 頁.

堀江孝司, 2005, 『現代政治と女性政策』勁草書房.

堀江孝司, 2016,「労働供給と家族主義の間──安倍政権の女性政策における経済の論理と家族の論理」『人文学報』32 号, 23-48 頁.

堀江孝司, 2017,「安倍政権の女性政策」『大原社会問題研究所雑誌』700 号, 38-44 頁.

本田由紀・伊藤公雄編, 2017, 『国家がなぜ家族に干渉するのか──法案・政策の背後にあるもの』青弓社.

前田健太郎, 2014, 『市民を雇わない国家──日本が公務員の少ない国へと至った理由』東京大学出版会.

前田健太郎, 2019, 『女性のいない民主主義』岩波書店.

牧原出, 2018, 『崩れる政治を立て直す──21 世紀の日本行政改革論』講談社.

待鳥聡史, 2012, 『首相政治の制度分析──現代日本政治の権力基盤形成』千倉書房.

松林哲也, 2018,「シルバー民主主義と 2017 年衆院選」日本政治学会報告論文.

真渕勝, 2020, 『行政学 新版』有斐閣.

丸山真央, 2011,「ネオリベラリズム──その多元性と対立軸の交錯」田辺俊介編『外国人へのまなざしと政治意識』勁草書房, 119-140 頁.

三浦まり, 2014,「民主党政権下における連合──政策活動と社会的労働運動の分断を乗り越えて」伊藤光利・宮本太郎編『民主党政権の挑戦と挫折──その経験から何を学ぶか』日本経済評論社, 171-194 頁.

三浦まり編, 2016, 『日本の女性議員──どうすれば増えるのか』朝日新聞出版.

みずほ総合研究所, 2017, 『データブック 格差で読む日本経済』岩波書店.

三宅一郎, 1985a,「平等観の構造とグループ差」三宅一郎・綿貫譲治・嶋澄・蒲島郁夫『平等をめぐるエリートと対抗エリート』創文社, 83-113 頁.

三宅一郎, 1985b, 「マイノリティと平等──とくに男女平等を中心に」三宅一郎・綿貫譲治・嶋澄・蒲島郁夫『平等をめぐるエリートと対抗エリート』創文社, 173-199 頁.

三宅一郎, 1985c,「世論と市民の政治参加」三宅一郎・山口定・村松岐夫・進藤榮一『日本政治の座標──戦後 40 年のあゆみ』有斐閣, 253-332 頁.

三宅一郎・綿貫譲治・嶋澄・蒲島郁夫, 1985, 『平等をめぐるエリートと対抗エリート』創文社.

宮本太郎, 2008, 『福祉政治──日本の生活保障とデモクラシー』有斐閣.

牟田和恵, 2006,「フェミニズムの歴史からみる社会運動の可能性──『男女共同参画』をめぐる状況を通しての一考察」『社会学評論』57 巻 2 号, 292-310 頁.

村上泰亮, 1984, 『新中間大衆の時代』中央公論社.

村松岐夫，1981，『戦後日本の官僚制』東洋経済新報社．

村松岐夫，1994，『日本の行政——活動型官僚制の変貌』中央公論社．

村松岐夫，2010，『政官スクラム型リーダーシップの崩壊』東洋経済新報社．

森裕城，2010，「団体−行政関係の諸相——国との関係を中心として」辻中豊・森裕城編『現代社会集団の政治機能——利益団体と市民社会』木鐸社，135-155 頁．

森裕城・久保慶明，2014，「データからみた利益団体の民意表出」日本政治学会編『年報政治学 2014-I 民意』木鐸社，200-224 頁．

森口千晶，2017，「日本は『格差社会』になったのか——比較経済史にみる日本の所得格差」『経済研究』（一橋大学経済研究所）68 巻 2 号，169-189 頁．

八代尚宏，2016，『シルバー民主主義——高齢者優遇をどう克服するか』中央公論新社．

柳至，2019，「中央政府の政策過程における団体のアドボカシー活動」辻中豊編『第四次団体の基礎構造に関する調査（日本・社会団体調査）』筑波大学，135-149 頁．

山口智美・斉藤正美・荻上チキ，2012，『社会運動の戸惑い——フェミニズムの「失われた時代」と草の根保守運動』勁草書房．

山田真裕，2016，『政治参加と民主政治』東京大学出版会．

山田真裕，2018，「投票参加における社会経済的バイアスの国際比較と日本」『レヴァイアサン』63 号，30-41 頁．

山村英司，2019，「所得再分配選好の形成分析の展開と展望——反グローバル化時代における格差と人々の意識」『行動経済学』11 巻，75-87 頁．

山本英弘，2010，「利益団体のロビイング——3 つのルートと政治的機会構造」辻中豊・森裕城編『現代社会集団の政治機能——利益団体と市民社会』木鐸社，215-236 頁．

山本英弘，2016，「ロビイングと影響力の構造——政権交代前後の持続と変容」辻中豊編『政治変動期の圧力団体』有斐閣，183-210 頁．

山本英弘，2019，「政権変動期におけるロビイング」辻中豊編『第四次団体の基礎構造に関する調査（日本・社会団体調査）』筑波大学，178-193 頁．

横山文野，2002，『戦後日本の女性政策』勁草書房．

笠京子，2006，「日本官僚制——日本型からウェストミンスター型へ」村松岐夫・久米郁男編『日本政治変動の 30 年——政治家・官僚・団体調査に見る構造変容』東洋経済新報社，223-255 頁．

綿貫譲治，1985，「エリートの平等観の概観」三宅一郎・綿貫譲治・嶋澄・蒲島郁夫『平等をめぐるエリートと対抗エリート』創文社，57-82 頁．

【欧文】

Aoki, Masahiko, 1988, *Information, Incentives and Bargaining in the Japanese Economy*, Cambridge, UK: Cambridge University Press.（永易浩一訳，1992，『日本経済の制度分析』筑摩書房．）

Bartels, Larry M., 2016, *Unequal Democracy: The Political Economy of the New Gilded Age*, Princeton: Princeton University Press.

Bass, D. Gary, David F. Arons, Kay Guinane, Matthew F. Carter, and Susan Rees, 2007, *Seen but not Heard: Strengthening Nonprofit Advocacy*, Washington, DC: The Aspen Institute.

Best, Heinrich, and John Higley eds., 2018, *The Palgrave Handbook of Political Elites*, London: Palgrave Macmillan.

Best, Heinrich, György Lengyel, and Luca Verzichelli eds., 2012, *The Europe of Elites: A Study into the Europeanness of Europe's Political and Economic Elites*, Oxford: Oxford University Press.

Binderkrantz, Anne, and Helene Pedersen, 2017, "What is Access?" *European Political Science*, 16: 306-319.

Blome, Agnes, Wolfgang Keck, and Jens Alber, 2009, *Family and the Welfare State in Europe: Intergenerational Relations in Ageing Societies*, Cheltenham/Northampton: Edward Elgar.

Bovens, Mark, and Anchrit Wille, 2017, *Diploma Democracy: The Rise of Political Meritocracy*, Oxford: Oxford University Press.

Bowler, Shaun, 2017, "Trustees, Delegates, and Responsiveness in Comparative Perspective," *Comparative Political Studies*, 50（6）: 766-793.

Brooks, Clem, and Jeff Manza, 2007, *Why Welfare States Persist: The Importance of Public Opinion in Democracies*, Chicago: University of Chicago Press.

Busemeyer, Marius R., Achim Goerres, and Simon Weschle, 2009, "Attitudes towards Redistributive Spending in an Era of Demographic Ageing: The Rival Pressures from Age and Income in 14 OECD Countries," *Journal of European Social Policy*, 19（3）: 195-212.

Butler, Daniel M., 2014, *Representing the Advantaged*, New York: Cambridge University Press.

Campbell, Angus, Gerald Gurin, and Warren E. Miller, 1954, *The Voter Decides*, Evanston, IL: Row, Peterson & Co.

Canes-Wrone, Brandice, 2015, "From Mass Preferences to Policy," *Annual Review of Political Science*, 18: 147-165.

Carnes, Nicholas, 2013, *White-Collar Government: The Hidden Role of Class in Economic Policy Making*, Chicago, IL: University of Chicago Press.

Cattaneo, M. Alejandra, and Stefan C. Wolter, 2009, "Are the Elderly A Threat to Educational Expenditures?" *European Journal of Political Economy*, 25（2）: 225-236.

Chalmers, R. Philip, 2012, "mirt: A Multidimensional Item Response Theory Package for the R Environment," *Journal of Statistical Software*, 48（6）: 1-29.

Crouch, Colin, 2004, *Post-Democracy*, Cambridge: Polity Press.（山口二郎監修，近藤隆

文訳, 2007,『ポスト・デモクラシー——格差拡大の政策を生む政治構造』青灯社.）

Cruces, Guillermo, Ricardo Perez-Truglia, and Martin Tetaz, 2013, "Biased Perceptions of Income Distribution and Preferences for Redistribution: Evidence from a Survey Experiment," *Journal of Public Economics*, 98: 100-111.

Cutler, Neal E., 1977, "Demographic, Social-Psychological, and Political Factors in the Politics of Aging: A Foundation for Research in 'Political Gerontology,'" *American Political Science Review*, 71（3）: 1011-1025.

Dahl, Robert A., 1961, *Who Governs?: Democracy and Power in an American City*, New Haven: Yale University Press.（河村望・高橋和宏監訳, 1988,『統治するのはだれか——アメリカの一都市における民主主義と権力』行人社.）

Dahl, Robert A., 1971, *Polyarchy*, New Haven: Yale University Press.（高畠通敏・前田脩訳, 1981,『ポリアーキー』三一書房.）

Dales, Laura, 2009, *Feminist Movements in Contemporary Japan*, Oxton: Routledge.

de Swaan, Abram, 1988, *In Care of the State: Health Care, Education and Welfare in Europe and the USA in the Modern Era*, Oxford: Oxford University Press.

de Swaan, Abram, James Manor, Else Øyen, and Elisa P. Reis, 2000, "Elite Perceptions of the Poor: Reflections for a Comparative Research Project," *Current Sociology*, 48（1）: 43-54.

Dubrow, Joshua Kjerulf, 2015, "The Concepts and Study of Political Inequality," Joshua Kjerulf Dubrow ed., *Political Inequality in an Age of Democracy*, New York: Routledge, pp. 9-27.

Dworkin, Ronald, 2000, *Sovereign Virtue: The Theory and Practice of Equality*, Cambridge: Harvard University Press.（小林公・大江洋・高橋秀治・高橋文彦訳, 2002,『平等とは何か』木鐸社.）

Erikson, Robert S., 2015, "Income Inequality and Policy Responsiveness," *Annual Review of Political Science*, 18: 11-29.

Esaiasson, Peter, Ann-Kristin Kölln, and Sedef Turper, 2015, "External Efficacy and Perceived Responsiveness: Similar but Distinct Concepts," *International Journal of Public Opinion Research*, 27（3）: 432-445.

Esping-Andersen, Gøsta, 1990, *The Three Worlds of Welfare Capitalism*, Cambridge: Polity Press.（岡沢憲芙・宮本太郎監訳, 2001,『福祉資本主義の三つの世界——比較福祉国家の理論と動態』ミネルヴァ書房.）

Eto, Mikiko, 2005, "Women's Movements in Japan: The Intersection between Everyday Life and Politics," *Japan Forum*, 17（3）: 311-333.

Eto, Mikiko, 2008, "Vitalizing Democracy at the Grassroots: A Contribution of Post-war Women's Movements in Japan," *East Asia: An International Quarterly*, 25（2）: 115-143.

Eulau, Heinz, and Paul D. Karps, 1977, "The Puzzle of Representation: Specifying Components of Responsiveness," *Legislative Studies Quarterly*, 2（3）: 233-254.

Font, Costa Joan, and Frank Cowell, 2015, "Social Identity and Redistributive Preferences: A Survey," *Journal of Economic Surveys*, 29（2）: 357-374.

Gilens, Martin, 2012, *Affluence & Influence: Economic Inequality and Political Power in America*, Princeton: Princeton University Press.

Gilens, Martin, and Benjamin I. Page, 2014, "Testing Theories of American Politics: Elites, Interest Groups, and Average," *Perspectives on Politics*, 12（3）: 564-581.

Gimpelson, Vladimir, and Daniel Treisman, 2018, "Misperceiving Inequality," *Economics & Politics*, 30（1）: 27-54.

Golder, Matt, and Benjamin Ferland, 2018, "Electoral Systems and Citizen-Elite Ideological Congruence," Erik Herron, Robert Pekkanen, and Matthew Shugart eds., *The Oxford Handbook of Electoral Systems*, New York: Oxford University Press, pp. 213-245.

Harden, Jeffrey, 2016, *Multidimensional Democracy*, New York: Cambridge University Press.

Harvey, David, 2005, *A Brief History of Neoliberalism*, Oxford: Oxford University Press.

Hasunuma, Linda, 2019, "The Politics of Care and Community: Women and Civil Society in Japan," G. Steel ed., *Beyond the Gender Gap in Japan*, Michigan: University of Michigan Press, pp. 103-120.

Hasunuma, Linda, and Ki-young Shin, 2019, "#MeToo in Japan and South Korea: #WeToo, #WithYou," *Journal of Women, Politics & Policy*, 40（1）: 97-111.

Hoffmann-Lange, Ursula, 2007, "Methods of Elite Research," Russel J. Dalton, and Hans-Deter Klingemann eds., *Oxford Handbook of Political Behavior*, Oxford: Oxford University Press, pp. 910-928.

Hoffmann-Lange, Ursula, 2018, "Methods of Elite Identification," Heinrich Best, and John Higley eds., *The Palgrave Handbook of Political Elites*, London: Palgrave Macmillan, pp. 79-92.

Homans, C. George,［1961］1974, *Social Behavior: Its Elementary Forms*, New York: Harcourt Brace Jovanovich Inc.（橋本茂訳, 1978,『社会行動——その基本形態』誠信書房.）

Hunter, Floid, 1953, *Community Power Structure: A Study of Decision Makers*, Chapel Hill: The University of North Carolina Press.（鈴木広監訳, 1998,『コミュニティの権力構造——政策決定者の研究』恒星社厚生閣.）

Huntington, Samuel P., and Joan M. Nelson, 1976, *No Easy Choice: Political Participation in Developing Countries*, Cambridge, Mass: Harvard University Press.

Kabashima, Ikuo, and Jeffrey Broadbent, 1986, "Referent Pluralism: Mass Media and Politics in Japan," *Journal of Japanese Studies*, 12（2）: 329-361.

Karadja, Mounir, Johanna Mollerstrom, and David Seim, 2017, "Richer（and Holier）Than

Thou? The Effect of Relative Income Improvements on Demand for Redistribution," *Review of Economics & Statistics*, 99（2）: 201-212.

Knoke, David, Franz Urban Pappi, Jeffrey Broadbent, and Yutaka Tsujinaka, 1996, *Comparing Policy Networks*, Cambridge: Cambridge University Press.

Kolegar, Ferdinand, 1967, "The Elite and the Ruling Class: Pareto and Mosca Re-examined," *The Review of Politics*, 29（3）: 354-369.

Leifeld, Philip, 2016, *Policy Debates as Dynamic Networks*, Frankfurt: Campus Verlag.

Linzer, Drew A., and Jeffrey B. Lewis, 2011, "poLCA: An R Package for Polytomous Variable Latent Class Analysis," *Journal of Statistical Software*, 42（10）: 1-29.

López, Matias, 2013, "Elite theory," *Sociopedia.isa.*, DOI: 10.1177/20568460131.

López, Matias, Graziella Moraes Silva, Chana Teeger, and Pedro Marques, 2020, "Economic and Cultural Determinants of Elite Attitudes toward Redistribution," *Socio-Economic Review*, mwaa015. DOI: 10.1093/ser/mwaa015.

Lowi, Theodore J., 1979, *The End of Liberalism: The Second Public of the United States*, New York: W. W. Norton.（村松岐夫監訳，1981，『自由主義の終焉――現代政府の問題性』木鐸社.）

Lynch, Julia, 2006, *Age in the Welfare States: The Origins of Social Spending on Pensioners, Workers, and Children*, Cambridge: Cambridge University Press.

Lynch, Julia, and Mikko Myrskylä, 2009, "Always the Third Rail?: Pension Income and Policy Preferences in European Democracies," *Comparative Political Studies*, 42（8）: 1068-1097.

Manin, Bernard, Adam Przeworski, and Suzan C. Stokes, 1999, "Introduction," Adam Przeworski, Susan C. Stokes, and Bernard Manin eds., *Democracy, Accountability, and Representation*, Cambridge, UK: Cambridge University Press, pp. 1-26.

Marsh, David, and R. A. W. Rhodes, 1992, *Policy Networks in British Government*, Oxford: Clarendon Press.

Maydeu-Olivares, Albert, and Harry Joe, 2006, "Limited Information Goodness-of-fit Testing in Multidimensional Contingency Tables," *Psychometrika*, 71（4）: 713-732.

Mills, Charles W., 1956, *The Power Elite*, New York: Oxford University Press.（鵜飼信成・綿貫譲治訳，1958，『パワー・エリート 上・下』東京大学出版会.）

Moyser, George, and Margaret Wagsraffe eds., 1987, *Research Methods for Elite Studies*, London: Allen & Unwin.

Muramatsu, Michio, 1993, "Patterned Pluralism Under Challenge: The Politics of the 1980s," Gary D. Allinson, and Yasunori Sone eds., *Political Dynamics in Contemporary Japan*, Ithaca, NY: Cornell University Press, pp. 50-71.

Muramatsu, Michio, and Ellis S. Krauss, 1987, "The Conservative Policy Line and the Development of Patterned Pluralism," Kozo Yamamura, and Yasukichi Yasuda eds.,

The Political Economy of Japan, Vol.1: The Domestic Transformation, Stanford, CA: Stanford University Press, pp. 516-554.

Muramatsu, Michio, and Ellis S. Krauss, 1990, "The Dominant Party and Social Coalitions in Japan," T. J. Pempel ed., *Uncommon Democracies: The One-Party Dominant Regimes*, Ithaca, NY: Cornell University Press, pp. 282-305.

Neumayr, Michaela, Ulrike Schneider, and Michael Meyer, 2015, "Public Funding and Its Impact on Nonprofit Advocacy," *Nonprofit and Voluntary Sector Quarterly*, 44 (2): 297-318.

Nozick, Robert, 1974, *Anarchy, State, and Utopia*, New York: Basic Books. (嶋津格訳, 1995, 『アナーキー・国家・ユートピア——国家の正当性とその限界』木鐸社.)

Page, Bejamin I., and Jason Barabas, 2000, "Foreign Policy Gaps between Citizens and Leaders," *International Studies Quarterly*, 44 (3): 339-364.

Page, Benjamin I., and Marshall M. Bouton, 2007, *Foreign Policy Disconnect: What Americans Want from our Leaders but Don't Get*, Chicago: University of Chicago Press.

Pekkanen, Robert J., 2006, *Japan's Dual Civil Society: Members without Advocates*, Stanford: Stanford University Press. (佐々田博教訳, 2008, 『日本における市民社会の二重構造——政策提言なきメンバー達』木鐸社.)

Pekkanen, Robert J., and Steven Rathgeb Smith, 2014, "Nonprofit Advocacy in Seattle and Washington, DC," Robert J. Pekkanen, Steven Rathgeb Smith, and Yutaka Tsujinaka eds., *Nonprofits & Advocacy: Engaging Community and Government in an Era of Retrenchment*, Baltimore: Johns Hopkins University Press, pp. 47-65.

Pitkin, Hanna Fenichel, 1967, *The Concept of Representation*, Berkely: University of California Press. (早川誠訳, 2017, 『代表の概念』名古屋大学出版会.)

Powell, Bingham, 2004, "The Quality of Democracy: The Chain of Responsiveness," *Journal of Democracy*, 15 (4): 91-105.

Proksch, Sven-Oliver, Jonathan B. Slapin, and Michael F. Thies, 2011, "Party System Dynamics in Post-War Japan: A Quantitative Content Analysis of Electoral Pledges," *Electoral Studies*, 30 (1): 114-124.

Putnam, Robert, 1976, *The Comparative Study of Political Elites*, Englewood Cliffs: Princeton-Hall.

Reis, P. Elisa, and Mick Moore, 2005, *Elite Perceptions of Poverty and Inequality*, Chicago: University of Chicago Press.

Riesman, David, 1950, *The Lonely Crowd*, New Haven: Yale University Press. (加藤秀俊訳, 1964, 『孤独な群衆』みすず書房.)

Rodriguez-Teruel, Juan, and Jean-Pascal Daloz, 2018, "Surveying and Observing Political Elites," Heinrich Best, and John Higley eds., *The Palgrave Handbook of Political Elites*, London: Palgrave Macmillan, pp. 93-113.

Rosenbluth, Frances, and Michael Thies, 2010, *Japan Transformed: Political Change and Economic Restructuring*, Princeton: Princeton University Press.（徳川家広訳, 2012,『日本政治の大転換』勁草書房.）

Sabbagh, Clara, and Pieter Vanhuysse, 2010, "Intergenerational Justice Perceptions and the Role of Welfare Regimes: A Comparative Analysis of University Students," *Administration and Society*, 42（6）: 638-667.

Schakel, Wouter, 2019, "Unequal Policy Responsiveness in the Netherlands," *Socio-Economic Review*, pp. 1-21, https://doi.org/10.1093/ser/mwz018.

Schlozman, Kay L., and John T. Tierney, 1986, *Organized Interests and American Democracy*, New York: Harper & Row.

Schlozman, Kay L., Sidney Verba, and Henry E. Brady, 2012, *The Unheavenly Chorus: Unequal Political Voice and the Broken Promise of American Democracy*, Princeton: Princeton University Press.

Sheffer, Lior, Peter John Loewen, Stuart Soroka, Stefaan Walgrave, and Tamir Sheafer, 2018, "Nonrepresentative Representatives: An Experimental Study of the Decision Making of Elected Politicians," *American Political Science Review*, 112（2）: 302-321.

Soliman, Rosemary, 2018, *Women in Social Movements in Japan: A Study on Women's Changing Roles and Strategies in Political Participation since the 1970s*, Tokyo: Waseda University, Ph.D. thesis.

Steger, Manfred B., and Ravi K. Roy, 2010, *Neoliberalism: A Very Short Introduction*, Oxford: Oxford University Press.

Street, Debra, and Jeralynn Sittig Cossman, 2006, "Greatest Generation or Greedy Geezers?: Social Spending Preferences and the Elderly," *Social Problems*, 53（1）: 75-96.

Tepe, Markus, and Pieter Vanhuysse, 2009, "Are Aging OECD Welfare States on the Path to Gerontocracy?: Evidence from 18 Democracies, 1980-2002," *Journal of Public Policy*, 29（1）: 1-28.

Tsuji, Yuki, 2019, "Women and the Liberal Democratic Party in Transition," G. Steel ed., *Beyond the Gender Gap in Japan*, Michigan: University of Michigan Press, pp. 135-152.

Umeda, Michio, 2020, "The Politics of Aging: Age Difference in Welfare Issue Salience in Japan 1972-2016," *Politcal Behavior*, https://doi.org/10.1007/s11109-020-09627-0.

Verba, Sidney, Norman H. Nie, and Jae-on Kim, 1978, *Participation and Political Equality: A Seven-Nation Comparison*, Cambridge: Cambridge University Press.（三宅一郎・蒲島郁夫・小田健訳, 1981,『政治参加と平等——比較政治学的分析』東京大学出版会.）

Verba, Sidney, and Gary R. Orren, 1985, *Equality in America: The View from the Top*, Cambridge: Harvard University Press.

Verba, Sidney, Steven Kelman, Gary R. Orren, Ichiro Miyake, Joji Watanuki, Ikuo Kabashima, and G. Donald Ferree, Jr., 1987, *Elites and the Idea of Equality: A Comparison of Japan,*

Sweden, and the United States, Cambridge: Harvard University Press.

Yamamoto, Hidehiro, 2021, "Interest Group Politics and Its Transformation in Japan: Approach Informed by Longitudinal Survey Data," *Asian Survey*, 61（3）: 532-557.

Zuckerman, Alan, 1977, "The Concept "Political Elite": Lessons from Mosca and Pareto," *The Journal of Politics*, 39（2）: 324-344.

事項・人名索引

執筆者紹介

＊竹中 佳彦 ▶序，第 1 章［共著］，第 2 章［共著］，第 3 章［共著］，第 8 章［共著］，終章

筑波大学人文社会系教授

筑波大学大学院博士課程社会科学研究科修了　法学博士

〔主要業績〕

『日本政治史の中の知識人 —— 自由主義と社会主義の交錯 上・下』（木鐸社，1995
　年）

『現代日本人のイデオロギー』（共著，東京大学出版会，1996 年）

『現代政治学叢書 8 イデオロギー』（共著，東京大学出版会，2012 年）

近藤 康史 ▶第 1 章［共著］

名古屋大学大学院法学研究科教授

名古屋大学大学院法学研究科博士後期課程修了　博士（法学）

〔主要業績〕

『個人の連帯 —— 「第三の道」以後の社会民主主義』（勁草書房，2008 年）

『社会民主主義は生き残れるか —— 政党組織の条件』（勁草書房，2016 年）

『分解するイギリス —— 民主主義モデルの漂流』（筑摩書房，2017 年）

＊濱本 真輔 ▶第 1 章［共著］，第 12 章

大阪大学大学院法学研究科准教授

筑波大学大学院人文社会科学研究科博士課程修了　博士（政治学）

〔主要業績〕

『現代日本の政党政治 —— 選挙制度改革は何をもたらしたのか』（有斐閣，2018 年）

『政治変動期の圧力団体』（分担執筆，有斐閣，2016 年）

『二つの政権交代 —— 政策は変わったのか』（分担執筆，勁草書房，2017 年）

＊山本 英弘（やまもと ひでひろ）　▶第2章［共著］．第8章［共著］．第11章

筑波大学人文社会系准教授

東北大学大学院文学研究科博士後期課程修了　博士（文学）

〔主要業績〕

"Interest Group Politics and Its Transformation in Japan: An Approach Informed by Longitudinal Survey Data"（*Asian Survey*, 63（3）: 532-557, 2021）

Neighborhood Associations and Local Governance in Japan（Co-authored, Routledge, 2014）

『現代日本の市民社会 —— サードセクター調査による実証分析』（分担執筆，法律文化社，2019年）

遠藤 晶久（えんどう まさひさ）　▶第3章［共著］．第6章

早稲田大学社会科学総合学術院准教授

早稲田大学大学院政治学研究科博士後期課程単位取得退学　博士（政治学）

〔主要業績〕

『イデオロギーと日本政治 —— 世代で異なる「保守」と「革新」』（共著，新泉社，2019年）

『熟議の効用，熟慮の効果 —— 政治哲学を実証する』（分担執筆，勁草書房，2018年）

Generational Gap in Japanese Politics: A Longitudinal Study of Political Attitudes and Behaviour（Co-authored, Palgrave Macmillan, 2016）

久保 慶明（くぼ よしあき）　▶第4章

琉球大学人文社会学部准教授

筑波大学大学院人文社会科学研究科博士課程修了　博士（政治学）

〔主要業績〕

「地域間格差をめぐるエリートの平等観」（『選挙研究』36（2）: 53-67, 2020年）

「政策争点・直接民主制・政党政治 —— 2019年沖縄県民投票における投票行動」（共著，『年報政治学』71（1）: 82-105, 2020年）

『政治変動期の圧力団体』（分担執筆，有斐閣，2016 年）

大倉　沙江　▶第 5 章

筑波大学人文社会系助教

筑波大学大学院人文社会科学研究科博士後期課程修了　博士（学術）

〔主要業績〕

"The Last Suffrage Movement in Japan: Voting Rights for Persons under Guardianship"
　（*Contemporary Japan*, 30（2）: 189-203, 2018）

「障害等のある有権者や寝たきりの有権者はどのように投票に参加してきたの
　か？ ── 『投票権保障』と『選挙の公正』の間」（『選挙研究』35（2）: 54-71,
　2019 年）

"The Political Underrepresentation of People with Disabilities in the Japanese Diet"（*Social
　Science Japan Journal*, 24（2）: 369-396, 2021）

鈴木　創　▶第 7 章

筑波大学人文社会系講師

京都大学大学院法学研究科博士課程指導認定退学　博士（法学）

〔主要業績〕

「選挙動員の有効性」（『国際公共政策論集』41: 1-21, 2019 年）

「日本の国政選挙における投票率の党派的効果」（『選挙研究』35（2）: 38-53, 2020 年）

柳　至　▶第 9 章

立命館大学法学部准教授

筑波大学大学院人文社会科学研究科博士後期課程修了　博士（政治学）

〔主要業績〕

『不利益分配の政治学 ── 地方自治体における政策廃止』（有斐閣，2018 年）

"Distinguishing Providing Public Services from Receiving Government Funding as Factors
　in Nonprofit Advocacy"（Co-authored, *VOLUNTAS*, 32（3）: 534-547, 2021）

『テキストブック地方自治 第 3 版』（分担執筆，東洋経済新報社，2021 年）

今 井 亮 佑 ▶第 10 章

崇城大学総合教育センター教授

東京大学大学院法学政治学研究科修士課程修了　修士（法学）

〔主要業績〕

『選挙サイクルと投票行動 ——「中間選挙」としての参院選の意義』（木鐸社, 2018
年）

『熟議の効用，熟慮の効果 —— 政治哲学を実証する』（分担執筆，勁草書房，2018
年）

『世論調査の新しい地平 —— CASI 方式世論調査』（分担執筆，勁草書房，2013 年）

【編者紹介】

竹中 佳彦 筑波大学人文社会系教授

山本 英弘 筑波大学人文社会系准教授

濱本 真輔 大阪大学大学院法学研究科准教授

現代日本のエリートの平等観
—— 社会的格差と政治権力

2021 年 12 月 25 日 初版第 1 刷発行

編　者——竹中 佳彦・山本 英弘・濱本 真輔
発行者——大江 道雅
発行所——株式会社 明石書店

〒 101-0021　東京都千代田区外神田 6-9-5
電話 03 （5818） 1171　FAX 03 （5818） 1174
https://www.akashi.co.jp/

装　幀　　明石書店デザイン室
印　刷　　株式会社 文化カラー印刷
製　本　　協栄製本 株式会社
ISBN 978-4-7503-5286-2
© Y. Takenaka, H. Yamamoto, and S. Hamamoto 2021, Printed in Japan
（定価はカバーに表示してあります）

公正社会のビジョン

学際的アプローチによる理論・思想・現状分析

水島治郎、米村千代、小林正弥 編

■A5判／上製／312頁 ◎3800円

広がる格差、政治への不満、ジェンダー間の不平等、雇用不安、絶望感と諦めが充満するなかで、それでも「公正な社会」を実現することは可能か。政治・経済・社会・法の諸側面を融合し討議を重ねてきたプロジェクトチームが、不公正な社会状況を打ち破る新たな秩序を提言。

基地問題の国際比較

「沖縄」の相対化

川名晋史 編

■A5判／上製／304頁 ◎3500円

世界の基地問題の比較を行い、そこから沖縄基地問題解決のための政策を導出する国際共同研究。基地問題を比較分析する試みは世界的に見ても稀有。9の国・地域で展開される紛争とその発生要因を、当地の歴史・文化・宗教的背景を押さえた執筆者たちが解明。

〈価格は本体価格です〉

女性の世界地図

女たちの経験・現在地・これから

ジョニー・シーガー 著
中澤高志、大城直樹、荒又美陽、
中川秀一、三浦尚子 訳

■B5判変型／並製／216頁 ◎3200円

世界の女性はどこでどのように活躍し、抑圧され、差別され、生活しているのか。グローバル化、インターネットの発達等の現代的テーマも盛り込み、ますます洗練されたカラフルな地図とインフォグラフィックによって視覚的にあぶり出す。オールカラー。

●── 内容構成 ──●

世界の女性たち
／平均寿命／レズビアンの権利／差別の終結（CEDAW）／差別を測る「ジェンダー・ギャップ指数」

女は女の場所に置いておく 二分論を超えて／結婚と離婚／児童婚ほか
殺人／DV／レイプ犯と結婚させる法律／合法的な束縛／殺害される女性ほか

出産にまつわる権利 さまざまな箱の王国「名誉」
出産／避妊／妊産婦死亡率／中絶／男児選好

身体のポリティクス スポーツ／美／美容整形／女性器切除／セックス・ツーリズム／買売春／人身売買／ポルノグラフィー

健康・衛生 乳がん／HIV／マラリア／飲料水／トイレに関する活動ほか
結核

仕事 有償・無償の仕事／分断された労働力／世界の組立工場／仕事のための移民
失業／児童労働／水のために歩く／農業と漁業

教育とつながり 就学年数／学歴が積める活動／学位への前進／識字率／コンピューター／インターネットとソーシャルメディア／オンラインハラスメントほか

財産と貧困 土地の所有／住宅の所有／毎日の貧困／極限の貧困ほか

権力 女性の選挙権／政治における女性／軍隊／国連／いろんなフェミニズム

全国データ

SDGsと日本

誰も取り残されないための人間の安全保障指標

NPO法人「人間の安全保障」フォーラム 編
高須幸雄 編著

■B5判／並製／276頁 ◎3000円

国連の持続的開発目標（SDGs）指標を、国としてはほぼ達成しつつある日本。しかし、SDGsの理念「誰も取り残されない社会」が実現しているとは言いがたい。90あまりの指標から都道府県ごとの課題を可視化し、改善策を提言する。

●── 内容構成 ──●

第1部 日本の人間の安全保障指標
／SDGs指標との比較と指標別ランキング／都道府県別指数／アンケート調査による主観的評価／都道府県別プロフィール

第2部 取り残されがちな個別グループの課題
子ども／女性／若者／高齢者／障害者／LGBT／災害被災者／外国人

第3部 結論と提言
日本の人間の安全保障の課題／誰も取り残されない社会を作るために

〈価格は本体価格です〉

日本の移民統合
全国調査から見る現況と障壁

永吉希久子 [編]

◎A5判／並製／280頁　◎2,800円

日本全国を対象に実施した無作為抽出による大規模調査から、移民たちの生活・労働実態と日本社会への統合状況、そして統合を阻む「壁」を浮かび上がらせる。第一線の計量社会学者たちが実証的なデータ分析から統合メカニズムの全体像を描き出した稀有な書。

●内容構成

〈価格は本体価格です〉